知惑吉金

中国古代青铜工艺
研究文集

杨 欢 杨军昌 著

文物出版社

图书在版编目（CIP）数据

知惑吉金：中国古代青铜工艺研究文集 / 杨欢，杨
军昌著 . —北京：文物出版社，2023.8
ISBN 978-7-5010-8023-6

Ⅰ.①知…　Ⅱ.①杨…②杨…　Ⅲ.①青铜器（考古）
-中国-文集　Ⅳ.①K876.414-53

中国国家版本馆 CIP 数据核字（2023）第 064600 号

知惑吉金
——中国古代青铜工艺研究文集

著　　者：杨　欢　杨军昌

责任编辑：宋　丹
封面设计：王文娴
责任印制：王　芳

出版发行：文物出版社
社　　址：北京市东城区东直门内北小街 2 号楼
邮　　编：100007
网　　址：http：//www.wenwu.com
经　　销：新华书店
印　　刷：宝蕾元仁浩（天津）印刷有限公司
开　　本：787mm×1092mm　1/16
印　　张：15.75
版　　次：2023 年 8 月第 1 版
印　　次：2023 年 8 月第 1 次印刷
书　　号：ISBN 978-7-5010-8023-6
定　　价：195.00 元

序 言

我认识杨欢博士的时间不长，初次认识是因为她发表在《江汉考古》上关于古代青铜器等壁厚研究的论文，读完之后印象深刻，便有了后来的交流。杨欢博士会把自己最新的研究成果分享给我。在与她交流的过程中，我惊叹于年轻人思维的活跃与对学术问题的敏锐把握。在她与我的学生杨军昌教授论文集出版之际，欣然为之作序。

这本书读完给了我很多的意外之喜。第一眼看来，这是一本文章结构较为松散的论文集，无法在其中找到一个主线来写出内容的介绍。后经阅读，发现其中的研究内容包含了对中国古代铸造技术的诸多颇有新意的见解。杨欢作为一个文科出身的学者，她对青铜器的认知显然是从器形、器类、纹饰开始的，后来逐渐到了铸造工艺与材料的研究。这是一个年轻学者的学习历程，也是文科学者在进行交叉学科研究时的一些历程，对从事科技史研究的青年学者而言很有启发意义。

论文集的开篇是关于青铜器纹饰的研究论文，对于四瓣目纹这种纹饰，我之前观察过，但没有仔细思量。在这篇文章中，我发现青铜器的纹饰居然可以进行这样的研究——收集所有该类纹饰的器物，进行时空框架的定位、金石学分类、纹饰在器物上的装饰位置分类、墓葬出土此类器物的数量统计等方法，最终得出了四瓣目纹为商人专属纹饰，并且一个墓葬只出土一件（或一类）的结论。该论文发表在了我国考古学重要期刊《考古学报》中，为青铜器纹饰研究开拓了新的视野。

杨欢博士从宏观入手，先对陶模进行了分型研究，总结了侯马陶模的分型规律，并探讨了其背后的社会生产变化的原因。在此基础上，进行了青铜器成分尤其是"六齐"的配比的研究，发现古代金属的成分配比为体积之比而非重量之比；还发现古代铸造青铜礼器时铅加入量多少，与社会等级"别尊卑、殊贵贱"的礼制有关联。这些崭新认识和观点当然会引起学术界重视。

作者对器物铭文的观察也颇为细致。书中几篇谈论青铜器铭文工艺的文章，分别从宏观的铭文制作工艺流程、铭文与垫片的关系等角度，对商周青铜器铭文进行了论证，认为錾刻铭文长期存在于我国商周时期，但因其工艺难度要大于铸造铭文，故而工匠基于技术选择而较少采用，只在垫片等部位偶尔使用的结论。从铭文的工艺考察得出了关于古代錾刻工艺的全新认识，将我国青铜器錾刻铭文的历史从西周时期提前到了商代晚期。

在系统研究了中国古代组合范铸工艺之后，作者以对比研究的角度进行了失蜡法的研究。中国青铜时代失蜡法的存在问题一直存有争议，杨欢博士通过系统的对比失蜡法与组合范铸法的工艺流程，得出了芯骨、针状芯撑、补缀铜片等是失蜡法独有工艺痕迹的结论，并由此认为秦始皇陵出土的青铜马车主体为失蜡法铸造。此结论目前并无太多争议，为我国境内失蜡法的研究提供了新的思路。后续的几篇文章中，关于我国境内失蜡法研究的分期论文，梅建军博士曾在多个场合提到这篇论文，是一篇非常有深度的综合研究文章，也已被翻译成英文，引起了广泛的关注。

杨欢博士对秦始皇陵出土青铜马车技术的观察，是一个系列研究，不仅对其中的铸造工艺进行了仔细地梳理与分析，更对马车中的连接工艺进行了分类总结。确实，在世界范围内，从未出现过如秦始皇陵青铜马车一般使用了十余种、数千次连接工艺的青铜器，对其连接工艺的分类与总结的过程，更是对整个青铜时代的连接工艺进行重新认知的过程，更感到秦代金属制造工艺成就非凡。

最后，我们看到的标准化研究论文，更是在准确认知古代金属工艺研究的基础上，从定性研究转向了定量研究。对青铜马车同类型零部件与我国商周时期对尊的尺寸研究，从外观形貌的差异上，对青铜器的铸造工艺进行了量化评估，得出了从商代中期开始，青铜器的标准化水平一直在进步的结论。而对于青铜马车青铜部件含锡量皆为10%上下，且成分的标准差浮动不超过2%的结论，则显示了秦时期存在高度标准化生产的事实。这是中国古代制造史研究领域中一项十分突出的成果。

军昌是我的学生，从事文物科技保护研究三十余年，尤其是在实验室考古方面取得了丰硕科研成果。他的硕士、博士研究生论文都是有关西周青铜器工艺的研究。他曾在陕西省文物保护研究院、陕西省考古研究院从事文物保护与科技考古工作，现为西北工业大学文化遗产研究院教授，"材料科学与考古"研究团队学科带头人。在西北工业大学，军昌率领他创立的"材料科学与考古"学科团队，把材料科学研究方法有效应用于出土文物研究与保护，取得了多项重要成绩。我欣慰地看到，本书中大多研究成果是由科技进步而来的，作者使用显微观察（OM）、扫描电镜能谱分析（SEM & EDS）、X 射线探测（X-ray）、微焦点 CT（Ч-CT）等等多种现代分析手段对青铜器进行观察、检测，从而获取青铜器结构与材料等的特征信息，进而对其工艺、材料等有了新的认知，这是科技力量在文物研究中的体现。我相信，在后续的研究中，科学技术会发挥越来越重要的分量，从而提升整个文物与考古学研究的水平。

本书从不同的研究角度，通过现代科技手段或崭新的视角获得青铜器工艺与材料信息，发现了许多我国古代金属制作技术中的新现象、新问题和新认知，作者对有些问题进行了研究，或者部分回答了这些问题。这些问题对于深层认知我国古代金属制造工艺有着重要的意义。

我非常欣慰地看到一代代的年轻人在成长，在他们的成长和壮大过程中，以丰硕的研究成果深化了我们对中国古代金属工艺的认知。希望杨欢博士、军昌能够百尺竿头、更进一步，做出更多、更好的研究成果。

耄耋老人谭德睿谨识

2023 年 8 月 10 日于沪上考工斋

目 录

商周青铜器四瓣目纹综合研究

杨　欢

摘　要： 四瓣目纹是一类应用较为普遍的青铜器纹饰，但学界对其研究较少。本文通过对出土地点明确的百余件使用四瓣目纹器物的研究，发现这种纹饰主要流行于商末周初，且分布地域较广，商文化的分布区域与受商文化影响的区域一般都有分布。在纹饰的使用中，酒器上的四瓣目纹单独成纹，在炊食器与水器中，多与涡纹间隔排列成纹饰带。经过对比四瓣目纹的施用位置、器类以及与涡纹搭配成纹饰带的其他纹饰属性，本文认为四瓣目纹是一种动物造型的纹饰，具体来说应是夔龙纹的一种变体。结合器物铭文、出土地分析，本文认为四瓣目纹是商人贵族使用的纹饰，而且在绝大多数墓葬中，仅随葬一件或一组四瓣目纹器物，起到了一种文化标识、身份认同的作用。在西周初期，周人基本上继承了这类器物的使用制度，在西周早期的大多数墓葬中所发现的四瓣目纹器物也都为单个或单器类出现。对于此种纹饰全面而系统的研究，为研究商代方国的变化、族群的变迁以及商文化在西周的分布等诸多问题的研究提供了重要参考。

关键词： 四瓣目纹　时空范围　装饰特点　纹饰来源　文化属性

　　四瓣目纹是指商周青铜器纹饰中，一个"目"居中、周围环绕四个等大瓣状纹饰，且瓣状纹饰外侧为非闭合状态的纹饰。这种纹饰在商周青铜器上较常见，但相关研究不多。自宋代以来，就有这种纹饰的器物出土。王黼《博古图录》著录的召作父丁爵腹部所饰就是四瓣目纹[1]。《西清续鉴乙编》著录的父丁簋（原书称周举父彝），亦饰有四瓣目纹[2]。前代金石学者对这类纹饰的命名存在不同的认识，先后称为饕餮纹[3]、夔凤纹[4] 等。容庚将其称为四瓣花纹，认为此种纹饰在殷代颇为通行，但找不出与其对应的植物，所以将其归入涡纹的范畴[5]。冯时认为出现在骨器上的四瓣目纹是太阳的象征[6]。马承源将其归入目纹类纹饰，称之为四瓣目纹[7]。林巳奈夫则认为四瓣目纹是一种类似于"井"字的纹饰[8]。詹鄞鑫认为这类纹饰是回字的原型，是某种天气或气象的象征[9]。陈佩芬认为这是一种目纹居中、周围有四个尖瓣构成的叶状纹饰，盛行于商代晚期，周初已很少见到[10]。在1992年的沣西发掘报告中，又将这种纹饰称为柿叶纹[11]。朱凤瀚称其为四瓣目纹，又称四瓣花纹或四叶纹[12]。本文从朱凤瀚说，称之为四瓣目纹。

四瓣目纹的表现形式并不单一，根据其目中有无瞳孔以及瓣状纹饰的层数，可分为三型。即重瓣有瞳型，如妇好觯腹部纹饰（图一，1）[13]；单瓣有瞳型，如冪册尊腹部纹饰（图一，2）[14]；单瓣无瞳型，如子🔳尊腹部纹饰（图一，3）[15]。

 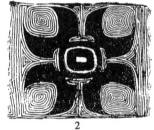 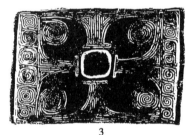

图一　四瓣目纹的类别

学者多认为四瓣目纹是一种附加纹饰，或将其归入目纹之列，或归于植物纹之属，关于其功用和施用方式的研究更为有限。在商代晚期青铜器尤其是酒器，四瓣目纹是主要纹饰，说明其是一种相对重要的纹饰，而不是次要的附加纹饰。近年来，考古新发现的四瓣目纹器物越来越多，且时代特征明确，使用的人群族属也有较明显的特点。本文搜集了目前所公布的131件装饰此类纹饰的青铜器，按其年代、区域、器类特征等进行分类、总结和编号（附表），并结合安阳殷墟孝民屯铸铜遗址与洛阳北窑铸铜遗址所出此类陶范，对四瓣目纹的分布范围、纹饰属性等进行归纳和梳理，总结其使用范围与施用规律，并分析其文化属性。

一　时空分布

目前发现饰四瓣目纹时代最早的青铜容器是妇好墓所出青铜觯（M5：783）[16]，属殷墟二期（图二，1）。年代最晚的器物是山东黄县归城一号墓所出铜鼎（M1：1）[17]，方立耳，垂腹，半柱足，口沿下饰一周涡纹与四瓣目纹相间的纹饰带，时代为西周中期（图二，2）。四瓣目纹主要流行于商代晚期到西周早期，少数器物可延续到西周中期。本文所收集的装饰四瓣目纹的器物中，116 件年代比较清楚，其中商代晚期 43 件，西周早期 64 件，西周中期 9 件。

图二　最早与最晚使用四瓣目纹的青铜容器

装饰四瓣目纹的器物分布范围较广，就地域而言，属于商代晚期的 43 件器物中，17 件有明确的出土地点，其中河南安阳出土 7 件，陕西西安附近出土 3 件。商代晚期装饰四瓣目纹器物的分布范围以河南安阳为中心，北至今河北省石家庄市新乐县，南至江西新干，东到山东滕州、枣庄一带，西至甘肃礼县。

西周早期的 64 件器物中，48 件有明确的出土地点。其中陕西出土 15 件、山东出土 11 件、山西南部出土 8 件、河南出土 5 件、湖南出土 3 件，甘肃、湖北、辽宁、江西等地也有零星出土。西周中期饰四瓣目纹的 9 件中，7 件有明确的出土地点。山西出土 4 件，陕西、山东、安徽各出土 1 件。

由此可见，四瓣目纹是一种流行于商末至西周早期的青铜器纹饰，主要发现于今天的河南、山东、陕西、山西一带。总体来说，装饰四瓣目纹的器物大多分布于黄河沿岸的商周王畿地区以及山东半岛。

二　施用规律

装饰四瓣目纹的青铜器有炊食器、酒器、水器及兵器。装饰此类纹饰的器类随着时间亦有明显的变化，商代晚期有鼎、簋、尊、觚、觯、盉、盂、钺与戈（见表一）。可以看出，商代晚期炊食器与酒器数量相当，鼎、簋共 18 件，约占商代器物总数的42%；酒器 18 件，约占 42%；水器 3 件，约占 7%；兵器有 3 件钺、1 件戈，约占 9%。

西周早期，装饰四瓣目纹器类发生了一些变化（见表二），炊食器的数量上升，在64 件器物中，鼎、簋、甗有 46 件，约占西周器物总数的 71.8%；酒器则大为缩减，卣、尊、角、觚与爵共 11 件，约占 17.2%；水器有 3 件盘，1 件盂，约占 6.2%。值得注意的是，滕州前掌大遗址所出 3 件铜泡亦装饰四瓣目纹，约占 4.6%。到西周中期时，器类与数量都进一步减少，炊食器共 9 件，包括鼎 4 件、簋 1、豆 4 件。酒器有 1件尊。

表一　商代晚期器类统计表

器　类	炊食器		酒器			水器		兵器	
器　物	鼎	簋	尊	觚	觯	盉	盂	钺	戈
数　量	9	9	7	7	4	1	2	3	1
总　计	18（42%）		18（42%）			3（7%）		4（9%）	

表二　西周早期器类统计表

器　类	炊食器			酒器					水器		车马器
器　物	鼎	簋	甗	尊	角	卣	爵	觚	盘	盂	泡
数　量	19	26	1	1	6	1	1	2	3	1	3
总　计	46（71.8%）			11（17.2%）					4（6.2%）		3（4.6%）

从器物年代和器类不难看出，装饰这种纹饰的器物一直都以炊食器为主，但商代晚期，酒器数量较多，而装饰四瓣目纹的酒器也占了很大的比例。西周早期，酒器数量减少，装饰四瓣目纹的酒器数量亦减少。西周中期，仅发现 1 件饰有此类纹饰的尊。

（一）炊食器

装饰四瓣目纹的炊食器共有四类，即鼎、甗、簋、豆。现分类讨论这四类器物上四瓣目纹的施用规则。

鼎，40 件。虽然时代、地域、形制有所不同，但四瓣目纹的施用规则大致相同，即都与涡纹搭配组成纹饰带，施于口沿下。如鹿邑太清宫长子口墓所出附耳带盖鼎（M1：194；图三，2）[18]；1982 年安阳小屯一号墓所出父壬鼎（图三，1）[19]，时代均为商代晚期。陕西长安沣河铁路桥西 M15 所出鼎（图三，3）[20]，时代为西周早期；《美国所藏中国青铜器集录》收录的父乙鼎（图三，4）[21]，都无一例外地符合上述纹饰施用规则。长子口墓 M1：194 鼎盖面外缘也饰有四瓣目纹和涡纹相间的纹饰带。

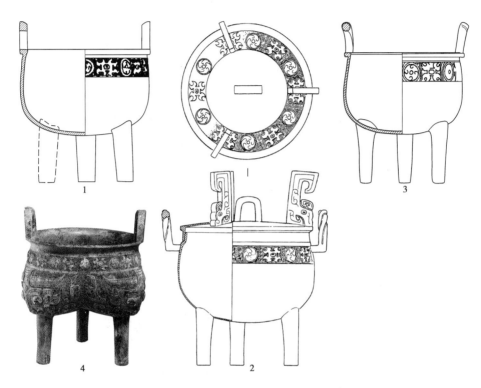

图三　青铜鼎中所见四瓣目纹

簋，41 件。虽然时代、形制各异，四瓣目纹亦常与涡纹组成纹饰饰于簋口沿与圈足等位置。装饰四瓣目纹的簋形制大多为敞口，微束颈，鼓腹，高圈足，半环形兽首耳下有珥，有些器物或有方座。如陕西宝鸡石鼓山墓地所出簋（M4：314）即为方座簋（图四，3）陕西武功县游凤乡渠子村所出亚子父辛簋，颈与圈足分别饰一周由涡纹与四瓣目纹组成的纹饰带（图四，1）[22]，时代为商代晚期。山东滕州前掌大西周墓 M18 所出簋（M18：44），口沿饰一周四瓣目纹与涡纹相间组成纹饰带（图饰涡纹与四瓣目纹相间的纹饰带（图四，2）[23]，属于西周早期器。上海博物馆所藏佣生簋，圈足亦饰四瓣目纹与涡纹间隔组成纹饰带（图四，4）[24]，属西周中期器。

此外，江西余干县黄金埠镇所出应监甗（图五，1）[25]，山西翼城大河口霸国墓地所出四件霸伯豆（图五，2）[26]，口沿下都饰有四瓣目纹与涡纹组成的纹饰带。

综上所论，无论器物时代、地域与形制，炊食器所饰四瓣目纹都与涡纹相间组成纹饰带，饰于器物口沿及圈足等位置。

图四　青铜簋中所见四瓣目纹
1. 父辛簋　2. 前掌大 M18 出土簋　3. 石鼓山 M4 簋　4. 倗生簋

图五　甗与豆中的四瓣目纹
1. 应监甗　2. 霸伯豆

（二）酒器

装饰四瓣目纹的酒器共六类33件，包括尊10件、瓠10件、觯4件、角6件、卣2件、爵1件。

尊，10件。其中瓠形尊9件，象尊1件。四瓣目纹饰于瓠形尊腹部，如现藏于日本泉屋博物馆的癸鸟尊，四瓣目纹单独装饰于尊腹（图六，1）[27]，格外醒目，属商代晚期。西周早期的作尊彝尊（图六，3）[28] 与西周中期的止歔尊（图六，4）[29]，四瓣目纹施用也同样遵循了这一规律。美国佛利尔美术馆所藏商代晚期的象尊（图六，2）[30]，虽然为动物形尊，但四瓣目纹仍饰于尊腹。由此可以看出，四瓣目纹在尊上是一种非常重要的纹饰，从纹饰的大小、施用位置都反映了这一特点。

图六　青铜尊中的四瓣目纹
1. 癸鸟尊　2. 象尊　3. 作尊彝尊　4. 止歔尊

觚，8件。皆属商代晚期。装饰四瓣目纹的觚包括方体觚与圆体觚，圆体觚又包括宽体觚与窄体觚。四瓣目纹多饰于觚颈或腹，单独组成一周纹饰带，而不与其他纹饰搭配。方体觚与圆体觚中的窄体觚所饰四瓣目纹带一般在其颈部，如台北故宫博物院所藏亚醜方觚（图七，1）[31]，山西灵石旌介二号墓所出𠂤觚（图七，2）[32]。圆体觚中的宽体觚所饰四瓣目纹多在其腹部中央，如安徽肥西县上派镇所出父丁觚（图七，3）[33]，四瓣目纹饰于腹部，并以云雷纹填地。

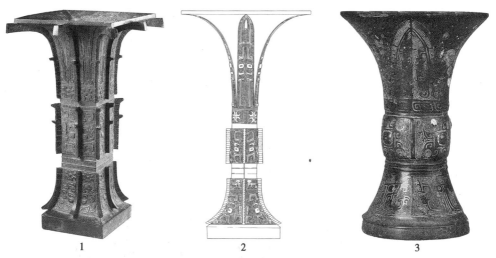

图七　青铜觚中所见四瓣目纹
1. 亚醜方觚　2. 𠂤觚　3. 父丁觚

觯，4件。皆属商代晚期。四瓣目纹都单独饰于觯腹，如上海博物馆所藏✦觯（图八，3）[34]，四瓣目纹的瓣呈现出双层的纹样。商代晚期的觯大多都带盖，因此除了腹部，觯盖突出部位也装饰有四瓣目纹。如殷墟妇好墓所出带盖觯（图八，1）[35]，陕西长安沣西乡所出乙觯（图八，2）[36]。由此可见，四瓣目纹之于觯是一种重要且突出的纹饰。

卣，二件。四瓣目纹的施用规则与前面几类酒器相同，即单独饰于卣腹。如河南信阳浉河港所出父丁卣（图八，4）[37]。

图八　青铜觯中所见四瓣目纹
1. 妇好觯　2. 乙觯　3. ✦觯　4. 父丁卣

角与爵，装饰四瓣目纹的角6件、爵1件。四瓣目纹都单独饰于腹部。如，山东滕州前掌大西周墓M119所出四件形制、纹饰、大小、铭文完全相同的父丁角[38]（图九，1），年代属于西周早期；再如，国家博物馆所藏叢角（图九，2）[39]、《博古图录》所录召作父丁角（图九，3）[40]，这2件亦属西周早期。日本黑川县古文化研究所所藏叒姒己爵（图九，4）[41]，四瓣目纹所饰位置与角一样，亦独立饰于爵腹。

通过上述分析可以看出，四瓣目纹在酒器上都是独立出现，而且多装饰于突出部位，是器物的最主要纹饰。尤其觯所饰四瓣呈夸张而繁复的双层。这在某种程度上显示出四瓣目纹在酒器上的地位比炊食器中的更为重要。

（三）水器

装饰四瓣目纹的水器共三类7件，包括盘3件、盂3件、盉1件。四瓣目纹在水器上的施用方法与炊食器接近，都是与涡纹间隔组成纹饰带饰于口沿或圈足，或二者兼有。

盘，3件。如陕西泾阳高家堡M4所出兽面纹盘（M4：15），圈足饰一周四瓣目纹

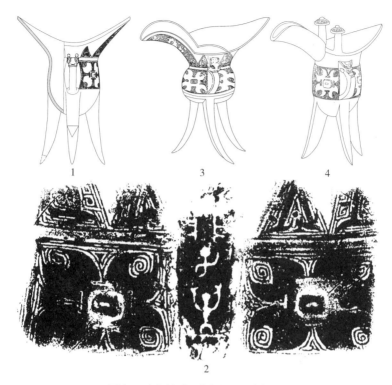

图九　青铜角与爵中所见四瓣目纹
1. 父丁角　2. 虁角　3. 父丁角　矣姺己爵

与涡纹相间的纹饰带（图十，1）[42]，属西周早期器。陕西宝鸡竹园沟十三号墓所出父辛盘（M13：25），口沿和圈足各饰一周四瓣目纹与涡纹相间的纹饰带（图十，2）[43]。

盂，3件。如台湾震荣堂所藏兽面纹盂（图十，3）[44]、台北故宫博物院所藏兽面纹盂（图十，4）[45]，这2件皆商代晚期器。石鼓山M4出土的盂，年代属于西周早期[46]，3件盂纹饰的施用方式一样，即口沿装饰一周涡纹与四瓣目纹相间的纹饰带。

盉，一件。山东苏埠屯所出亚醜父丁盉（图十，5）[47]，盖与颈各饰一圈涡纹与四瓣目纹相间的纹饰带，为商代晚期器。

（四）兵器

装饰有四瓣目纹的兵器皆为钺，共3件。法国吉美博物馆所藏狈钺（图十一，1）[48]，肩饰涡纹与四瓣目纹相间的纹饰带，属商代晚期；安阳郭家庄160号墓所出2件钺（M160：70、M160：69），肩下近穿处饰一组三个四瓣目纹，未与涡纹搭配使用（图十一，2、3）[49]，亦属商代晚期。钺是权力的象征[50]，钺上不但装饰四瓣目纹，而且还有独立装饰四瓣目纹者，显示出了这类纹饰在商代晚期是一种代表身份的纹饰。

图十　水器中所见四瓣目纹
1. 兽面纹盘　2. 父辛盘　3. 兽面纹盂　4. 兽面纹盂　5. 亚醜父丁盉

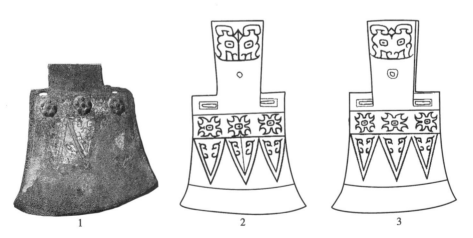

图十一　兵器钺中所见四瓣目纹
1. 狈钺　2、3. 安阳郭家庄 M60 出土钺

通过上述分析可知，四瓣目纹在青铜器上的施用规则。炊食器、水器一般与涡纹组成纹饰带饰于口沿或者圈足等非主要部位。酒器往往都是单独出现，且饰于器腹等突出位置。四瓣目纹装饰在重要器类的突出位置，足可证明这种纹饰的重要性。钺的四瓣目纹也独立装饰于器物的主要位置。

三　纹饰属性

四瓣目纹到底是一种什么样的纹饰，它有什么文化内涵？容庚将其归入涡纹的第三种类型，“用粗线条或细线条回旋起来像涡纹又像云纹，但四方连续构成像水流盘旋和波浪的激起。以前因其结构匀齐像四瓣，称为四瓣花纹。但殷周时代并未有植物纹样，又找不出适当的名称，在殷代又颇为通行，因此暂且归于涡纹一类。”[51] 学者或从之[52]。冯时通过对于殷墟侯家庄 1001 号墓出土的骨柶中的龙纹的分析，认为龙纹上方的四瓣目纹是太阳的形象[53]。容庚认为商周青铜器纹饰没有植物纹饰，把四瓣目纹归入了涡纹的范畴。陈佩芬将其归为目纹之属，指出单个目纹的图案是商周青铜器纹饰中最为独特的现象之一[54]。马承源认为其中心是一个兽目，四角附有四翅，将其归入动物类纹饰之列[55]。林巳奈夫将其归纳为魍魉类动物，是人类或动物身体的一部分，但并非自然界的鬼神形象[56]。我们认为马承源、林巳奈夫的观点最接近事实。

目前，从商周的青铜纹饰上还不能直接观察到这种纹饰的象征意义，但从四瓣目纹和其他纹饰的搭配上，如与涡纹的搭配，或可找到一些规律。涡纹是青铜器中最常见的纹饰之一，从二里岗时期开始就经常出现在各类器物上。涡纹除了以五至七个一组构成纹饰带外，也与其他纹饰组合出现。四瓣目纹与涡纹的搭配形式非常固定，即间隔出现组成纹饰带。本文从商代晚期与西周早期的器物中选取与四瓣目纹器类相同的器物进行类比，从中分析涡纹与其他纹饰的搭配规则，并在此基础上推测四瓣目纹的纹饰属性。为了便于比较，本文选取了四瓣目纹出现最多的器类鼎，并挑选出口沿下装饰有涡纹与其他纹饰相间纹饰带的这一类鼎进行类比。

除了四瓣目纹以外，与涡纹组成纹饰带的还有龟纹、夔龙纹（包括简体夔龙纹）、蛇纹、蝉纹和兽面纹等。如小屯 M5 出土的妇好鼎，口沿下饰有涡纹与龟纹组成的纹饰带（图十二，1）[57]；涡纹鼎，口沿下饰有涡纹与夔龙纹组成的纹饰带（图十二，2）[58]；围鼎，口沿下饰有涡纹与蛇纹组成的纹饰带（图十二，3）[59]、[illegible]鼎，口沿下饰有涡纹与蝉纹组成的纹饰带（图十二，4）[60]；[illegible]鼎，口沿下饰有涡纹与简化夔龙纹组成的纹饰带（图十二，5）[61]；出土于安阳苗圃北地 229 号墓的⊛鼎，口沿下饰有涡纹与兽面纹组成的纹饰带（图十二，6）[62]。可以看出，经常与涡纹搭配、组成纹饰带的图形，一般分为两种，一种是现实生活中能够见到的动物，如龟、蛇、蝉等几种具体的动物纹饰；另一类为现实生活中并不存在的、抽象出来的动物形象，如夔纹、兽面纹等这几类。但无论涡纹的搭配纹饰表现为具体的或是抽象简化的图案，这些纹饰都是动物类纹饰，在一般的商周青铜器上并未出现涡纹与植物或几何纹饰搭配使用的实例。因此，青铜器上大量出现的与涡纹组合的四瓣目纹，也应是某种变形的动物纹饰。

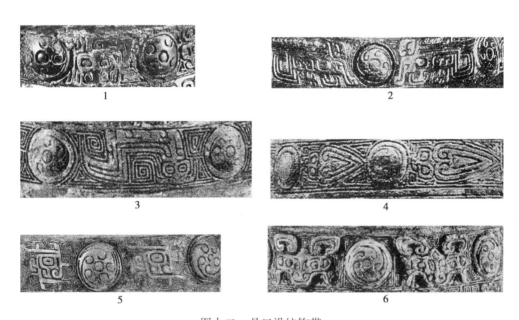

图十二　鼎口沿纹饰带
1. 妇好鼎口沿　2. 涡纹鼎口沿　3. 围鼎口沿　4. ⛰鼎口沿　5. ♛鼎口沿　6. ⊕鼎口沿

四瓣目纹是动物类纹饰的推测，不仅建立在对于涡纹搭配纹饰的整理上，通过对四瓣目纹在器物上施用位置的观察，也可以得到类似结论。有三件窄体觚，现藏于台北故宫博物院的亚醜方觚（图十三，1）、现藏故宫博物院的子蝠何觚（图十三，2）[63]与灵石旌介二号墓所出☒觚（M2：29；图十三，3），其颈部都装饰了一周四瓣目纹，并未与其他纹饰搭配。

对比同类型的觚，颈部装饰独立纹饰除以云雷纹为地纹外，往往就是夔龙纹、鸟纹、蛇纹、兽面纹等，都是动物类纹饰。如殷墟郭家庄 M160 所出方觚，颈饰一周兽面纹；伐觚颈饰一周卷体夔龙纹[64]；宁觚[65] 与🏛 🦴方觚[66] 颈皆饰一周蛇纹；日本泉屋博古馆所藏亚吴觚，颈饰一周鸟纹[67]。这几件觚不但施用纹饰的部位相同、时代相近，除了四瓣目纹外，其余纹饰都为动物类纹饰。借此也可推测这一部位在装饰独立

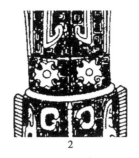

图十三　瓿中所见四瓣目纹
1. 亚醜方瓿颈部　2. 子蝠何瓿颈部　3. 🐦瓿颈部

的纹饰时，只装饰动物纹或变形动物纹饰。故而，四瓣目纹也应该是一种变形动物纹饰。

从纹饰本身来说也可以看出四瓣目纹是一种动物纹饰。四瓣目纹的中心为一个"目"，在青铜器纹饰中，尤其是商代晚期的青铜器，无论其纹饰构成形式是什么，只要有两个对称目纹的，且中间有扉棱的纹饰都会被认为是兽面纹。在古代图像中，抽出一部分器官表示其整体，是常见的表现手法。在古文字中，无论人或者动物的形象被表现为抽象或是具象，有一个最主要的特征是不会被简省的，那就是眼睛。在商周甲骨和金文中，以目代首的文字也并不鲜见，如 🐦（觅）、🦌（鹿）、👁（望）、🐦（见）这样的文字，说明目纹一般都表示动物类纹饰；加之，四瓣目纹的单瓣有瞳型和重瓣有瞳型的瞳孔都为一条细长的横线，这与商代晚期兽面纹或夔龙纹的眼部瞳孔形制变化是相一致的。

四瓣目纹属于一种动物性纹饰，但自然界目前并不存在这种形象的动物，故而只能说它是某种动物形象的变体。在商周青铜器纹饰中，目部最为突出的纹饰应属夔龙纹，夔龙纹以一个突出的"目"为主要特征，身体的其他部分则可以任意变化或简省，唯一不变或者变化较少的就是眼睛。与夔龙纹相同，四瓣目纹最为突出和重要的是其目部，夔龙纹的变体很多，四瓣目纹也存在着从夔龙纹演变而来的可能性。但任何纹饰都有其演化序列，四瓣目纹最早出现在殷墟二期，仔细观察其形制，与青铜器中常见的一种以目为中心的夔龙纹有相似之处。夔龙纹最早出现在二里岗期商文化中，通过对夔龙纹变化过程的整理（见图十一），可以清晰地看到夔龙纹在不同时期的演变过程。

在盘龙城五期（相当于二里岗上层一期偏晚阶段），出土了饰有夔龙纹的器物，如盘龙城五期 PLZM1：11 铜斝颈部纹饰（图十四，1）[68] 与 PLZM：7 铜尊肩部纹饰（图十四，2）[69]。这一时期的夔龙纹以中间一目为中心，身体伸向两侧。到了商代中期，夔龙纹延续着二里岗上层的特点，如郑州白家庄 C8M2 所出盘口沿下的纹饰（图十四，3)[70]。直到商代晚期，夔龙纹的形制明显增多，其形制上也开始出现分化，其中一类的夔龙纹更加具象，除了依然明显的目部，还分出了耳、翼、尾、身等部位，本文不再赘述。另外的几类都是以一个"目"纹为中心，如商代晚期第一类子隽君妻鼎（图十四，5)[71] 与兽面纹鼎（图十四，6)[72] 都是肢体更为简化，呈细长型向两端伸长；第二类与第一类的形制基本相似，只是向两侧伸出的肢体没有第一类的长，如耿觚颈下部纹饰（图十四，4)[73]；第三类就是本文中要讨论的四瓣目纹（图十四，7)[74]。

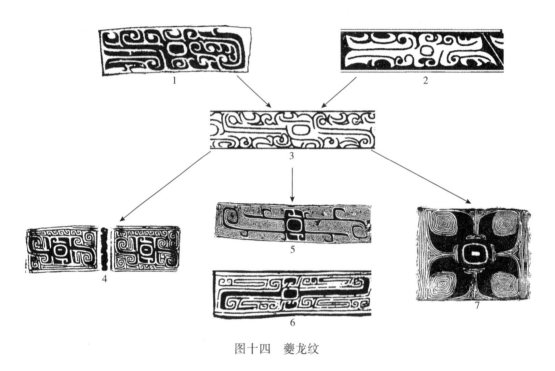

图十四　夔龙纹

　　图十一中可以大致看出从最原始的夔龙纹到四瓣目纹的演化过程，商代晚期夔龙纹的第二和第三类纹饰非常的相似。只是从第二类上还能看到一些夔龙的肢体，而四瓣目纹就直接把四角的纹饰高度抽象化，得到了一个近似中心对称的图案。但无论怎么抽象化，四瓣目纹目部的形制始终与第一、第二类夔龙纹相同。有一类夔龙纹很好地体现出了夔龙与四瓣目纹的双重特征，既有伸展的肢体，又有四瓣目纹对称的特征，如图十五簋的口沿下和圈足上所装饰的夔纹（图十五，1)[75]、图十五鬲颈部的夔纹（图十五，2)[76]，都可明显看出细长肢体的夔龙纹与四瓣目纹之间的同源关系。从郑州商城人民公园一期出土的戈，也能对四瓣目纹的纹饰属性做一推测。人民公园一期共出土青铜戈 8 件，其中 3 件为素面，一件残损，其余 4 件的内部 3 件装饰有夔龙纹，

1 件装饰四瓣目纹。[77] 从其他 3 件夔龙纹的性质也能看出四瓣目纹是一种动物纹饰且与夔龙纹有着密切的关系。故而四瓣目纹应是由夔龙纹演化而来，且是夔龙纹变体的一种。

图十五　器物中所见变形龙纹
1. 簋　2. 鬲

四　单个墓葬出土数量

罗森指出，墓葬中的随葬品都不是孤立出现的，这些成组出现的青铜器符合当时的宗教礼仪，每一次发掘所出器物都是按照一定规则有序放置的[78]。装饰四瓣目纹的器物亦是按照一定的规律随葬于墓葬中，对于墓葬中出土四瓣目纹器物数量的梳理，有助于深入了解这种纹饰的内涵和外延。

本文所收集的 131 件器物中，已知出土地点的为 72 件，其 53 件器物明确出土于墓葬中，这些器物在墓葬中的出土数量也呈现出了非常明显的特征。大多数装饰有四瓣目纹器物的年代为商代晚期或西周早期，下面对这类器物在墓葬中的出土情况进行整理和归纳。

商代晚期有明确出土地点的器物 18 件，其中出土单位为墓葬的有 9 件，出土于七座墓中，通过列表分析，可以得出墓葬、器类和器物数量之间的关系（见表三）。从表三中可以看出，除 M160 出土 2 件形制、大小完全相同的兵器（钺），殷墟西区 M93 出土 2 件形制、大小完全相同的尊外，其余五座墓葬都只出土 1 件装饰四瓣目纹的器物。目前所见的商代晚期墓葬，无论墓主地位高低、墓葬形制、随葬品多寡、殷墟中心区还是商文化影响区，墓葬内都只放置 1 件或一类四瓣目纹器物。

表三　商代晚期出土四瓣目纹墓葬与器物类型统计表

墓葬名称	出土四瓣目纹器物数量	器物名称	附表器物序号	墓葬面积
小屯 M18	1	M18：30 鼎	1	10.1
新干大洋洲大墓 XDM	1	XDM：3 鼎	2	29.6
河南安阳小屯西地 M1	1	M1：11 鼎	3	4.3
山西 灵石旌介 M2	1	M2：30 觚	33	
小屯 M5	1	M5：783 觯	30	22.4
殷墟西区 M93	2	尊	23、29	5.4×4.1
河南安阳郭家庄 M160	2	M160：69、70 钺	45、46	13.1

西周早期的 48 件铜器中，37 件器物出于 29 座墓葬中（见表四）。从表四中可以看出，除了湖南望城高砂脊 AM1 出土了 2 件形制相同的鼎、山东滕州前掌大西周墓 M121 出土了 2 件形制相同的觚、前掌大 M119 出土了 4 件形制相同的角以及前掌大 M132 出土了 3 件车马器中的泡、石鼓山 M4 出土了 1 件四瓣目纹簋、1 件四瓣目纹盂之外，其余 24 四座墓只出一件装饰四瓣目纹的器物。而这四个单位的特殊情况应与使用的族属有关（详后）。这表明在西周早期的墓葬中，四瓣目纹器物的随葬规律与商代晚期是基本一致的，即在绝大多数墓葬中只随葬 1 件或形制相同的一类四瓣目纹器物，西周早期只随葬 1 件四瓣目纹器物的墓葬比例达 83%。可以判断，西周早期沿用了商代晚期的习俗。

表四　西周早期出土四瓣目纹墓葬与器物类型统计表

墓葬编号	墓葬名称	出土四瓣目纹器物数量	附表器物序号	器物名称	墓葬面积
1	湖南望城高砂脊 AM5	1	47	鼎 AM5：53	
2	湖南望城高砂脊 AM1	2	48、49	鼎 AM1：2、3	
3	河南周口鹿邑太清宫长子口墓	1	52	鼎	59.07
4	河北邢台葛家庄 M73	1	53	戈鼎	
5	曲沃曲村西周墓葬 M6210	1	54	鼎 M6210：7	10.6
6	曲沃曲村西周墓葬 M6231	1	55	鼎 M6231：18	12.2
7	曲沃曲村西周墓葬 M6214	1	56	鼎 M6214：41	7.3
8	曲沃北赵晋侯墓地 M113	1	71	簋 M113：59	
9	山东滕州庄里西西周墓 M6	1	57	木父乙鼎 M6：1	
10	甘肃灵台县姚家河西周墓葬 M1	1	58	乖叔鼎 M1：1	
11	湖北随州市叶家山西周墓地 M15	1	59	叔疑鼎 M15：3	
12	曲沃曲村西周墓葬 M6127	1	79	簋 M6127：1	

续表

墓葬编号	墓葬名称	出土四瓣目纹器物数量	附表器物序号	器物名称	墓葬面积
13	曲沃曲村西周墓葬 M6308	1	61	作父丁鼎 M6308：1	
14	陕西张家坡西周墓地 M234	1	62	鼎 M234：1	
15	陕西长安沣河铁路桥西 M15	1	50	鼎	5.4
16	甘肃灵台白草坡 M1	1	72	簋	8.3
17	陕西扶风齐家村 M1	1	73	簋	
18	河南郑州洼刘西周墓 99M1	1	76	簋 99M1：6	7.7
19	山东滕州前掌大西周墓 M18	1	77	簋 M18：44	3.3×2.4
20	山东滕州前掌大西周墓 M121	2	107、108	觚 121：2、7	3.18×1.57
21	山东滕州前掌大西周墓 M119	4	110、113、114、115	角 M119：43、39、38、35	3.38×2.27
22	陕西泾阳高家堡 M4	1	116	盘 M4：15	3.9×2.2
23	陕西宝鸡竹园沟 M13	1	119	父辛盘 M13：25	
24	山东滕州前掌大西周墓 M132	3	120、121、122	泡 M132：50、49、32	3.40×2.40
25	陕西宝鸡渭滨区石鼓山 M3	1	90	方座簋 M3：27	4.3×3.6
26	陕西宝鸡渭滨区石鼓山 M2	1	91	簋 M2：3	
27	陕西宝鸡渭滨区石鼓山 M4	2	92、118	方座簋 M4：314 盂 M4：308	4.28×3.8
28	曲沃曲村西周墓葬 M7161	1	93	M7161：8 簋	
29	陕西张家坡西周墓地 M390：	1	63	M390：1 鼎	

西周中期有七件出土地点明确的器物，分别是安徽屯溪弈棋村出土鼎[79]、山东黄县归城出土鼎、沣西 M33 出土鼎[80]、山西翼城大河口墓地 M1017 出土四件霸伯豆，且形制纹饰都基本相同。这一时期已是四瓣目纹使用的末期，囿于材料待今后再作进一步分析。

从表三、表四可以看出，装饰四瓣目纹的器物在墓葬中的放置较有规律，基本上每座墓只随葬一件或一组形制、纹饰相同的器物。这应该是按照一定的随葬制度有意为之。此类器物上大多数都有铭文，下文将从铭文和出土地域两方面来分析四瓣目纹器物的文化属性。

五 文化属性

对于纹饰、器物进行文化属性分析，首先应从器物的铭文着手，辅以器物出土地点的分析。在此基础上分析其使用人群与使用规律，可以对器物的文化属性有较为准确的把握。

在本文所收集的时代相对明确的器物中，有铭器六十七件（见附表）。其中商代晚期二十八件，分别为穗尊、亚寔尊、𪒠册尊、亚𣏐尊、癸鸟尊、亚醜方甗、子福何甗、犬交父丁甗、𫞩甗、𬉡觯、嬰觯、乙觯、月□祖丁鼎、耳衡父乙鼎、亚保父辛鼎、重父壬鼎、亚醜父乙鼎、天豕父丁鼎、亚醜父丁方鼎、父丁簋、𦀖簋、咸妇婑簋、氏父己簋、羊父丁簋、狽钺、亚醜父丁盉、𬌎甗、工册甗。

西周早期器三十三件（见附表），分别为作尊彝尊、乖叔鼎、叔疑鼎、木父乙鼎、戈鼎、作父丁鼎、作尊鼎、亚离示父戊簋、亚子父辛簋、作宝彝簋、柬人守父簋、♦一作父丁簋、康侯簋、口父丁簋、𫞩父戊簋、亘弢末簋、师𧆑簋、𫞩作祖丁簋、亚口父丁簋、易旁簋、𤔲角、召角、父辛盘、𬌎父乙盘、亚醜父丁簋、𡙇姚己爵、父丁卣、母日庚鼎、应监甗。

西周中期器6件，分别为止歔尊、格伯簋以及4件铭文相同的霸伯豆。

现从铭文与出土地两方面来讨论器物的族属问题。

亚字。关于"亚"字铭文的研究很多，对于其具体的含义也众说纷纭。冯时梳理了目前学界十四种关于"亚"的解释，如庙室说、明堂说、爵位说等，并研究认为"亚"是宗法中的小宗，且在西周的时候逐渐为西周的宗法制所取代[81]。饰四瓣目纹的器物中，八件器物上都有"亚"字铭文，这一商人贵族名称多次出现，说明四瓣目纹应该是一种属于商人的且等级较高的纹饰。

𤔲族。𤔲的写法有多种，这一氏族是商代常见氏族[82]。根据史墙盘，微史家族之先为商人，庄白窖藏所出青铜器中，商尊、商卣都有𤔲字族徽。于省吾释为"举"，认为是举族的族徽，举族在商代拥有较高的地位，其族人分布范围很广[83]。殷灭亡后，作为殷遗民的举族部分成员臣服于周，所以在西周时期也发现了一些举族的遗址，如甘肃灵台白草坡就是西周时期举族人的一个定居点[84]。甘肃灵台白草坡也出土了饰四瓣目纹的簋。

𫞩族。由于𫞩族的聚集点在山西灵石旌介一带，邹衡认为带𫞩徽号是周器中最重要的徽号，并依据有出土地点的铜器，推测"𫞩族原住在陕西，并由陕西而至山西；克商后，部分家支迁至河南洛阳和山东黄县等地。"[85] 李伯谦则认为，𫞩族与商人有着较为稳定的臣属关系[86]。周人灭商后，该族离开了原居住地，部分族属迁徙到王畿一带，臣服于周王朝[87]。本研究所涉及的两件带𫞩族徽器物，𫞩甗出土于山西灵石旌介，属商代晚期；𫞩父戊簋出土于陕西岐山，属西周早期[88]。其他如，黄县归城所出鼎，属西周中期，亦为𫞩族器。出土地的变迁，诠释了𫞩族在商末周初的迁徙情况。

前掌大与"史"。前掌大墓地是目前出土四瓣目纹器物最多的一个地点，如 M18：44 簋，M121：27 二件瓿，M119：43、39、38、35 四件父丁角[89]，M132：50、49、32 三件铜泡[90]，共计九件。前掌大墓地可分三期，第一期为商代晚期，第二期为西周早期早段，第三期为西周早期晚段。这十件四瓣目纹器都出自该遗址第二期的墓葬。

在第二期的墓葬中，还出土了数量非常大的"史"字铭文青铜器，包括鼎、鬲、甗、瓿、爵、角等共五十八件，主要出土于 M11、M38、M120、M18 等墓[91]，这使得前掌大遗址成为目前出土史氏青铜器数量最多的遗址。同一遗址同一时期的墓葬出土了如此众多的史族器物，故四瓣目纹的器物应有属于史族者，冯时认为"史"应即薛氏[92]，既然"史"即薛国之氏族，前掌大又出土了多件史氏铭文的器物，说明从商代晚期开始，前掌大就是史氏家族的墓地[93]。而同一墓地所出那些西周早期饰四瓣目纹的器物，自然也应该是史氏家族或者是他们所代表的薛国的殷遗民所使用的，薛可能是夏遗族，史载奚仲为夏禹车正，封于薛。1974 年，辽宁喀左山湾子村发现了一座青铜器窖藏，其中一件方罍上有"史"字铭文，西周早期的父丁□簋亦出该窖藏[94]，该器也应与"史"铭文家族有着密切的联系。

前掌大墓地所出商代晚期器物，与商王畿之器形制几乎完全一致，仅在数量上稍有差别，可以认为滕州前掌大商代后期的文化遗存属于殷墟文化的一个地方性分支[95]。到了西周早期，有些器物形制开始受周文化的影响，但仍保留着浓厚的商器风格。

戈族。陕西泾阳高家堡可能是周初的戈族居住地。迄今为止，发现戈器最多的有三处，泾阳最多，洛阳次之，安阳又次之。安阳乃殷都城所在地，所出戈器应为入为王官的戈族人所作器物，故泾阳和洛阳为戈族居住地的可能性最大。但高家堡戈国墓地规模较小、文化堆积不厚，应该不是积累了百年的城邑。据此《高家堡戈国墓》报告，发掘者认为戈方原居地在豫西，后迁居于泾阳，由于他们来自距殷较近的东方，所以在葬俗上保留了殷人的遗风[96]。邹衡、曹定云认为商周时期的戈很可能是夏的后裔[97]。朱凤瀚则认为是商人氏族的小宗[98]。就出土器物的风格而言，高家堡墓葬与器物上都反映出了浓厚的殷人特征。除高家堡 M4：15 盘外，河北邢台葛家庄 M73 所出戈鼎都应该是戈族之器。这两件器物虽然年代进入了西周早期，但其本身反映了商人的文化。

湖南望城高砂脊，三件鼎出土于湖南望城高砂脊，此类鼎的形制受当地文化影响较大，但纹饰则是商周时期中原文化的特征。高砂脊所出这批器物中，鼎上的纹饰甚至可以在妇好墓中找到渊源，属于商文化影响下的地方青铜文化[99]。

长子口大墓，河南周口鹿邑太清宫长子口墓形制与殷商后期商人大墓近同，是周初的殷遗民。报告认为长子口墓的墓主人"在商为高级贵族，与商王朝关系密切，在周仍有很高的社会地位，为一地的封君。"[100]

卫国墓地，河南鹤壁庞村所出鼎[101]以及河南浚县所出康侯簋[102]，均为西周早期器物。朱凤瀚认为，这些器物虽然出土于西周卫国的墓葬中，但是这些墓葬所出器物，器主身份比较复杂，有的器物可能为商人所制[103]。

综上所述，出土地明确的四瓣目纹器物，其文化归属可大致分为四类。第一类是商王朝王室墓葬所出器物，如妇好墓；第二类是商人的贵族和方国所有的器物，如亚字铭文组器物和前掌大薛国的器物；第三类是一些受殷商文化影响的地方文化遗址中出土器物，如望城高砂脊所出鼎；第四类是西周王畿地区及封国所在地墓葬中出土的四瓣目纹器物，如郑州洼刘、曲沃曲村等地出土的器物，这些器物虽然出土于周人的势力范围内，但器主人并没有明确的周人身份，且器物本身也具有明显的受商文化影响的因素。由这样的层级式分布可以看出，几乎所有四瓣目纹的器物都与商人有关。或是本身就是商人，或是受商文化的影响，西周初年出现在周人墓葬中的四瓣目纹器物说明周初时周人对商文化的吸收与接受。

首先，这种纹饰起源于商代晚期，在河南安阳孝民屯铸铜遗址中出土了四瓣目纹的陶范（图十六，1)[104]。这类器物随着商人封国和贵族的迁徙，在商末周初流传到了比较广阔的地域，但无论什么地方所出此类器物，都有商文化的因素，且殷商王畿地区仍是这种纹饰分布的集中区域。

其次，在西周早期的洛阳北窑铸铜遗址中，也出土了四瓣目纹的陶范（图十六，2)[105]。成周是周初安置殷遗民的地方，陶范的出土说明了西周初年，周人安置殷遗民于成周后，工匠们仍然在铸造这种器物。

图十六　铸造四瓣目纹器物的陶范
1. 河南安阳孝民屯铸铜遗址中出土四瓣目纹陶范　2. 洛阳北窑铸铜遗址中出土四瓣目纹陶范

其三，商人重酒，在所有装饰四瓣目纹的酒器上，四瓣目纹都处于独立而且突出的位置。四瓣目纹应用在炊食器和水器上时，都搭配了涡纹，反映其在酒器中的地位高于炊食器和水器。故而可以初步认为四瓣目纹饰是一种属于商人的纹饰，这一点不仅仅体现在分布地域、铸造地和族群上，还体现在器物的种类上。

其四，周人灭商后，在青铜器的铸造使用上，继承了商人的传统。这从周人对于四瓣目纹在器物上的施用、墓葬中的随葬数量上都可以反映出来。但这样的继承和接受仅发生在西周初期，到了西周中期大约共懿前后，周人摈弃了商人的制度，确立了自己的用器制度[106]。从这一时期开始，周人器物的组合形式、纹饰等发生了很大的变化，与此同时也是四瓣目纹器物的衰落期，目前发现西周中期装饰有四瓣目纹的器物不过寥寥数件。与其他流行的青铜器纹饰如凤鸟纹、兽面纹一直延续到西周晚期不同，四瓣目纹随着周礼的确立而消亡，这更加说明了四瓣目纹本身与"重酒组合"一样，是商文化鼎盛时期的代表。

在石鼓山现已发掘的墓葬中，M2、M3、M4都出土了四瓣目纹器物[107]，同一墓地每一座墓葬都出土这一种纹饰的器物，更表明四瓣目纹的使用有着某种象征意义。关于石鼓山墓主人身份，目前大致有商遗民说、周人贵族说、当地姜人土著说等六种观点[108]。无论墓主人是何身份，从目前所出器物看，都有明显的商文化因素。

六 结语

综上所述，在系统地分析了四瓣目纹的纹饰种类、时空分布、施用规则、纹饰属性与文化因素之后，我们对四瓣目纹有了一个较为全面的认识。在形制上，根据周围四瓣是重瓣还是单瓣以及目是否有瞳孔，可将四瓣目纹分为重瓣有瞳型、单瓣有瞳型和单瓣无瞳型三种。这种纹饰主要流行于商末周初，且分布地域较广，商文化的分布区域与受商文化影响的区域一般都有分布。在纹饰的使用中，酒器上的四瓣目纹单独成纹，尤其觯这种纹饰以夸张的形式装饰于突出位置，而在炊食器与水器中，多与涡纹间隔排列成纹饰带。

经过对比四瓣目纹的施用位置、器类以及与涡纹搭配成纹饰带的其他纹饰属性，本文认为四瓣目纹是一种动物性的纹饰，具体来说应是夔龙纹的一种变体，于商人贵族高等级墓葬中总是出土一件或者一组，或起到一种商文化标识的作用。当然，并非所有的商墓中都会出土四瓣目纹的器物，只是出土这类器物的墓葬、墓地和地区或者这类器物的铭文都体现出了与商人或商文化千丝万缕的联系。在西周初期，殷遗民仍在使用这种器物，甚至影响了其他的族群，在西周早期大多数随葬四瓣目纹器物的墓葬中此类器物也都是单个或单器类出现的。对此种纹饰全面而系统的研究，为研究商代方国的变化、族群的变迁以及商文化在西周的分布等诸多问题的研究提供了重要参考，我们将另文阐述。

附记：本文受到陕西师范大学博士自由探索项目资助，项目名称《商周青铜器中四瓣目纹综合研究》（项目号：2017TS103）。本文在材料收集、写作与修改过程中得到业师曹玮教授悉心指导，何毓灵教授亦对本文的写作提供帮助，一并致谢！

附表　四瓣目纹器物统计表

序号	器名	出土（现藏）单位	年代	四瓣目纹类型	搭配纹饰	资料来源
1	鼎	小屯 M18：30	商代晚期	单瓣有瞳	涡纹	《考古学报》1981 年第 4 期
2	鼎	新干大洋洲 XDM：3		单瓣有瞳		《新干商代大墓》14 页
3	重父壬鼎	河南安阳小屯西地 82M1：11		单瓣有瞳		《殷墟青铜器》84 页
4	月爽祖丁鼎	河北新乐县中同村		单瓣无瞳		《文物》1987 年第 1 期
5	亚醜父乙鼎	台北故宫博物院		单瓣有瞳		《西清古鉴》第一卷 5 页
6	耳衡父乙鼎	布伦戴奇旧藏		单瓣无瞳		《美国所藏中国青铜器集录》（上卷）90 页
7	天豕父丁鼎	台北故宫博物院		单瓣无瞳		《宁寿鉴古》第一卷 2 页
8	亚醜父丁方鼎	故宫博物院		单瓣无瞳		《故宫青铜器》105 页
9	亚保父辛鼎	甘肃礼县城关镇西山		单瓣无瞳		《秦西垂陵区》142 页
10	祖鼎		商代			《西清古鉴》第一卷 1、11、29 页
11	父乙鼎		商代			
12	瞿父鼎		商代			
13	簋		商代			《颂斋吉金图录、颂斋吉金续录、海外吉金图录》227 页
14	祖辛簋	山东长清	商代晚期	单瓣有瞳		《文物》1964 年第 4 期
15	父丁簋	陕西户县孙家磴		单瓣有瞳		《陕西出土商周青铜器》（四）143 页
16	咸妇婉簋	故宫博物院		单瓣无瞳		《陶斋吉金录》卷一，50 页
17	氏父己簋	武功县游凤乡渠子村		单瓣无瞳		《陕西出土商周青铜器》（四）97 页

续表

序号	器名	出土（现藏）单位	年代	四瓣目纹类型	搭配纹饰	资料来源
18	簋		商代晚期	单瓣有瞳	涡纹	《故宫商代青铜礼器图录》452 页
19	肄簋	塞克勒美术馆		单瓣有瞳		《美国所藏中国青铜器集录》（上卷）466 页、464 页、A145、A215
20	羊父丁簋			单瓣无瞳		
21	簋			单瓣有瞳		
22	簋			单瓣有瞳		
23	亚共尊	殷墟西区 M93		单瓣有瞳	无	《考古学报》1979 年第 1 期
24	癸鸟尊			重瓣有瞳		《泉屋博古》75 页
25	穗尊	原藏吴大澂		单瓣有瞳		《恒轩所见所藏吉金录》51 页
26	亚㝨尊	原藏刘体智、于省吾		单瓣有瞳		《殷周时代青铜器研究·图版》232 页
27	𠍧册尊	上海博物馆		单瓣有瞳		《夏商周青铜器研究·夏商篇》（下）290 页
28	象尊			单瓣有瞳		《佛利尔美术馆藏中国青铜器》第一卷 228 页
29	亚㫕尊	殷墟西区 M93：4		单瓣有瞳		《考古学报》1979 年第 1 期
30	觯	小屯 M5：783		重瓣有瞳		《殷墟妇好墓》73 页
31	亚醜方觚			单瓣有瞳		《故宫商代青铜礼器图录》497 页
32	子福何觚	故宫博物院		单瓣无瞳		《金文总集》（八）3397 页
33	觚	山西灵石旌介 M2：30		单瓣有瞳		《灵石商墓》112 页
34	父丁觚	安徽肥西上派镇		单瓣有瞳		《安徽江淮地区商周青铜器》34 页
35	觚			单瓣有瞳		《夏商周青铜器研究·夏商篇》（下）247、245 页
36	工册觚			单瓣有瞳		
37	觚			单瓣有瞳		《美国所藏中国青铜器集录》（上卷）A497
38	乙觯	陕西西安长安区马王镇		重瓣有瞳		《西安文物精华——青铜器》56 页

续表

序号	器名	出土（现藏）单位	年代	四瓣目纹类型	搭配纹饰	资料来源
39	盥觯	上海博物馆	商代晚期	重瓣有瞳	无	《夏商周青铜器研究·夏商篇》260 页
40	嬰觯	纽约佳士得		重瓣有瞳		《流散欧美殷周有铭青铜器集录》166 页
41	兽面纹盉			单瓣有瞳		《中国夏商周三代金铜器》，126 页
42	亚醜父丁盉			单瓣有瞳		《考古学报》1977 年第 2 期
43	兽面纹盉			单瓣有瞳	涡纹	《故宫商代青铜礼器图录》470 页
44	狈钺	吉梅博物馆		单瓣无瞳		《吉梅博物馆藏中国青铜器》
45	钺	安阳郭家庄 M160：70		单瓣有瞳	无	《安阳殷墟郭家庄商代墓葬》106 页
46	钺	安阳郭家庄 M160：69		单瓣有瞳	无	
47	鼎	望城高砂脊 AM5：53	西周早期	单瓣无瞳	涡纹	《湖南商周青铜器研究》65~68 页
48	鼎	望城高砂脊 AM1：2		单瓣无瞳		
49	鼎	望城高砂脊 AM1：3		单瓣无瞳		
50	鼎	长安沣河铁路桥西 M15：1		单瓣无瞳		《考古》1987 年第 1 期
51	鼎	鹤壁庞村 0946				《文物资料丛刊》第 3 辑
52	鼎	周口鹿邑太清宫长子口墓		单瓣有瞳		《鹿邑太清宫长子口墓》60 页
53	戈鼎	邢台葛家庄 M73		单瓣无瞳		《三代文明研究（一）》
54	鼎	曲村晋国墓地 M6210：7		单瓣有瞳		《天马—曲村》433 页
55	鼎	曲村晋国墓地 M6231：18		单瓣无瞳		
56	作尊鼎	曲村晋国墓地 M6214：41		单瓣有瞳		
57	木父乙鼎	滕州庄里西西周墓 M6：1		单瓣无瞳		《中国国家博物馆馆刊》2012 年第 1 期
58	乖叔鼎	灵台县姚家河西周墓葬 M1：1		单瓣有瞳		1976 年第 1 期
59	叔疑鼎	随州叶家山西周墓地（M15：3）		单瓣有瞳		《随州叶家山西周早期曾国墓地》247 页

序号	器名	出土（现藏）单位	年代	四瓣目纹类型	搭配纹饰	资料来源
60	母日庚鼎	铜川十里铺		单瓣有瞳		《陕西出土商周青铜器》（四）172 页
61	作父丁鼎	曲沃曲村西周墓葬 M6308：1	西周早期	单瓣无瞳		《天马—曲村》381 页
62	鼎	西安张家坡西周墓地 M234：1		单瓣无瞳		《张家坡西周墓地》135、137 页
63	鼎	西安张家坡西周墓地 M390：1		单瓣无瞳		
64	史鼎		西周			《西清续鉴乙编》第一卷 21 页；第二卷 40 页；第四卷 7 页
65	鼎		西周			
66	鼎		西周			
67	（夔凤纹）鼎		西周			《宁寿鉴古》第二卷
68	鼎		西周			
69	涡纹鼎			单瓣有瞳		《西安文物精华——青铜器》3 页
70	涡纹鼎	岐山县京当乡贺家村		单瓣有瞳		《周原出土青铜器》2062 页
71	簋	北赵晋侯墓地 M113：59		单瓣有瞳		《文物》2001 年第 8 期
72	簋	灵台白草坡 M1		单瓣有瞳	涡纹	《考古》1976 年第 1 期
73	簋	扶风齐家村 M1：6		单瓣有瞳		《周原出土青铜器》1519 页
74	康侯簋	传出土于河南北部		单瓣有瞳		《西周铜器断代》11 页
75	亚醜父丁簋			单瓣无瞳		《故宫青铜器》106 页
76	亘敄耒簋	郑州洼刘西周墓 99M1：6	西周早期			《中原文物》2001 年第 2 期
77	簋	山东滕州前掌大西周墓 M18：44		单瓣有瞳		《滕州前掌大墓地》223 页
78	亚离示父戊簋	翼城大河口		单瓣有瞳		《考古》2011 年第 7 期
79	簋	曲沃曲村西周墓葬 M6127：1		单瓣无瞳		《天马—曲村》468 页
80	父丁□簋	喀左山湾子村西周铜器窖藏		单瓣有瞳		《文物》1977 年第 12 期
81	父戊簋	岐山京当贺家村		单瓣有瞳		《周原出土青铜器》2118 页

续表

序号	器名	出土（现藏）单位	年代	四瓣目纹类型	搭配纹饰	资料来源
82	作宝彝簋			单瓣有瞳		《流散欧美殷周有铭青铜器集录》86 页
83	亚□父丁簋	陇县杨庄村西周铜器窖藏		单瓣无瞳		《考古与文物》2002 增刊
84	师䕫簋			单瓣有瞳		《怀米山房吉金图》（甲）23 页
85	头作祖丁簋			单瓣无瞳		《殷周时代青铜器研究·图版》97、98、110 页
86	◆一作父丁簋			单瓣有瞳		
87	柬人守父簋			单瓣有瞳		
88	易旁簋		西周早期			《流散欧美殷周有铭青铜器集录》111 页
89	簋	沣西 M33：4				《考古》1994 年第 11 期
90	夔凤纹方座簋	宝鸡渭滨区石鼓山 M3：27		单瓣无瞳		《守望家园——陕西宝鸡群众保护文物成果》51 页
91	四瓣目纹簋	宝鸡渭滨区石鼓山 M2：3		单瓣无瞳	涡纹	《周野鹿鸣——宝鸡石鼓山西周贵族墓出土青铜器》81 页
92	方座簋	宝鸡渭滨区石鼓山 M4：314		单瓣有瞳		《文物》2016 年第 1 期
93	簋	曲沃曲村西周墓葬 M7161：8		单瓣无瞳		《天马—曲村》(2) 558 页
94	文父簋		西周			《西清古鉴》第一三卷 16 页
95	兩簋		西周	单瓣无瞳		《西清续鉴乙编》第六卷 42、44 页
96	几父丁簋		西周	单瓣有瞳		
98	颖簋		西周	单瓣有瞳		《陶斋吉金录》卷一 48 页
97	乳钉纹簋	辽宁省喀左县山湾子		单瓣有瞳		《文物》1977 年第 12 期
99	簋		西周早期	单瓣有瞳		《美国所藏中国青铜器集录》（上卷）A167、A217
100	簋			单瓣有瞳		
101	应监甗	江西余干县黄金埠镇		单瓣有瞳		《考古学报》1960 年第 1 期
102	作尊彝尊	传出山东（故宫）		单瓣有瞳	无	《故宫青铜器》77 页
103	尊		西周	单瓣有瞳		《西清古鉴》第一〇卷 47 页

序号	器名	出土（现藏）单位	年代	四瓣目纹类型	搭配纹饰	资料来源
104	尹各卣		西周			《西清古鉴》第一三卷16页
105	父丁卣	河南信阳县浉河港	西周早期	单瓣有瞳	无	《考古》1989年第1期
106	奂姬己爵	日本黑川古文化研究所		单瓣有瞳		《金文总集》（五）2266页
107	觚	滕州前掌大 M121：2、7		单瓣有瞳		《滕州前掌大墓地》245页
108	觚			单瓣有瞳		
109	举觚		西周	单瓣无瞳		《西清古鉴》第二十三卷37页
110	召作父丁角		西周早期	单瓣有瞳		《博古图》卷十四6页上
111	棐角	中国历史博物馆		单瓣有瞳		《殷周金文集成》【修订增补本】第五册4114页
112	父丁角			单瓣有瞳	无	
113	父丁角	滕州前掌大 M119：39、38、35、43		单瓣有瞳		《滕州前掌大墓地》266、267页
114	父丁角			单瓣有瞳		
115	父丁角			单瓣有瞳		
116	盘	泾阳高家堡 M4：15	西周早期	单瓣有瞳		《高家堡戈国墓》67页
117	泥父己盘	故宫博物院		单瓣无瞳		《金文总集》（八）3622页
118	盂	宝鸡渭滨区石鼓山 M4：308		单瓣有瞳	涡纹	《文物》2016年第1期
119	父辛盘	宝鸡竹园沟 M13：25		单瓣有瞳		《宝鸡𢐗国墓地》（上）67页
120	泡			单瓣无瞳	无	
121	泡	滕州前掌大 M132：50、49、32		单瓣无瞳	无	《滕州前掌大墓地》363、366页
122	泡			单瓣有瞳	无	
123	鼎	山东黄县归城 M1：1	西周中期	单瓣无瞳		《考古》1991年10期
124	鼎	屯溪弈棋村 M3：11		单瓣无瞳		《屯溪土墩墓发掘报告》
125	鼎	沣西 M33		单瓣无瞳		《考古》1994年第11期
126	倗生簋			单瓣无瞳	涡纹	《中国美术分类全集·中国青铜器全集》第五卷19页
127	霸伯豆			单瓣无瞳		
128	霸伯豆	山西翼城大河口 M1017：11-1、34、13、14		单瓣无瞳		《山西翼城大河口西周墓地》
129	霸伯豆			单瓣无瞳		
130	霸伯豆			单瓣无瞳		
131	止歔尊			单瓣有瞳	无	《金文总集》（六）2506页

［1］（宋）王黼：《博古图》卷十四，6页上，清乾隆十八年天都黄晟亦政堂修补明万历二十八年吴万化宝古堂刻本。

［2］王杰等奉敕编修：《西清续鉴乙编》卷六，1931年北平古物陈列所依宝蕴楼钞本石印本，第44页上。

［3］梁诗正等奉敕编修：《西清古鉴》卷五，清乾隆二十年内府刻本，第7页上。

［4］王杰等奉敕编修：《宁寿鉴古》卷二，1913年涵芬楼依宁寿宫写本石印本，第2页上。

［5］容庚、张维持：《殷周青铜器通论》，中华书局，2012年，第106页。

［6］冯时：《文明以止：上古的天文、思想与制度》，中国社会科学出版社，2018年，第372页。

［7］马承源：《商周青铜器纹饰综述》，《商周青铜器纹饰》，文物出版社，1984年。

［8］林巳奈夫：《殷周青铜器综览二：殷周时代青铜器纹样研究》，吉川弘文馆，1986年，第174～177页。

［9］詹鄞鑫：《释甲骨文昃字及相关的青铜器纹饰》，《徐中舒先生百年诞辰纪念文集》，巴蜀书社，1998年。

［10］陈佩芬：《陈佩芬青铜器论集》，中西书局，2016年，第61页。

［11］中国社会科学院考古研究所丰镐队：《1992年沣西发掘简报》，《考古》1994年第11期。

［12］朱凤瀚：《中国青铜器综论》，上海古籍出版社，2009年，第595页。

［13］中国社会科学院考古研究所：《殷墟妇好墓》，文物出版社，1980年，第73页。

［14］陈佩芬：《夏商周青铜器研究·夏商篇》（下），上海古籍出版社，2004年，第290页。

［15］上海博物馆青铜器研究组：《商周青铜器纹饰》，文物出版社，1984年，第256页。

［16］中国社会科学院考古研究所：《殷墟妇好墓》，文物出版社，1980年，第73～74页。

［17］李步青、林仙庭：《山东黄县归城遗址的调查与发掘》，《考古》1991年10期。

［18］河南省文物考古研究所、周口市文化局：《鹿邑太清宫长子口墓》，中州古籍出版社，2000年，第60页。

［19］中国社会科学院考古研究所：《殷墟青铜器》图版84，线图八十五：2，文

物出版社，1985 年。

［20］中国社会科学院考古研究所丰镐工作队：《1984～1985 年沣西西周遗址、墓葬发掘报告》，《考古》1987 年 1 期。

［21］陈梦家：《美国所藏中国青铜器集录》（上卷）A40 器，金城出版社，2016 年，第 90 页。

［22］陕西省考古研究所、陕西省博物馆、陕西省文物管理委员会：《陕西出土商周青铜器》图 96 页，说明 16 页，文物出版社，1984 年。

［23］陕西省考古研究院、宝鸡市考古研究所、宝鸡市渭滨区博物馆：《陕西宝鸡石鼓山商周墓地 M4 发掘简报》，《文物》2016 年 1 期。

［24］马承源主编：《中国美术分类全集·中国青铜器全集》第五卷，文物出版社，1996 年，第 19 页。

［25］郭沫若：《释应监甗》，《考古学报》，1960 年第 1 期；朱心持：《江西余干黄金埠出土铜甗》，《考古》1960 年 2 期。

［26］山西省考古研究所、临汾市文物局、翼城县文物旅游局联合考古队、山西大学北方考古研究中心：《山西翼城大河口西周墓地 1017 号墓发掘》，《考古学报》2018 年 1 期。

［27］中国社会科学院考古研究所：《殷墟青铜器》，图版二一五，线图七八：3，文物出版社，1985 年。

［28］孙华主编：《中国美术全集·青铜器一》，时代传媒出版有限公司，2010 年，第 77 页。

［29］严一萍：《金文总集》（六），艺文印书馆印行，1983 年，第 2506 页。

［30］POPE GETTENS CAHILL and BARNARD, *THE FREER CHINESE BRONZES*, Volume I, Washington：Smithsonian Publication 4706, 1967, P228.

［31］陈芳妹：《故宫商代青铜礼器图录》，台北故宫博物院，1998 年，第 497 页。

［32］山西省考古研究所：《灵石旌介商墓》，科学出版社，2006 年，第 110～116 页。

［33］陆勤毅、宫希成：《安徽江淮地区商周青铜器》，文物出版社，2014 年，第 34 页。

［34］陈佩芬：《夏商周青铜器研究·夏商篇》（下），上海古籍出版社，2004 年，第 260 页。

［35］中国社会科学院考古研究所：《殷墟妇好墓》，图版四一：2，文物出版社，1980 年，第 73～74 页。

［36］西安市文物保护考古所：《西安文物精华·青铜器》，世界图书出版公司，

2005 年，第 56 页。

[37] 信阳地区文管会、信阳县文管会：《河南信阳县浉河港出土西周早期铜器群》，《考古》1989 年第 1 期。

[38] 中国社会科学院考古研究所：《滕州前掌大墓地》（上），图一八九：2、一九〇：1、2、3 文物出版社，2005 年，第 264~267 页。

[39] 中国社会科学院考古研究所：《殷周金文集成》【修订增补本】（第五册），中华书局，2007 年，第 4114 页。

[40]（宋）王黼：《博古图》卷十四，清乾隆十八年天都黄晟亦政堂修补明万历二十八年吴万化宝古堂刻本，第 6 页上。

[41] 严一萍：《金文总集》（五），艺文印书馆印行，1983 年，第 2266 页。

[42] 陕西省考古研究所：《高家堡戈国墓》，图八十二，三秦出版社，1995 年，第 97 页。

[43] 宝鸡市博物馆：《宝鸡强国墓地》（上），文物出版社，1988 年，第 67 页。

[44] 震荣堂：《中国夏商周三代金铜器》，红蓝色彩印刷，2011 年，第 126 页。

[45] 台北故宫博物院：《故宫商代青铜礼器图录》，台北故宫博物院，1998 年，第 470 页。

[46] 陕西省考古研究院、宝鸡市考古研究所、宝鸡市渭滨区博物馆：《陕西宝鸡石鼓山商周墓地 M4 发掘简报》，《文物》2016 年第 1 期。

[47] 殷之彝：《山东益都苏埠屯墓地与亚醜铜器》，《考古学报》1977 年第 2 期。

[48] 吉美博物馆：《吉美博物馆藏中国青铜器》，法国印刷，1995 年。

[49] 中国社会科学院考古研究所：《安阳殷墟郭家庄商代墓葬》，中国大百科全书出版社，1998 年，第 106 页。

[50] 林沄：《说王》，《考古》1965 年第 6 期。

[51] 容庚、张维持：《殷周青铜器通论》，中华书局，2012 年，第 106~107 页。

[52] 中国社会科学院考古研究所：《安阳殷墟郭家庄商代墓葬》，中国大百科全书出版社，1998 年，第 106 页。

[53] 冯时：《文明以止：上古的天文、思想与制度》，中国社会科学出版社，2018 年，第 371~372 页。

[54] 陈佩芬：《陈佩芬青铜器论集》，中西书局，2016 年，第 61 页。

[55] 马承源：《商周青铜器纹饰综述》，载上海博物馆青铜器研究组编《商周青铜器纹饰》，文物出版社，1984 年。

[56] 林巳奈夫：《殷周青铜器青铜器综览（二）：殷周时代青铜器纹样研究》，

吉川弘文馆，1986 年，第 169~178 页。

[57] 河南博物院、首都博物馆、中国社会科学院考古研究所：《王后 母亲 女将》，科学出版社，2015 年，第 128 页。

[58] 孙华：《中国美术全集·青铜器》（一），时代出版传媒股份有限公司，2010 年，第 30 页。

[59] 刘雨、汪涛：《流散欧美殷周有铭青铜器集录》，上海辞书出版社，2007 年，第 20 页。

[60] 吴镇烽：《商周青铜器铭文暨图像集成》（一），上海古籍出版社，2012 年，第 247 页。

[61] 马承源主编：《中国美术分类全集·中国青铜器全集》第二卷，文物出版社，1996 年，第 31 页。

[62] 岳洪彬主编：《殷墟新出青铜器》，云南人民出版社，2008 年，第 114 页。

[63] 严一萍：《金文总集》（八），艺文印书馆印行，1983 年，第 3397 页。

[64] 马承源主编：《中国美术分类全集·中国青铜器全集》（二），文物出版社，1997 年，第 110 页。

[65] 马承源主编：《中国美术分类全集·中国青铜器全集》（二），文物出版社，1997 年，第 124 页。

[66] 马承源主编：《中国美术分类全集·中国青铜器全集》（二），文物出版社，1997 年，第 132 页。

[67] 泉屋博古馆：《泉屋博古——中国青铜器编》，便利堂株式会社，2002 年，第 56 页。

[68] 湖北省文物考古研究所：《盘龙城》，文物出版社，2001 年，第 195 页。

[69] 湖北省文物考古研究所：《盘龙城》，文物出版社，2001 年，第 196 页。

[70] 河南省文物考古研究所：《郑州商城》（中），文物出版社，2001 年，第 823 页。

[71] 上海博物馆青铜器研究组：《商周青铜器文饰》，文物出版社，1984 年，第 255 页。

[72] 上海博物馆青铜器研究组：《商周青铜器文饰》，文物出版社，1984 年，第 254 页。

[73] 上海博物馆青铜器研究组：《商周青铜器文饰》，文物出版社，1984 年，第 254 页。

[74] 陈佩芬：《夏商周青铜器研究·夏商篇》（下），上海古籍出版社，2004 年，

第 290 页。

[75] 王杰等奉敕编修：《西清续鉴乙编》卷六，1931 年北平古物陈列所依宝蕴楼钞本石印本，第 42 页上。

[76] 故宫博物院：《故宫青铜器图典》，紫禁城出版社，2010 年，第 22~23 页。

[77] 河南省文物考古研究所：《郑州商城》（中），文物出版社，2001 年，第 919 页。

[78] 杰西卡·罗森：《中国青铜艺术与宗教》，陈显丹、陈必译，《四川文物》1998 年第 1 期。

[79] 李国梁主编：《屯溪土墩墓发掘报告》，安徽人民出版社，2006 年。

[80] 中国社会科学院考古研究所丰镐队：《1992 年沣西发掘简报》，《考古》1994 年第 11 期。

[81] 冯时：《中国古文字学概论》，中国社会科学出版社，2016 年，第 507~520 页。

[82] 于省吾：《释蠢》，《考古》1979 年第 4 期；张亚初：《商周金文姓氏通考》，中华书局，2016 年，第 14 页。

[83] 于省吾：《释蠢》，《考古》1979 年第 4 期。

[84] 何景成：《商周青铜器氏族铭文研究》，齐鲁书社，2009 年，第 73~99 页。

[85] 邹衡：《论先周文化》，《夏商周考古论文集》，文物出版社，1980 年。

[86] 李伯谦：《从灵石旌介商墓的发现看陕晋高原青铜文化的归属》，《北京大学学报（哲学社会科学版）》，1988 年第 2 期。

[87] 何景成：《商周青铜器氏族铭文研究》，齐鲁书社，2009 年，第 140 页。

[88] 曹玮主编：《周原出土青铜器》（10），四川巴蜀书社，2005 年，第 2118~2122 页。

[89] 中国社会科学院考古研究所：《滕州前掌大墓地》，文物出版社，2005 年，第 513~533 页。

[90] 中国社会科学院考古研究所：《滕州前掌大墓地》，文物出版社，2005 年，第 245、267、363、366 页。

[91] 中国社会科学院考古研究所：《滕州前掌大墓地》，文物出版社，2005 年，第 207~339 页。

[92] 冯时：《殷代史氏考》，《黄盛璋先生八秩华诞纪念文集》，中国教育文化出版社，2005 年。

[93] 朱凤瀚：《中国青铜器综论》，上海古籍出版社，2009 年，第 1066 页。

[94] 喀左县文化馆、朝阳地区博物馆、辽宁省博物馆：《辽宁省喀左县山湾子出土殷周青铜器》，《文物》1977年第12期。

[95] 朱凤瀚：《中国青铜器综论》，上海古籍出版社，2009年，第1066页。

[96] 陕西省考古研究所：《高家堡戈国墓》，三秦出版社，1995年，第122页。

[97] 邹衡：《论先周文化》，《夏商周考古学论文集》，文物出版社，1980年，第322页；曹定云：《殷代族徽戈与夏人后裔氏族》，《考古与文物》1989年第1期。

[98] 朱凤瀚：《商周家族形态研究》（增订本），天津古籍出版社，2004年，第89~99页。

[99] 熊建华：《湖南商周青铜器研究》，岳麓书社出版社，2013年，第65~68页。

[100] 河南省文物考古研究所等：《鹿邑太清宫长子口墓》，中州古籍出版社，2000年，第210~211页。

[101] 周到等：《河南鹤壁庞村所出青铜器》，《文物资料丛刊》第3辑。

[102] 陈梦家著，中国社会科学院考古研究所编辑：《西周铜器断代》，中华书局，2004年，第11页。

[103] 朱凤瀚：《中国青铜器综论》，上海古籍出版社，2009年，第1351页。

[104] 四瓣目纹陶范图片由中国社会科学院考古研究所安阳工作站何毓灵教授惠供。

[105] 洛阳市文物工作队：《1975~1979年洛阳北窑西周铸铜遗址的发掘》，《考古》1983年第五期。

[106] 曹玮：《从青铜器的演化试论西周前后期之交的礼制变化》，《周秦文化研究》，陕西人民出版社，1998年；又载曹玮：《周原遗址与西周铜器研究》，科学出版社，2004年，第91页。

[107] 这4件器物分别见于陕西省考古研究院等：《陕西宝鸡石鼓山商周墓地M4发掘简报》，《文物》2016年第1期；中国国家博物馆等：《守望家园——陕西宝鸡群众保护文物成果》，时代传媒股份有限公司，2014年，第51页；陕西省考古研究院等：《周野鹿鸣——宝鸡石鼓山西周贵族墓出土青铜器》，上海世纪出版集团，2014年，第15页。

[108] 见陈昭容主编：《宝鸡戴家湾与石鼓山出土商周青铜器》参考书目及提要，中研院史语所、陕西省考古研究院，2015年，第574~589页。

原载于《考古学报》，2019年第1期，略有改动

商周青铜器铸后制铭工艺考证

杨 欢

摘 要： 学界普遍认为商周时期青铜器的铸造铭文早于铸后制铭，并认为铸后制铭技术只出现在西周晚期以后。本文通过对商周铸后制铭青铜器的研究发现，铸后制铭可分为錾铭、刻铭与琢磨铭文三类，后两类的出现与应用不晚于铸造铭文。这些技术脱胎于夏商时期的玉器加工技术与甲骨文锲刻技术。工匠们至迟在商代晚期就已经掌握了相应的技术，但出于效率与容错代价方面的考虑，选择了出现较晚但更为节省时间和人力的铸造铭文技术。铸后制铭因为其本身的缺陷，只作为一种边缘技术而长期存在。

关键词： 商周时期 铸造铭文 錾刻铭文 琢磨铭文

青铜器铭文是我国青铜文明的重要组成部分，商周金文的记载，以第一手资料弥补了古代文献的缺失，起到了重要的补史、证史作用。长期以来青铜器铭文都是学界研究的重点，从铭文的释读、考证、书体、语法等均有众多方面的研究。从目前学者研究来看，铭文的制作工艺主要分为铸造铭文、铸后制铭两大类[1]。铸造铭文的主要工艺过程为铸造前在模或者范上刻划出铭文笔画，浇铸后即呈现较为精致的铭文。铸后制铭则是由錾、刻等工艺制作的青铜器铭文，根据不同的工艺痕迹将可其分为三类，即錾铭、刻铭与琢磨铭文。两者相较，铸造铭文发生在青铜器的铸造过程中，属于铭文的热加工工艺；铸后制铭发生在器物铸造完成之后，属于铭文的冷加工工艺。

青铜器铸造铭文产生于二里岗上层文化，长期以来学者们认为铸造铭文工艺的出现早于錾、刻等铸后制铭工艺。铸后制铭技术虽然也应用到了青铜器的铭文制作中，但数量较少，真正的刻铭青铜器大多出现在春秋早期之后[2]。但随着新资料的出土，以及对于青铜器铭文制作技术的深入，越来越多的证据表明，铸后制铭的出现时间早于春秋时期。在殷墟遗址出土了四件刻铭青铜器，将这一工艺的出现年代提前到了商代晚期。马承源先生则认为商周时期的青铜器铭文只有极少数是刻铭，春秋晚期开始才出现了长篇的刻铭文字[3]。目前学界对铸后制铭研究不多，铸后制铭的出现年代与种类范畴、技术来源等都有待于进一步的研究。本文旨在通过对商代晚期以及西周时期青铜器上铸后制铭技术的分析，对铸后制铭工艺的技术来源与产生年代进行重新考量，在研究过程汇总得到了一些新的认识，现整理成文，就教于方家。

一 錾铭与刻铭技术

錾铭技术是用金属工具将铭文笔画錾刻到青铜器表面。使用这种技术加工的铭文，笔画呈现出明显的毛刺与断裂痕迹，如曾侯乙尊上所錾铭文"曾"（图一）[4]。因为工艺的原因，从横截面观察，錾刻出来的铭文断面呈"V"字形。广西武鸣勉岭曾出土一件商代晚期青铜卣，器盖上有铭一字（图一，2）[5]，从铭文的细节图来看，明显的呈现出断茬与毛刺的迹象，疑为錾铭青铜器。

图一　錾铭与刻铭青铜器
1. 曾侯乙尊上錾铭细节图　2. 广西武鸣勉岭出土商代晚期錾铭青铜器
3. 容庚先生收藏戈父乙爵"父乙"二字为刻铭

刻铭技术则是用金属工具将铭文笔画刻划于器物表面，刻划出的铭文笔画浅而细，但比较流畅，中间不会出现太多的断茬与毛刺[6]。这种技术的出现时间曾被认为在春秋时期，马承源先生在对晋侯稣钟的铭文制作工艺进行研究后，认为"西周青铜钟铭文以利器刻划，以此为首例"，刻铭出现的时间应该在西周晚期[7]。目前所见最早的刻铭铜器出土于商代晚期殷墟遗址。殷墟四期戚家庄东 M63 出土了 4 件錾刻铭文青铜器，分别为宁箙簋（M63：17）、宁箙斝（M63：15）、刻铭鼎与宁箙瓤（图二，1、2、3、4）[8]。这几件器物无论形制还是器类均符合殷墟四期的器物特点，出土单位明确，是典型的商代晚期器物[9]。戚家庄东地所出刻铭器物虽然数量不多，但意义重大，将我国刻铭器物的时间提到了商代晚期[10]。事实上，除了上述 4 件器物，刻铭青铜器在商代晚期还有零星发现。如容庚先生收藏的商代晚期的父乙爵，"父乙"二字均为刻铭（图一，3）[11]。

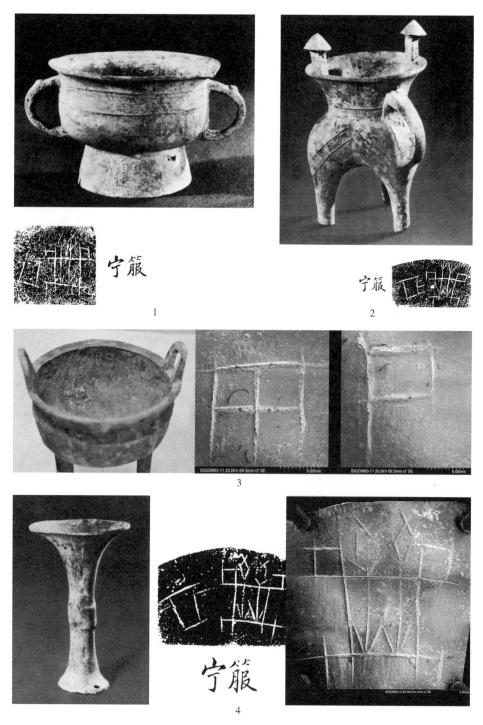

图二　1982 年戚家庄东 M63 出土的 4 件刻铭青铜器及其铭文细部放大图
1. 宁簸簋及其铭文　2. 宁簸斝及其铭文　3. 刻铭鼎及其铭文　4. 宁簸觚及其铭文

二 琢磨铭文技术

有一类铸后制铭的青铜器铭文，笔者暂称其为琢磨铭文，这类铭文与铸造的阴铭极其相似，肉眼难以区分。如果仔细观察铭文中有垫片的青铜器，尤其是垫片上有笔画的那部分铭文，会发现虽然这些笔画与非垫片部位的衔接非常自然，但仔细推敲铭文的铸造过程就会发现其中的问题。垫片是铸造前预先放置于内外范之间的，在整个器物和铭文成型之前，垫片已是铸造好的铜片。简言之，铸造过程中是不可能在垫片上留下铭文笔画的。既然这些笔画不是在铸造过程中留下的，那就只能发生在铸后加工的过程中。

美国佛利尔艺术馆收藏的商末周初的一件簋（编号 11.38）的内底，有三处出现在垫片部位的铭文（图三，1、2）。这些垫片上的笔画与其他在非垫片部位的铭文笔画看起来并未有明显的不同，全然看不到錾铭笔画上的断茬，也不像是刻铭的浅细线条（图三，3、4）[12]。青铜器铸造中所使用的垫片，一般为不规则的圆形或方形；这些垫片一般都来自废旧的青铜器，在一些垫片上甚至还发现了青铜器纹饰的残留[13]。垫片成分虽然与它所在的铸件本身会有一些差别，但也大致符合一般青铜器的铜锡比例。要在这些垫片上留下铭文笔画，并且这些笔画看起来与非垫片部位的笔画衔接自然，錾铭工艺与刻铭工艺显然都不能实现。

这类铭文的制作工艺引起了研究者的注意，松丸道雄认为这些铭文很可能是后世伪造的，他在《西周青铜器制作的背景》一文中提到，錾铭与刻铭都出现在西周晚期以后，所有西周时期的錾刻铭文青铜器的真假有待于进一步的研究[14]。在研究这些铭文的制作工艺之前，巴纳德首先对铭文的真伪进行了检测。检测发现这些垫片上铭文的字体风格与其他部位没有差别，都是典型的周时期的风格；基于对器物外底的观察发现，这几块垫片的边缘与器物外底的纵横网格纹相交，这说明垫片在铸造前已被放进内外范中，这些铭文笔画也是在周时期形成的[15]。

研究者们发现佛利尔艺术馆收藏的另外一件西周时期的青铜盘，盘内的铭文上也有类似的笔画，鉴于这件器物已经破损，他们从上面切下了一个边长为 1.5 厘米的方块，切块所选的部位是一个表面有铭文笔画的垫片；同时出于比对的需要，从非垫片部位也切下了一块同样大小的有铭文笔画的切片[16]。在对这两块样品进行打磨加工后，研究者对其进行了金相学显微摄影，放大图片显示这两处的铭文笔画并没有明显差别，都为一面垂直，一面斜坡状的凹槽，且这些凹槽的边缘并不光滑，呈锯齿状（图四，1、2 中箭头）[17]。

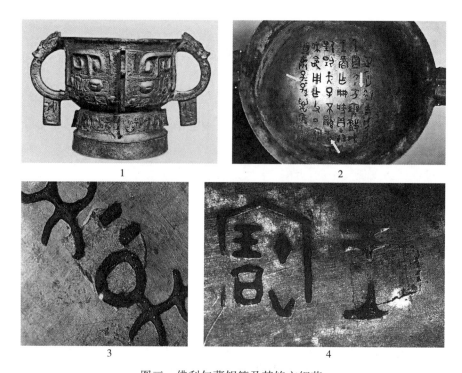

图三　佛利尔藏钥簋及其铭文细节
1. 簋 11.38　2. 器物内底铭文垫片位置　3. 铭文局部放大图　4. 铭文局部放大图

研究者们进一步观察这些铭文发现，整件器物有三分之一的铭文都具备这样的特征。他们将铭文笔画翻印到硅胶材质中，发现其一面斜坡的特质依然明显（图四，3）[18]。同时为了验证铭文的真伪，佛利尔美术馆的研究者们对垫片部位铭文进行了电子显微观察，发现垫片铭文部位的铜锈与器物本体的铜锈是连续的，这说明该盘垫片上的铭文与器物的形成时间相当。

上述两件现藏佛利尔艺术馆的青铜器垫片上的铭文，与周围的铸造铭文笔画并没有明显的差异，根据这两件器物铭文中出现的笔画特征，研究者认为这些铭文很可能是用某种砂质工具琢磨而成的，就像是在玉石上制作纹饰一样[19]。有这种特征的铭文目前所见数量不多，但佛利尔艺术馆所藏铜器并非孤例，旧金山亚洲美术馆戴布里奇收藏的一件商代晚期的尊，其在铸造时内底有缺陷，在器物被修补完成后，工匠用工具在外底重新制作了相同的铭文，根据 Donna Strahan 等学者的研究，该器外底的铭文应该是用制玉工具磨成的[20]。

马承源先生也注意到了这种铭文制作工艺，他认为出现在商周时期的刻铭是用做玉器的小轮子琢磨出来的，因为当时没有钢刀这种硬质工具，故而做出来的铭文笔画字口光洁，只有琢磨痕迹，而不会有刀痕[21]。但他并未区分刻铭与琢磨制铭工艺的区

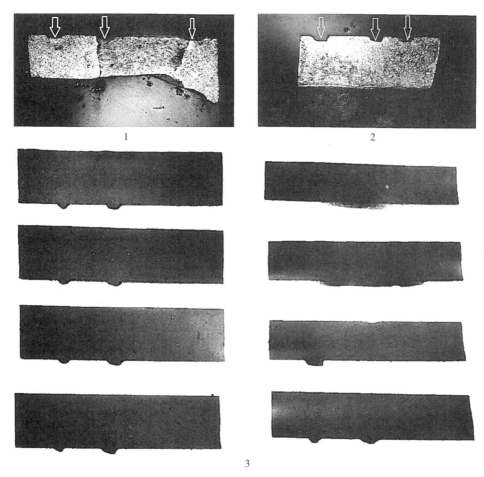

图四　佛利尔艺术馆所藏青铜盘铭文细节图
1. 垫片上铭文笔画放大图　2. 非垫片部位铭文笔画放大图
3. 用硅胶翻印后五倍放大的铭文细节图

别，在前文已经提到过，商代晚期的刻铭，明显采用了硬质的工具。而佛利尔艺术馆的这两件器物铭文，确系磨制而成，本文将这种制铭工艺称为琢磨铭文。

三　铸后制铭工具与技术的来源讨论

虽然目前发现的铸后制铭器物不多，但上述三类铸后制铭工艺中有两类都出现在商代晚期。若广西武鸣勉岭曾出土的商代晚期青铜卣的錾铭工艺可以确定，则三类铸后制铭技术的出现时间至迟都为商代晚期。这些器物铭文表明我国商周时期一直存在着铸后制铭工艺。众所周知，任何一种技术想要实现，有两个因素不可或缺：一是掌握相应的技术，二是要有相应的工具。既然商代晚期已经出现了制后铸铭器物，所需要的工具与技术无疑是具备的，但两者的来源还需进一步讨论。

首先是技术的来源问题，从目前考古资料来看，我国古代在器物表面刻划文字的时间，至少从裴李岗文化贾湖遗址就已开始，该遗址中出土了刻字的龟腹甲。大规模文字的刻划时间也应不晚于商代晚期，在殷墟遗址出土大量的契刻甲骨，也是用工具刻在卜甲或卜骨上的。持续的时间长且数量巨大的甲骨足以证明，在商晚期工匠们已经熟练掌握了在器物表面契刻文字的技术。錾铭与刻铭所需技术无疑来自于甲骨的契刻。

至于錾铭与刻铭所需工具，刘煜在分析殷墟出土的四件刻铭铜器的制作工艺时认为，殷墟时期完全有可能使用铁质工具；如果高锡青铜的硬度足够，经过合理加工后也有可能被制成工具[22]。青铜器的莫氏硬度约在5~6.5之间，硬度大于这一数值的工具就可以在器物表面錾铭或者刻铭。在商代晚期，这种硬度的工具并不鲜见。以殷墟遗址新出土玉器为例，经干福熹等人检测，安阳市新出土的25件玉器中80%为透闪石型软玉[23]。软玉的莫氏硬度为6~6.5，工匠们必然有合适的工具，才能在硬度相对较高的玉器上进行纹饰的雕刻。如果商代晚期的工匠有工具可以完成玉器纹饰的加工，也就有硬度足够的工具来完成青铜器表面铭文的制作。

錾铭与刻铭的工艺来源于甲骨文的书写，工具来源于玉器的制作。但本文提到的第三种商代晚期出现的、在青铜器垫片上琢磨铭文工艺显然不是来自于甲骨文的书写，其制作工艺与工具都应该来自玉器制作。需要强调的是，琢磨铭文一般与铸造铭文共同出现在一件器物中，不易区分。虽然目前发现数量不多，但可能大量存在于铭文部位有垫片的青铜器中。

四　铸后制铭未能盛行的原因分析

通过上述分析我们发现，铸后制铭的工具与技术来源都指向了甲骨文的契刻与玉器的制作。这就带来了另外一个问题，既然铸后制铭的技术及其工具早在商代晚期就已成熟，但商周青铜器铭文的制作方式仍然以铸造为主，铸后制铭工艺并未流行。现有证据表明能够铸造青铜器铭文时，工匠们一般不会选择铸后制铭工艺。只有青铜器铭文受垫片或者补铸部位的影响，不能被铸造上铭文的时候，才会使用铸后制铭工艺。铸后制铭工艺没有在青铜器铭文制作中大行其道，应该是工匠在工作效率与纠错代价上的双重技术选择。

首先对比两种方法在工艺流程上的区别，铸后制铭发生在青铜器铸造完成之后，工匠在设定好的区域，錾、刻或者琢磨既定的铭文。从錾、刻铭文笔画的放大图可以看出，这些铭文的每一道笔画都需要錾刻数次才能完工；在器物表面琢磨铭文时，也有类似的问题，每一道铭文笔画都需要反复的琢磨才能完成。且因为铜器的表面比较坚硬，工匠因此所付出的劳动强度也会相应增加。而在陶模和陶范上刻划铭文则要容易得多，在一件陶模上刻划铭文时，只需在模块没有干透时，进行强度适中地刻划就可以在陶模表面留下清楚的文字。

其次，铸后制铭是有风险的。在一件已经成型的青铜器上錾刻文字，有发生损坏的风险。或是铭文出现了错误，或是青铜器出现了损坏，而且这种损坏往往难以更改和修复。如果造成了对器物的损坏，则需要补铸或者重新铸造，这使得铸后制铭的风险增大。商代晚期已经开始使用堆塑法制作纹饰或铭文，在陶模或者陶范上刻划或者粘贴细泥条进行铭文制作时，若有损坏只需重新制作一块陶模（范）即可。

通过上述对比可以发现，铸后制铭工序比较复杂，制作同样篇幅的铭文所需的劳动时间和劳动强度都大于用模范铸造铭文。不仅如此，在发生损坏时，陶模（范）铸造铭文的纠错成本远远小于铸后制铭所带来的风险，这些才是这些技术一直被边缘化的主要原因。铸后制铭没有成为主流的铭文制作工艺不是因为技术不成熟、工具不具备，而是当时的工匠们在对比了两种技术的优劣之后，选择了铸造铭文这一相对出现较晚的技术。

从錾刻技术的源头来讲，长期的甲骨文与玉器的制作为铸后制铭提供了技术上的准备。刻铭青铜器在殷墟遗址的出现，证明工匠们最晚在商代晚期就已经掌握了相应的技术，也制造出了能够刻铭的工具。关于铸后制铭的起源时间，笔者认为应早于商代晚期，毕竟在一种新获得的材料表面进行刻划是非常直接的行为，而铸造则是要通过二次劳动才能实现的工艺。如同青铜器上铸造铭文一样，最早的器物都是素面的，二里头晚期才出现了纹饰，铭文的铸造则又晚于纹饰的铸造。在工匠们掌握铸造铭文技术之前，所有的青铜器铭文都应该是铸后制铭。但这项技术在少量地尝试之后就由于制作效率较低和纠错成本太高，而被后来出现的范铸铭文所取代，只有在一些范铸技术无法实现的情况下，才会再度被使用。如商代晚期的姨鼎，本身铸铭 7 字，但是西周时期又在上面刻了 10 个字的铭文[24]。

综上所述，本文将铸后制铭技术共分为三类，刻铭、錾铭与琢磨铭文，其中刻铭与琢磨铭文确定至少出现在商代晚期，錾铭铭文技术的出现时间仍然有待商榷。总体而言，铸后制铭技术源自玉器的雕刻与甲骨文的书写，这些技术基本上贯穿了整个青铜时代。基于效率与成本的原因，并未被工匠选做制作铭文的主要技术，仅作为一项铭文制作的辅助技术而长期存在。至于西周晚期到春秋战国时期，大量出现在青铜器中的铸后制铭现象，当另有其存在的原因与技术的使用，囿于篇幅，将另文讨论。

［1］见张昌平、董亚巍、松丸道雄等诸学者文章。

［2］张昌平：《商周青铜器铭文的若干制作方式——以曾国青铜器材料为基础》，载于《方国的青铜与文化——张昌平自选集》，上海人民出版社，2012年。

［3］马承源：《中国青铜器》，上海古籍出版社，1997年，第548页。

［4］董亚巍：《范铸青铜》，北京艺术与科学电子出版社，2006年，第61页。

［5］中国青铜器全集编辑委员会：《中国青铜器全集（第四册）》，文物出版社，1998年，第45、161页。

［6］张昌平：《商周青铜器铭文的若干制作方式——以曾国青铜器材料为基础》，载于《方国的青铜与文化——张昌平自选集》，上海人民出版社，2012年。

［7］马承源：《晋侯稣编钟》，《海博物馆集刊（七）》，1996年。

［8］鼎与觚的铭文细节图由岳占伟教授惠供。

［9］安阳市文物工作队、安阳市博物馆：《安阳殷墟青铜器》，中州古籍出版社，1993年，第75~77页。

［10］岳占伟，岳洪彬，刘煜：《殷墟青铜器铭文的制作方法》，《中原文物》，2012年第2期。

［11］容庚：《商周彝器通考》，上海人民出版社，2008年，第67、70页。

［12］器物与铭文细节图分别来自Pope Gettens Cahill and Barnard. *The Freer Chinese Bronzes*, *Volume I*, Washington：Smithsonian Publication 4706, 1967, p358. Rutherrord John Gettens. Smithsonian Institution Freer Gallery Of Art Oriental Studies. *The Freer Chinese Bronzes Volume II Technical Studies*, Washington：Smithsonian Publication 4706, 1969, pp103, 151.

［13］Rutherrord John Gettens, Smithsonian Institution Freer Gallery Of Art Oriental Studies. *The Freer Chinese Bronzes Volume II Technical Studies*, Washington：Smithsonian Publication 4706, 1969, p104.

［14］松丸道雄：《西周青铜器制作的背景——周金文研究序章》，载于樋口隆康主编，蔡凤书翻译：《日本考古学研究者——中国考古学研究论文集》，中华书局，1990年。

［15］Rutherrord John Gettens, Smithsonian Institution Freer Gallery Of Art Oriental Studies. *The Freer Chinese Bronzes Volume II Technical Studies*, Washington：Smithsonian Publication 4706, 1969, p149.

［16］Rutherrord John Gettens, Smithsonian Institution Freer Gallery Of Art Oriental

Studies. *The Freer Chinese Bronzes Volume II Technical Studies*, Washington：Smithsonian Publication 4706, 1969, pp154-156.

［17］Rutherrord John Gettens, Smithsonian Institution Freer Gallery Of Art Oriental Studies. *The Freer Chinese Bronzes Volume II Technical Studies*, Washington：Smithsonian Publication 4706, 1969, p156.

［18］Rutherrord John Gettens, Smithsonian Institution Freer Gallery Of Art Oriental Studies［C］//*The Freer Chinese Bronzes Volume II Technical Studies*, Washington：Smithsonian Publication 4706, 1969, pp157.

［19］Rutherrord John Gettens, Smithsonian Institution Freer Gallery Of Art Oriental Studies. *The Freer Chinese Bronzes Volume II Technical Studies*, Washington：Smithsonian Publication 4706, 1969, p154.

［20］Donna Strahan and Mark Fenn, A Transfer of Technology：Jade Abrasive Methods Used to Create Inscriptions in Ancient China, PP 26-36. Janet G. Douglas, Pual Jett, and John Winter edited. *Scientific Research on the Sculptural Arts of Asia：Proceedings of the Third Forbes Symposium at the Freer Gallery of Art*, Archetype Books, 2007.

［21］马承源：《中国青铜器》，上海古籍出版社，1997 年，第 548 页。

［22］刘煜：《殷墟出土青铜礼器铸造工艺研究》，南方出版传媒，2019 年，第 108~109 页。

［23］干福熹、承焕生、孔德铭、赵虹霞、马波、顾冬红：《河南安阳市新出土殷墟玉器的无损分析检测的研究》，《文物保护与考古科学》2008 年第 4 期。

［24］曹玮主编：《赫赫宗周——陕西青铜文明巡礼》，三秦出版社，2015 年，第 8 页。

美国佛利尔艺术馆藏商代青铜器含铅量分析研究

杨 欢

摘 要：本文旨在分析佛利尔艺术馆所藏商代晚期青铜容器含铅量产生差别的原因。首先，我们发现器物纹饰、铭文、錾刻、范线都与其含铅量无关。其次，文章结合殷墟妇好墓等商代晚期墓葬中青铜容器的合金比例数据，得出器物的含铅量与器物足部形制、年代及使用者的身份等级关系密切这一结论。并进一步指出铅在商代晚期是一种易开采与冶炼的金属，是珍稀铜料的廉价替代品，其使用在部分程度上起到了"别尊卑、殊贵贱"的礼制作用。

关键词：佛利尔艺术馆 商代晚期青铜器 含铅量 分析

从佛利尔先生 1894 年购买第一件商周青铜器至今，佛利尔艺术馆共收藏中国商周青铜器 122 件。20 世纪五六十年代，来自世界各大研究所与高校的青铜器学者对这批器物从形制、铭文、年代到铸造工艺，进行了全面而细致的研究。尤其令人称赞的是，佛利尔艺术馆的工作人员用了他们能够找到的多种科技手段如显微镜、湿化学法、金相学、X 光衍射等对于这批馆藏器物进行检测与分析[1]。在《佛利尔艺术馆藏中国青铜器》第一卷中，作者也公布了这些重要的检测数据。

我们利用他们的检测结果，对其中的 36 件商代晚期青铜器的合金配比做了重点观察。在这批器物中，绝大多数为商代晚期的青铜容器，器类主要有炊食器类的鼎、簋；酒器类的方彝、瓶、爵、角、觚、尊、斝、卣等；水器则主要为盘。这些器物年代相差不大，但是其含铅量却相去甚远，器物含铅量的最小值约为 0.2%（尊，编号：44.1）；最大值接近 26%（觚，编号：11.51）。

铅是三元青铜合金中重要的组成元素，现代学者们对含铅青铜器的研究显示，对于青铜合金而言，当铅含量大于 4% 时，其在青铜器中的作用主要有两种：一是铅在铜锡合金中不溶，以独立相存在，这会减缓液体合金的凝固时间，使器物更好成型；二是降低合金的硬度，便于铸后加工[2]。对于青铜器的力学性能而言，铜-锡-铅三元合金，在含锡量为 12%~13% 时，加入 6% 的铅，总的力学性能最好[3]。按照这一理论，在铸造过程中，如果加入合适比例的铅，会使得器物更好的成型，也利于铸后加工；在使用过程中，合适比例的铅，会优化器物的力学性能[4]。在研究中，我们将按照器物自身的特征设计相关变量，对佛利尔艺术馆所藏的商代晚期青铜器进行统计、分类，力争找到含铅量变化的规律，并分析产生差别的原因。

在佛利尔艺术馆所藏的 36 件商代晚期青铜容器中，盉（编号：36.6）锈蚀严重，无法取样和观察纹饰，故而笔者取了其他 35 件样品来进行分析（参见表一）。根据表一，我们分别从以下六个方面分析阐述。

首先，选取器物纹饰的精美程度作为我们研究的第一个变量。前文已经提到过，铅在合金中的作用首先是提高合金溶液的流动性，使充填铸型的能力增强，对铸件表面纹饰清晰度及尺寸精度有直接影响。韩汝玢、孙淑云等先生指出，含铅 10%~15% 的金属液流动性最好，好的流动性意味着更好的充型能力[5]。因而器物纹饰的精美程度也成为我们需要观察的一个变量，看看含铅量高的器物纹饰是否更为精美。

在我们选取的 35 件样品中，纹饰粗糙的 9 件，铅含量为 1%~25.9%，其中一件瓿（编号：9.334）的含铅量在 10%~15% 之间；纹饰精美者 26 件，铅含量为 0.2%~19%，其中有三件器物壶（编号：49.5）、觥（编号：38.5）与瓶（编号：51.18）的铅含量在 10%~15% 之间[6]。两者都分别有九分之一的器物符合流动性最佳这一含铅区间，但纹饰上的差别却非常明显，这表明器物纹饰的精美程度与其含铅量的多少无关。

其次，是器物有无錾刻铭文的现象。錾刻技术在商代晚期已经出现，殷墟遗址中发现了四件錾刻铭文的青铜器[7]。錾刻也是基于含铅青铜器的力学性能中的硬度这一特征而言的，虽然这批器物中，有錾刻痕迹的不多，但如果那些需要錾刻的器物含铅量相对较高，这也能说明工匠是为了后期的加工方便，有意提高了铅含量。在我们选取的样品中，有 2 件器物鼎（编号：59.15）与鼎（编号：47.11）疑似有錾刻的铭文，但最终根据《佛利尔藏中国青铜器》第一卷的研究，认为这些铭文都是后世伪作的，故而不能成为判断的依据。

第三个变量为范线。范线这一变量有两个数值：明显与不明显。本文研究对于范线明显的界定为可以在没有纹饰的部位看到范线，反之则为不明显（图一）。引用范线作为变量是为了观察器物的铸后加工，因为在铜锡合金中加入铅会降低合金的硬度，便于錾刻和铸后加工[8]。如果铸后加工比较精良的器物含铅量高，也能从一个方面说明这些铅为工匠特意添加。

样品总体上都经过了良好的铸后加工，只有鼎（编号：59.15）与瓿（编号：

9.334）上面可以看到明显的范线。这两件器物的含铅量分别为 6.1% 与 13.9%，未看到含铅量与铸后加工精细程度之间的对应关系。

表一　佛利尔艺术馆商代青铜器含铅量统计表[9]

书中序号	名称	馆藏编号	年代	铜%	锡%	铅%	采样部位	纹饰	铭文	书中页码	范线
1	瓿	09.334	安阳中	71.7	12.2	13.9	圈足	粗糙	无	P24	明显
2	瓿	13.30	商末周初	81.9	17.8	0.3	口沿	精美	（伪）	P32	不明显
3	盘	56.26	安阳晚	87.2	9.9	0.4	圈足	精美	无	P38	不明显
4	壶	49.5	安阳中	73.7	12.4	12.1	器盖	精美	无	P44	不明显
5	壶	48.1	安阳中	76.4	18.1	3.0	圈足	精美	无	P49	不明显
6	觚	07.34	安阳中	76.7	15.2	4.9	器足	粗糙	有	P53	不明显
7	觚	11.51	安阳中	64.0	5.9	25.9	器足	粗糙	无	P57	不明显
8	觚	40.3	安阳中晚	75.2	19	4.8	器足	精美	有	P61	不明显
9	觚	43.9	安阳中晚	73.8	17.5	7.0	器足	精美	有	P67	不明显
10	觚	51.18	安阳中晚	72.4	13.3	11.3	器足	精美	有	P73	不明显
11	觚	17.202	安阳中晚	76.7	19.7	1.6	扉棱	粗糙	无	P76	不明显
12	尊	55.1	安阳中	71.5	6.5	19.5	器足	精美	有	P82	
13	尊	44.1	安阳晚	78.4	17.2	0.2	器足	精美	有	P88	不明显
16	尊	51.19	安阳中晚	77.9	17.2	2.4	器足	精美	有	P101	不明显
20	斝	23.1	安阳中	80	14.3	4.7	器足	精美	有	P125	不明显
21	斝	07.37	安阳中	82.3	12.2	1.0	器底	粗糙	无	P131	不明显
22	斝	35.12	安阳中晚	75.1	15.6	9.5	鋬	精美	有	P137	不明显
23	爵	56.19	安阳中	80.8	13.7	3.5	底部	精美	有	P141	不明显
24	爵	54.15	安阳中晚	82.5	15.4	0.9	扉棱	精美	有	P145	不明显
25	爵	25.3	安阳晚	80.5	12.7	5.0	鋬	精美	无	P149	不明显
26	角	53.83	安阳晚	76.3	15.3	6.9	底部	精美	有	P153	不明显
28	鼎	60.18	安阳中	82.9	13.6	2.8	扉棱	精美	有	P163	不明显
29	鼎	59.15	安阳中	82.1	12.0	6.1	器足	粗糙	无	P169	明显
30	鼎	46.31	安阳中晚	86.0	9.7	0.4	器底	精美	有	P175	不明显
31	鼎	47.11	安阳晚	79.6	13.8	3.1	器足	精美	无	P179	不明显
36	方彝	54.13	安阳中晚	78.1	12.9	7.1	器底	粗糙	有	P205	不明显
37	方彝	15.136	安阳中晚	67.8	7.1	21.9	口沿	粗糙	有	P211	不明显
39	盂	42.1	安阳中	74.1	13.6	3.1	圈足	精美	无	P227	不明显
42	觥	39.53	安阳中晚	70.1	11.6	15.6	口沿	精美	无	P241	不明显

书中序号	名称	馆藏编号	年代	铜%	锡%	铅%	采样部位	纹饰	铭文	书中页码	范线
43	瓿	38.5	安阳中	69.1	15.1	13.9	器底	精美	有	P247	不明显
47	卣	42.14	安阳中晚	74.4	15.7	7.8	器盖	精美	无	P273	不明显
49	卣	40.11	安阳晚	82.8	14.6	3.7	器盖	精美	有	P283	不明显
61	簋	41.8	安阳中晚	74.9	14.3	10	器底	精美	有	P345	不明显
62	簋	94.17	安阳中晚	82.6	10.2	3.5	圈足	粗糙	无	P349	不明显
71	觯	38.6	安阳中晚	78.8	15.1	3.5	器足	精美	有	P397	不明显

左：鼎（编号：60.18）　　　　　右：鼎（编号：59.15）

图一　范线对比图

第四个变量是器物的铭文。无铭文的器物 15 件，包括三件铭文伪作的器物：鼎（编号：59.15）、鼎（编号：47.11）、瓿（编号：13.3）。其余 20 件均有长短不一的铭文。从表二中可以看出器物有无铭文与含铅量的关系。表二的横坐标为器物编号，前 15 项红色点数值为 0 的为没有铭文器物的含铅量，后面红色点数值为 1 表示有铭器物的含铅量。这两部分的数据，都在各自的区间中散乱的分布，没有明显的差别。所以有无铭文也与器物的含铅量无关。

第五个变量为器物的年代，按照《佛利尔艺术馆藏中国青铜器》第一卷的断代方法，这批器物的年代值可分为如下四个：1. 安阳中期；2. 安阳中晚期；3. 安阳晚期；4. 商周之际。根据这一变量对器物进行分类，观察它们的含铅量是否随年代的变化而变化

表二　铭文与含铅量的关系

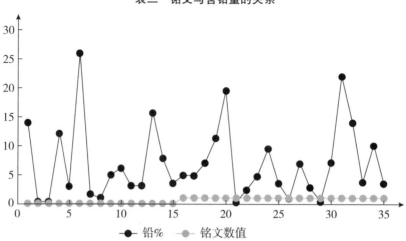

（表三）。从表三可以看到，虽然单个器物的含铅量没有随着年代的变化呈明显的下降，但总体而言铅的含量是下降的，其年代数据平均值也说明了这一事实，安阳中期器物的平均含铅量为8.8%，安阳中晚期的平均值为7.15，安阳晚期为3.21，商周之际为0.3。故而我们初步得到了这样的结论，在这批器物中，含铅量随着年代的变化而减少。关于这一点，在殷墟之前的商代前期遗址出土的青铜器中也得到了印证。我们知道，盘龙城遗址、墓葬出土的铜器大多数是属于盘龙城四到六期的，相当于早商二里岗上层期，孙淑云等先生对盘龙城出土的32件青铜器样品进行了合金成分等方面的分析，这些青铜器中含铅量普遍偏高，最高的铅含量为31.1%，挑选出其中的28件青铜容器，其含铅量的平均值为18.17%[10]。而我们所选取的佛利尔艺术馆的这批青铜器，其含铅量的平均值仅为6.9%。产生这种差异的原因除了地域因素之外，还有可能是年代的变化。

表三　器物含铅值随年代变化表

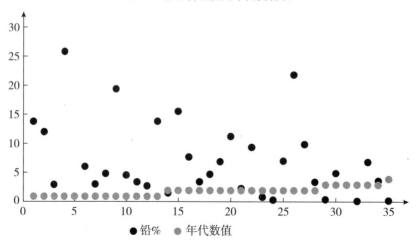

第六个变量是器物的器足形制，在这次选取的 35 件器物中，基本都为酒器与食器，虽然在后来的文献《周礼·考工记》中都属于"钟鼎之齐"，但我们仍然按照器物足部的形制将其分为三足器（包括四足器。为叙述方便，下文统称三足器）与圈足器。在这批器物中三足器 11 件，圈足器 24 件。经过排序，从表四中可以看出前 11 件三足器的含铅量明显低于圈足器的含铅量，平均为 3.99%，而后面 24 件圈足器的平均含铅量为 8.225%，圈足器的平均铅含量是三足器的 2.06 倍。同时，我们发现三足器的平均含锡量为 13.5%，而圈足器的平均含锡量为 13.8%，两者非常接近。在铜的含量上，三足器平均含铜量为 80.7%，圈足器平均含铜量为 75.4%。从比例上来讲，器物的含量锡与有无圈足无关，但三足器含铜量大而含铅量小，圈足器则反之。

表四　器物含铅量与器足关系表

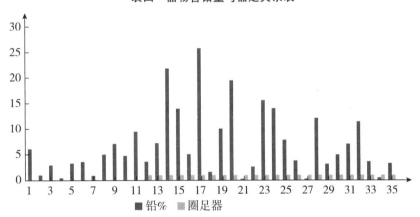

通过对以上六个变量的分析和梳理，我们初步可以得出这样的结论：

1. 佛利尔艺术馆藏晚商青铜器的含铅量与其纹饰的精美程度无关。在我们的两组器物中，纹饰精美器组与纹饰粗糙器组的含铅量上并没有明显的差别。

2. 是否有錾刻是我们在对比时设计的一个变量，但由于佛利尔艺术馆所藏商代青铜器上的錾刻铭文都为后世伪作，故而不能说明錾刻与否青铜器含铅量的关系。

3. 器物的范线是否明显与含铅量的关系也不是很密切。如果当时的工匠了解了铅加入铜锡合金之后的物理性能，为了便于铸后加工，可能会给需要精细打磨的器物中加入比较多的铅，然而在两组范线明显与不明显的器物中，其含铅量并无规律可循。

4. 与是否有铭文也没有直接联系。

5. 与器物的含铅量关系比较密切的是其年代关系，器物的含铅量随着年代的变化而变化，但其含量都未落入使合金产生合理的物理性能与机械性能的区间内。故而这一差别并不是由于工匠对铅合金性能的认识而产生的。

6. 含铅量与器物的足部形制相关，三足器的铅含量明显低于圈足器的铅含量。从物理学角度来讲，当质量相同时，与支撑面接触面积小的物体承受的压强更大。由此来说，三足器的器足所承受的压强要大于圈足器的圈足所承受的压强，所以三足器的器足需要更大的机械强度来支撑器身。前文已经提到过，在青铜器中加入铅会降低合金的硬度，在锡含量不变的前提下，降低铅含量可以提高金属的硬度，加入更多的铜，可以提高器物的韧性，使器足的抗压强度更大，从而满足对器物力学性能的要求。这一构想在安阳殷墟遗址的一些墓葬中也得到了印证，花园庄东地 M54 出土的 12 件青铜容器的合金成分检测数据中，5 件为三足器，平均的铅含量为 1.09%；7 件圈足器中，平均的铅含量为 2.52%。圈足器的铅含量是三足器的 2.31 倍[11]。表五中妇好墓 20 件青铜容器的合金成分数据中，5 件圈足器的平均含铅量为 1.37%，15 件三足器的平均铅含量为 0.87%，圈足器的含铅量是三足器的 1.6 倍[12]。结合上文提到的佛利尔艺术馆中圈足器的铅含量与三足器的铅含量的比值，我们大致认为这几座殷墟晚期的墓葬中圈足器的铅含量是三足器铅含量的两倍左右。关于妇好墓中的合金配比数据，因为整体的铅含量都很低，其三足器与圈足器之间的差别不甚明显。

在我们所研究的 35 件样品中，虽然器物的含铅量差别很大，但是含锡量却有 30 件都落在了 10%～20% 之间，这一比值相当的稳定。同一类型的器物，工匠在铸造时加入了比例相近的锡，而铅的含量却非常不稳定。说明当时的人们对于金属性能的认识是有一个过程的，由红铜到锡青铜，再到铜—锡—铅三元青铜。在认识了锡的基础上，工匠们首先意识到铅可以作为一种金属加入到铜锡合金中用来节约珍贵的铜料，但对于铅的添加量与合金物理性能及机械性能的关系，他们还没有清楚的认识。佛利尔艺术馆所藏的商代晚期青铜器中，总的来说铅含量随着年代递减，但最终的数值都没有落在 10%～15% 这一流动性最佳的区域，也同样没有落在 6% 这一力学性能最佳的区域。这表明这些器物含铅量的变化不是由于青铜器铸造技术的变化而产生的，更不是因为工匠认识到了合适的铅的添加比例而产生的，应该是其他的外部原因的变化引起的，如金属的供应等。

有学者指出，商代晚期殷墟铸铜遗址中的铜原料主要来自长江中游地区，业已发现的江西瑞昌铜陵和湖北大冶铜绿山等铜矿遗址，是当时重要的采矿中心[13]。因为铜的原料产地远离王畿地区，开采不易再加上远距离运输的困难，使其成为当时的"贵金属"[14]。而铅矿储量较大，而且分布范围甚广，据地质资料，黄河中下游探明有铅储量的地区甚多，商代用铅主要是从中原及其附近地区就地取材[15]。与铜、锡相比，铅不但储量大，而且开采的地区在王畿附近，最重要的是冶炼容易[16]，从而使得铅成为商代的"贱金"。前文也已经提到过墓葬等级比较高的青铜器，含铅量相对较低，很多铅明器都出在小墓中也间接说明了这一点。

以上几种金属的来源说明，在商代晚期铅是比较容易获得的金属，故而为"贱"，而铜相对难以获得，故而为"贵"。所以在铜比较欠缺时，工匠会在合金中加入比较多的铅，铅事实上是铜的一种廉价替代品。随着时代的推进，运输方式与开采方式的改进，商王朝的日益强大和对南方地区的控制力增强，铜的获得变得相对容易，铸铜工匠们就会减少合金中铅的使用。到后期，当一个王朝衰落，对铜原料产地的控制力下降时，器物中的铅含量则随之上升，殷墟四期器物的铅含量升高也很好地诠释了这一点。

根据其他的一些资料显示，用器者的身份也会影响器物的含铅量，在前掌大的一期墓葬中（相当于商代晚期）中型墓葬出土青铜器的含铅量为3.43%~6.04%，明显低于其他的小型墓葬，这一期的墓葬等级越高，含铅量越小[17]。对新干大墓中出土的13件青铜容器的化学定量分析显示，这批器物的含铅量都不高[18]。我们前文提到过的花园庄东地M54，是一座殷墟二期的高等级军事首领的墓葬，其随葬的十二件青铜容器的含铅量平均值为1.92%，远远低于同时期的M25、M29、M663等中小型贵族墓中青铜器的含铅量。妇好墓出土的91件青铜器中79件的铅含量都低于4%，随机取其中的20件青铜容器的合金配比数据（表五），平均含铅量仅为0.994%，又低于M54中容器的含铅量[19]。不仅仅是礼器，兵器也是如此，在这一处墓葬群中，等级稍高的墓葬所出兵器多为低铅青铜，而等级较低的墓葬所出兵器多为高铅青铜器[20]。这些证据都说明在商代晚期，铅确实为"贱金"。

表五　妇好墓出土青铜容器成分表

编号	原编号	名称	铜含量%	锡含量%	铅含量%
1	M5：758	中型圆鼎	79	19.08	0.78
2	M5：814	中型圆鼎	79.41	17.28	1.05
3	M5：762	中型圆鼎	82.00	16.39	0.50
4	M5：755	中型圆鼎	81.01	16.57	0.88
5	M5：754	中型圆鼎	80.85	16.70	1.23
6	M5：759	中型圆鼎	80.39	16.99	0.78
7	M5：760	中型圆鼎	82.49	15.58	0.60
8	M5：815	中型圆鼎	82.42	15.50	0.94
9	M5：761	中型圆鼎	84.95	13.20	1.21
10	M5：816	中型圆鼎	81.09	17.13	0.69
11	M5：812	方扁足鼎	80.28	17.92	0.65
12	M5：1173	扁足圆鼎	77.98	18.58	1.66
13	M5：753	深腹柱足鼎	84.14	14.59	0.40

编号	原编号	名称	铜含量%	锡含量%	铅含量%
14	M5：625	觚	77.38	20.15	1.30
15	M5：751	中号铜罍	79.96	18.82	0.43
16	M5：791	偶方彝	81.98	14.93	1.73
17	M5：768	瓿	84.18	14.30	0.85
18	M5：790	三联甗架	84.76	13.35	1.16
19	M5：829	提梁卣	80.34	17.24	1.36
20	M5：848	簋（圈足）	80.87	16.53	1.68

至秦汉时期，铸钱中杂以铅，以次充量。文献中有这样的记载，《史记·平准书》记："郡国多奸铸钱，钱多轻……"《索隐》曰："谓多奸巧，杂以铅锡也。"《汉书·食货志》云："法使天下公得租铸铜锡为钱，敢杂以铅铁为它巧者，其罪黥。然铸钱之情，非殽杂为巧，则不可赢。"颜师古《注》："殽谓杂乱也，赢，余利也，言不杂铅铁，则无利也。"从中可以看出，即使是到了秦汉时期，铅铁仍然是铜的廉价替代品，人们在铸钱的合金中加入铅铁不单纯是为了节约铜原料，而是用来提高利润。

从以上分析可以看出，与器物的含铅量无关的是它们的纹饰、铭文、范线以及錾刻，说明古代的铸铜工匠们往青铜器中添加铅这一金属，并不是为了实现某种功能上的需求，这与我们今天的材料学分析所揭示的结果截然不同。与器物中铅含量相关的因素主要有器物的器足、年代及墓葬的等级，这些都是其物理、力学性能以外的因素。器足的形制虽然与含铅量相关，但这是因为含铅量高了反而会影响器足的性能，所以工匠只能减少铅的使用来保证三足器能够得到足够的抗压强度，且圈足器与三足器含铅量的比值一般在2倍左右。

上述证据表明，在商代晚期工匠们已经意识到在器物中添加铅也可以铸造出青铜器，故而铅就成了铜的廉价替代品。但在铸造一些级别较高或者对器物的力学性能要求较高的器物时，还是会降低铅的使用量。铅在这里也部分地起到了"别尊卑，殊贵贱"的礼制作用，同时期青铜容器中含铅量的差异事实上是一种基于社会等级与原料供应关系变化上对金属的使用。

附记：本文在写作过程中得到了业师曹玮教授、中国科学院自然史所苏荣誉教授以及中国社会科学院考古研究所安阳工作站何毓灵老师的大力帮助，在此一并致谢！

［1］Pope Gettens Cahill and Barnard，*The Freer Chinese Bronzes*，*Volume I*，Washington：Smithsonian Publication 4706，1967，p1.

［2］Rutherrord John Gettens，Smithsonian Institution Freer Gallery Of Art Oriental Studies，*The Freer Chinese Bronzes Volume II Technical Studies*，Washington：Smithsonian Publication 4706，1969，p42.

［3］韩汝玢、孙淑云、李秀辉、潜伟：《中国古代铜器的显微组织》，《中国冶金史论文集》第四辑，科学出版社，2006 年，第 69 页。

［4］同［3］。

［5］韩汝玢、孙淑云、李秀辉、潜伟：《中国古代铜器的显微组织》，《中国冶金史论文集》第四辑，科学出版社，2006 年。

［6］这四件样品值分别取自《佛利尔》一书中的 24、44、247 与 73 页。

［7］岳占伟、岳洪彬、刘煜：《殷墟青铜器铭文的制作方法》，《中原文物》2012 年第 4 期。

［8］RUTHERFORD JOHN GETTENS，SMITHSONIAN INSTITUTION FREER GALLERY OF ART ORIENTAL STUDIES，*THE FREER CHINESE BRONZES Volume II Technical Studies*，WASHINGTON：SMITHSONIAN PUBLICATION 4706，1969，p42.

［9］本表中全部的样品数值均来自《佛利尔藏中国青铜器》第一卷；表中的时代分期也是按照原书的分期。

［10］孙淑云、韩汝玢、陈铁梅、斋藤努、坂本埝、田口勇：《盘龙城出土青铜器的铅同位素比测定报告》，《攻金集——孙淑云冶金技术史论文集》，科学出版社，2015 年，第 201 页。

［11］中国社会科学院考古研究所：《安阳殷墟花园庄东地商代墓葬》，科学出版社，2007 年，第 277 页。

［12］中国社会科学院考古研究所实验室：《殷墟金属器成分的测定报告（一）——妇好墓铜器测定》，《考古学集刊》，第 4 辑。

［13］华觉明、卢本珊：《长江中下游铜矿带的早期开发和中国青铜文明》，《自然科学史研究》第 15 卷，第一期，1996 年。

［14］宋振豪、孙亚冰，林欢：《商代史·商代地理与方国》，中国社会科学出版社，2010 年，第 250 页。

［15］中国社会科学院考古研究所：《中国考古学·夏商卷》，中国社会科学出版社，2003，第 378 页。

[16] RUTHERFORD JOHN GETTENS, SMITHSONIAN INSTITUTION FREER GAL-
LERY OF ART ORIENTAL STUDIES, *THE FREER CHINESE BRONZES Volume II Techni-
cal Studies*, WASHINGTON: SMITHSONIAN PUBLICATION 4706, 1969, p17.

[17] 中国社会科学院考古研究所：《滕州前掌大墓地》，文物出版社，2005 年，
第 664 页。

[18] 江西省文物考古研究所、江西省博物馆、新干县博物馆：《新干商代大墓》，
文物出版社，1997 年，第 243 页。

[19] 中国社会科学院考古研究所实验室：《殷墟金属器成分的测定报告（一）——
妇好墓铜器测定》，《考古学集刊》，第 4 辑。表六中所采集的青铜容器合金配比数据都
来自该文，且都为修正后的数据。

[20] 中国社会科学院考古研究所：《安阳殷墟花园庄东地商代墓葬》，科学出版
社，2007 年，第 294 页。

原载于《江汉考古》，2017 年第 3 期

从出土对尊看商代青铜器的生产精度

杨　欢　姜春萌　蒋凤瑞　杨军昌

摘　要： 青铜器在我国历史上扮演了非常重要的角色，但其铸造水平存在难以量化评估的问题。本文引入现代铸造业精度评价体系，从商代有明确出土单位对尊的数据公差中，量化评估商时期青铜器的铸造工艺水平。研究发现，商代对尊不同部位的尺寸数据呈现出高度标准化趋势，基本公差等级为CT6左右。其铸造精度与出土地区、器物形制、墓葬等级、成分配比等均无直接关系，仅随时间变化略有提升。这个现象说明，在较大的时空范围内代表了商代最高生产工艺水平的铸铜业，铸造精度稳步上升，且在不同地区均达到较高水准。

关键词： 商代　对尊　生产精度　标准化

青铜器在我国历史上扮演了非常重要的角色，自新石器晚期，我国先民就已使用青铜铸造简单的器物，从而逐渐形成了使用块范法铸造青铜容器的青铜时代。商代晚期青铜铸造业高度发达，出现了一大批造型精美、铸造工艺精湛的青铜器，尤以安阳殷墟出土器物最具代表性。长期以来，在讨论商代青铜器时，国内外学者一致认为这一时期的器物无论从造型、纹饰、工艺方面，均为我国青铜时代之高峰，但这些观察大都基于视觉的描述。要准确认识当时的青铜生产工艺水平，应从生产精度进行量化观察，直观的对当时青铜生产工艺进行评估。青铜铸造是我国三代时期最重要的社会生产，准确的认识不同时期的铸造工艺精度，可以更加清晰的了解当时的社会生产，从而对我国古代科技有更为深入的认识。

从工艺层面分析，利用块范法制作两件外形高度近同的器物，其工艺难度远大于制作单件复杂、精美的青铜器。在青铜器的制作过程中，从制模、翻范、制芯、烘范、浇铸、凝固等步骤中，每个环节都有可能产生材料的膨胀或者收缩，从而影响器物的最终尺寸[1]。器物从设计开始，到铸造成型、铸后加工，最终成为形制类似、大小相当的对器，显示出工匠对器物制作诸环节的严格把控。

应当看到，器物的成对出现是有其礼制与工艺双重因素的。从葬制开始可以随葬成对的器物，到工匠拥有技艺可以制作较为近同以至于完全相同的器物，中间经过了制作工艺显著提高的过程。对器形制趋同的过程，也是我国铸铜工艺精进的进程，对器的生产，尤其是形制高度近同的对器，其工艺代表了商代青铜生产的最高水平。

在我国青铜时代的墓葬或遗址中，至迟在商代晚期就已出现某一类青铜器成对随葬的形式。在二里岗上层时期开始，墓葬中虽也有具体器物随葬一对或多件的情形，但当时墓葬中同类器物的形制、纹饰一般都有明显的区别。至殷墟二期时，这种区别日益缩小，对器已经较为常见，且形制大小日趋近同[2]。从器物尺寸观察，在商末周初时，鹿邑太清宫长子口出土的一对方尊，在外形尺寸上几乎做到了完全一致[3]。

商代晚期前后，是我国青铜文明的第一个鼎盛时期。商人重酒，酒器是商代青铜器中的重要组成部分，而尊在礼器中的特殊地位使得其制作工艺颇具代表性。尊的定名始于宋人《考古图》，但当时的定名甚为含糊，代表某一大类的器物，容庚先生对其进行了更加仔细的区分，从而使得尊从名称上成为绝无争议的特定酒器名称[4]。容庚先生认为尊在礼器中的重要性仅次于鼎，其作用在于"尊所以盛齐酒，用之于奉献"[5]。本文选择了墓葬中出土的酒器尊进行生产精度研究，试图从多组有明确出土单位对尊的各项尺寸数据的相似度中，来更加清楚的认识当时青铜铸造业的生产精度。同时将对尊中各项数据的公差值与现代铸造工艺的精度标准相比较，量化评估商代青铜器的生产精度。在对数据进行分析的基础上，观察不同等级、地区墓葬器物的生产工艺水平，从而对商代的铸铜工艺有更为深刻与准确的认识。

一　商代出土对尊形制及尺寸数据分析

本文所涉及的对尊以商代晚期器物为主，同时包含了一组商代中期城固龙头村出土对尊和商周之际长子口大墓出土的对尊。本文所涉及器物将分为商代中期、商代晚期、商末周初三个时间段进行观察与研究。

1. 商代中期的对尊

目前，可以观察到年代最早的对尊，于1980年出土自城固龙头镇龙头村，这两件兽面纹羊首尊属于二里岗上层二期II段，即白家庄段（图一）。二器形制相当，都为敞口，束颈，弧肩，鼓腹，高圈足。颈部饰弦纹，肩上等距分布三个高浮雕卷角羊首，颈部、腹部各饰一周以连珠纹为界的兽面纹带，圈足上有三个圆形镂孔，下饰一周夔纹，器物具体尺寸详见表一[6]。

表一 龙头村出土铜尊尺寸表

器物名称	出土地点	年代	通高 （cm）	口径 （cm）	腹径 （cm）	腹深 （cm）	圈足径 （cm）	重量 （kg）
1980CHLTT：02	城固龙头镇	白家庄段	23.8	18	22.7	20.1	13.5	3.21
1980CHLTT：03	城固龙头镇	白家庄段	24.1	18.4	22.3	20.3	13.6	2.92
假设基本尺寸			23.95	18.2	22.5	20.2	13.55	
尺寸差			0.15	0.2	0.2	0.1	0.05	
尺寸公差等级			CT7	CT8	CT8	CT6	CT5	

图一 城固龙头村出土对尊[7]

2. 商代晚期对尊

商代晚期所发现的对尊，主要出土于殷墟遗址的高等级墓葬中，如殷墟二期的妇好墓，为商代晚期王室高等级墓葬，在妇好墓中出土了4组对尊，形制包括方尊、圆尊与鸮形尊。除此之外殷墟西区 M93 出土一对四瓣目纹尊，郭家庄 M160（殷墟三期）出土一对方尊，刘家庄北 M1046 号大墓出土一对方尊。在其他地区，如山东青州苏埠屯商墓，据传出土四件亚醜尊[8]。

殷墟二期妇好墓出土一对司䅯母方尊（M5：806、M5：868）。其中 M5：806 口径略呈方形，束颈折肩，平底，高圈足略外侈，圈足上端四面各有一个十字镂孔[9]。器体四面中央及四角均有扉棱，四面肩部中央饰圆雕兽头。口沿下饰有蕉叶纹，颈部四面饰两两相对的夔龙纹，腹部及圈足均饰兽面纹。内底中部有两行4字铭文"司䅯母癸"（图二，1）。器稍缺损，通高 55.6 厘米、口长 37.5 厘米、宽 37 厘米、圈足高 19.9 厘米，重约 31 千克。M5：868 形制与 M5：806 类似，铭文同。器物尺寸为：通高

56 厘米、口长 37.5 厘米、宽 36.9 厘米、圈足高 19.5，重约 32 千克（表二）[10]。

图二

1. 司兦母癸方尊[11]   2. 妇好墓出土鸮尊[12]

表二　妇好墓方尊器物尺寸表

器物名称	出土地点	年代	通高（cm）	口径（cm）	口宽（cm）	圈足高（cm）	重量（kg）
妇好方尊 M5：806	殷墟妇好墓	殷墟二期	55.6	37.5	37	19.9	31
妇好方尊 M5：868	殷墟妇好墓	殷墟二期	56	37.5	36.9	19.5	32
假设基本尺寸			55.8	37.5	36.95	19.7	
尺寸差			0.2	0	0.05	0.2	
尺寸公差等级			CT7	CT3	CT4	CT8	

　　妇好墓亦出土形制大小基本一致的妇好鸮尊两件（M5：784、M5：785）。标本 M5：784 宽咀突眼，高冠小耳，两足粗壮四爪着地，宽尾下垂而作站立状。头后有半圆形孔，可置盖，背后有一牛首鋬，胸前有凸棱。嘴饰兽面纹，冠饰鸟纹。鸮尊胸中部饰蝉纹，蝉两侧饰有夔龙纹，颈部饰鹿纹，翅前端饰一三角形头蛇纹，蛇身紧盘，上饰对角雷纹，蛇纹与翅平行。器鋬上饰蝉纹，鋬内侧饰兽面纹。鋬下饰一鸥鸮，尖喙大眼，短翅（图二，2）。尾部饰云纹，口内下侧有"妇好"二字铭文。盖隆成半状，盖顶铸有圆雕大耳尖嘴宽尾鸟，鸟后铸有一圆雕龙。盖面饰兽面纹。通高 45.9 厘米，盖高 14.4 厘米，口长径 16.4 厘米，足高 13.2 厘米，重 16.7 千克[13]。M5：785 与 784 形制基本一致，通高为 45.9 厘米，口长径 16 厘米，重 16 千克（表三）[14]。

表三　妇好墓鸮尊器物尺寸表

器物名称	出土地点	年代	通高（cm）	口长径（cm）	重量（kg）
妇好鸮尊 M5：784	殷墟妇好墓	殷墟二期	45.9	16.4	16.7
妇好方尊 M5：868	殷墟妇好墓	殷墟二期	45.9	16	16
假设基本尺寸			45.9	16.2	
尺寸差			0	0.2	
尺寸公差等级			CT3	CT8	

妇好墓出土二件司䈂母圆尊（M5：793 与 M5：867）。两尊形制相同，大小相近。都为侈口，束颈，圆肩，下腹略内收，底微外鼓，高圈足。圈足上端有十字形小孔，肩部有相间的兽头与短棱各三，兽头两侧饰相对夔纹，腹、足部各有扉棱六条。口沿下饰蕉叶纹，腹、足各饰兽面纹三组。圈足上端饰两周凸弦纹。口下内壁有铭文"司䈂母"三字。标本 M5：793 通高 47、口径 41、圈足径 24.6 厘米，重 23 千克。标本 M5：867 通高 46.7、口径 41.6、圈足径 25.7 厘米，重约 23 千克（表四）[15]。

表四　司䈂母圆尊器物尺寸表

器物名称	出土地点	年代	通高（cm）	口径（cm）	圈足径（cm）	重量（kg）
司䈂母圆尊 M5：793	殷墟妇好墓	殷墟二期	47	41	24.6	23
司䈂母圆尊 M5：867	殷墟妇好墓	殷墟二期	46.7	41.6	25.7	23.5
假设基本尺寸			46.85	41.3	25.15	
尺寸差			0.15	0.3	0.55	
尺寸公差等级			CT6	CT8	CT11	

妇好墓出土子束泉圆尊二件（M5：320 与 M5：318）。两件圆尊形制、尺寸基本一致。口外侈，束颈窄肩，肩较平，下腹内收，底微外鼓，圈足较高，足上端有小方孔三个。肩部等距间分布三个兽头与短棱。口沿下饰 12 个蕉叶纹，下接两两相对的夔纹三组，内底中部有"子束泉"三字铭文（图三）。M5：320 通高 33.2、口径 31、圈足径 18.5 厘米，重 8.1 千克。M5：318 通高 32.5、口径 31、圈足径 18.4，重 8.5 千克（表五）[16]。

表五　子束泉圆尊器物尺寸表

器物名称	出土地点	年代	通高（cm）	口径（cm）	圈足径（cm）	重量（kg）
子束泉尊 M5：320	殷墟妇好墓	殷墟二期	33.2	31	18.5	8.1
子束泉尊 M5：318	殷墟妇好墓	殷墟二期	32.5	31	18.4	8.5
假设基本尺寸			32.85	31	18.45	
尺寸差			0.35	0	0.05	
尺寸公差等级			CT9	CT3	CT4	

图三 子束泉圆尊
1. 子束泉尊（M5：320）　　2. 子束泉尊（M5：318）

郭家庄 M160（殷墟三期偏晚）出土一对亚址方尊（M160：152、M160：128）[17]。两件尊形制相同，都为方口外侈，束颈斜肩，平底，高圈足外撇，腹部以及圈足四面均为大兽面纹，尊的四角及四边中部均有扉棱，方尊肩部四角与四边中部均有四个圆榫头，其上套接兽头（图四）。M160：152 口边长 32.8~33 厘米，圈足边长 21.4 厘米，通高 43.9 厘米，足高 14 厘米，壁厚 0.5~0.8 厘米，重 21.4 千克。M160：128 口边长 32.8~33 厘米，圈足边长 22~22.5 厘米，通高 44.3 厘米，圈足高 13.6~14 厘米，壁厚 0.5~0.8 厘米，重 21.5 千克（表六）[18]。这组方尊中的两组数据不同，其中 M160：152 给出了每项数据的最大值，而 M160：128 给出了口沿长宽边的数值，为了方便比较，本文对 M160：128 取每个边的最大值。

图四 亚址方尊[19]
1. 亚址方尊（M160：152）　　2. 亚址方尊（M160：128）

表六　郭家庄 M160 方尊器物尺寸表

器物名称	出土地点	年代	通高 （cm）	口边 （cm）	圈足高 （cm）	圈足底边 （cm）	重量 （kg）
亚址方尊 M160：152	郭家庄	殷墟三期	43.9	33	14	21.4	21.4
亚址方尊 M160：128	郭家庄	殷墟三期	43.9	33.4	14	22.5	21.5
假设基本尺寸			43.9	33.2	14	21.95	
尺寸差			0	0.2	0	0.55	
尺寸公差等级			CT3	CT8	CT3	CT11	

殷墟西区 M93（殷墟四期墓葬）出土一对四瓣目纹亚共尊（M93：1、M93：4）。二尊大小、形制基本完全相同，铭文稍有差别。都为喇叭口，深腹，高圈足，腹微鼓饰以四瓣目纹（图五）；圈足内铸有铭文："亚、覃日乙、受日辛、日甲共。"口径均为 23 厘米，高分别为 34、34.5 厘米（表七）[20]。

表七　亚共尊器物尺寸表

器物名称	出土地点	年代	通高（cm）	口边（cm）	重量（kg）
亚共尊 M93：1	殷墟西区	殷墟四期	34	23	4.8
亚共尊 M93：4	殷墟西区	殷墟四期	34.4	23	4.7
假设基本尺寸			34.2	23	
尺寸差			0.2	0	
尺寸公差等级			CT8	CT3	

图五　殷墟西区 M93 出土亚共尊[21]
1. 亚共尊（M93：1）　2. 亚共尊（M93：4）

刘家庄北 M1046 号大墓，年代属于殷墟四期偏晚，出土方尊 2 件（M1046：23、M1046：45），形制、大小、纹饰基本相同。方口外侈，束颈，斜肩，底近平，高圈足外撇，器体四角和四面中部均有扉棱，扉棱分四段，成一直线，上段扉棱较长伸出尊口外 1.1 厘米，肩上一段最短作回勾状，口下饰对夔蕉叶纹，颈、肩、上腹各饰一周夔纹，颈与上腹部夔首相对，肩部夔首相背，下腹和足部四面各饰一分解式大兽面纹，以中部扉棱作鼻梁角眉目鼻嘴相分，兽面两侧以变形倒夔纹补空，均以云雷纹衬地（图六）；器内底铸铭二字：亚覓。口沿内壁发现有纺织品残迹，M1046：23，通高 29.4 厘米，足根 8.6 厘米，口长 19.6 厘米，底部长 12.6 厘米，壁厚 0.2~0.4 厘米之间，重 3.65 千克。M1046：45，通高 29.3 厘米，足根 8.7 厘米，口长 19.8 厘米，底长 12.7 厘米，壁厚 0.2~0.4 厘米之间，重 3.6 千克（表八）[22]。

表八　刘家庄北方尊器物尺寸表

器物名称	出土地点	年代	通高（cm）	口长（cm）	足根（cm）	底长（cm）	重量（kg）	其他
M1046：23	刘家庄北	殷墟四期	29.4	19.6	8.6	12.6	3.65	
M1046：45	刘家庄北	殷墟四期	29.3	19.8	8.7	12.7	3.60	
假设基本尺寸			29.35	19.7	8.65	12.65		
尺寸差			0.05	0.1	0.05	0.05		
尺寸公差等级			CT4	CT6	CT5	CT5		

图六　刘家庄出土北方尊[23]

1. 刘家庄（M1046：23）　　2. 刘家庄（M1046：45）

3. 亚醜方尊

传世铜器亚醜方尊共有4件，其中3件方尊现藏于台北故宫，一件方尊现藏于北京故宫。其中藏于台北故宫的亚醜诸如方尊高45.7、口径33.7、腹深33.2、底径22.5厘米，重22.595千克。藏于北京故宫的亚醜方尊通高45.5、宽38厘米，重21.5千克（表九）[24]。

带"亚醜"铭记的传世铜器绝大部分都缺乏关于出土地点的记载，4件亚醜方尊也不例外。殷之彝将益都苏埠屯出土的"亚醜"族器物与传世铜器中带有"亚醜"铭记的器物相比较，根据出土的"亚醜"一族的铜器群集中出现方形器与多用扉棱为饰的特点，以及对比纹饰形制的相近之处，认为传世的带有"亚醜"铭记的铜器应出自益都苏埠屯"亚醜"一族被盗掘的墓葬[25]。4件亚醜方尊中，现藏于台北故宫的两件在形制上最为类似，在随葬时应为对器，现将此二器并列研究其制作精度（图七）。第一件亚醜尊口径与底径略有差别，取其最大值（表九）。

表九　亚醜方尊器物尺寸表

器物名称	出土地点	年代	通高（cm）	口径（cm）	腹深（cm）	底径（cm）
亚醜方尊	传苏埠屯	商代晚期	45.3	33.6×33.8	33.3	23×22.6
亚醜诸如方尊			45.7	33.7	33.2	22.5
假设基本尺寸			45.5	33.75	33.25	22.75
尺寸差			0.2	0.05	0.05	0.25
尺寸公差等级			CT7	CT4	CT4	CT9

1　　　　　　　　　　　　　　　2

图七　传苏埠屯出土亚醜尊

4. 商末周初对尊

鹿邑太清宫长子口大墓出土一对方尊（M1∶125、M1∶8）。二器都方口外奢，方唇，束颈，斜肩，直腹内收，平底微圜，高圈足外撇，圈足下折成阶状方座，折角有棱，腹边和圈足底边基本相等。尊四角与四面正中均有高扉棱，口沿下饰蕉叶纹，颈部饰两两相对的夔龙纹，腹部与圈足四面各饰一组兽面纹（图八）。腹底内壁中部有铭文"长子口"。M1∶125 通高 37.8 厘米，口边 22.8 厘米，圈足底边 15 厘米，圈足高 11.7 厘米，方座高 2.6 厘米，壁厚 0.35 厘米，重 8030 克，出土时尊内置有一长柄方斗；M1∶8 通高 37.9 厘米，口边 22.8 厘米，圈足底边 15 厘米，圈足高 11.6 厘米，方座高 2.6 厘米，壁厚 0.35 厘米，重 8030 克（表十）[26]。

表十　长子口方尊器物尺寸表

器物名称	出土地点	年代	通高（cm）	口边（cm）	圈足高（cm）	圈足底边（cm）	方座高（cm）	重量（kg）
长子口 M1∶125	长子口墓	商末周初	37.8	22.8	11.7	15	2.6	8.03
长子口 M1∶8	长子口墓	商末周初	37.9	22.8	11.6	15	2.6	8.03
假设基本尺寸			37.85	22.8	11.65	15	2.6	
尺寸差			0.05	0	0.05	0	0	
尺寸公差等级			CT4	CT3	CT4	CT3	CT3	

1　　　　　　　　　　　　　　　2

图八　鹿邑太清宫长子口方尊[27]
1. 长子口 M1∶8　2. 长子口 M1∶125

二　现代铸造工艺外形尺寸标准下的商时期对尊公差值分析

通过上述描述与计算，可以看出商代对尊的生产精度。大致来说，目前所见的对尊，其生产工艺随着时间推移逐步提升。为进一步评估商代青铜铸造工艺生产水平及其变化规律，我们将这些数据尺寸与我国现行熔模铸造工艺尺寸精度标准进行对比。

根据 2000 年 3 月施行的《GBT 6414—1999 铸件尺寸公差与机械加工余量标准》（下文简称《标准》）（表十一），我们对上述对尊的铸造精度进行量化评估。根据现行标准，铸件的基本尺寸包括机械加工之前的毛坯铸件尺寸与去除加工余量之后的尺寸[28]。商周时期的青铜器，在铸造完成之后，经过多次打磨加工方可使用，故而本文中所设计到的青铜器的尺寸数据都被视为加工之后的尺寸。

表十一　铸件尺寸公差数值（GB/T 6414—1999）[29]

基本尺寸		公差等级 CT													
大于	至	3	4	5	6	7	8	9	10	11	12	13	14	15	16
	10	0.18	0.26	0.36	0.52	0.74	1.0	1.5	2.0	2.8	4.2				
10	16	0.20	0.28	0.38	0.54	0.78	1.1	1.6	2.2	3.0	4.4				
16	25	0.22	0.30	0.42	0.58	0.82	1.2	1.7	2.4	3.2	4.6	6	8	10	12
25	40	0.24	0.32	0.46	0.64	0.90	1.3	1.8	2.6	3.6	5.0	7	9	11	14
40	63	0.26	0.36	0.50	0.70	1.0	1.4	2.0	2.8	4.0	5.6	8	10	12	16
63	100	0.28	0.40	0.56	0.78	1.1	1.6	2.2	3.2	4.4	6	9	11	14	18
100	160	0.30	0.44	0.62	0.88	1.2	1.8	2.5	3.6	5.0	7	10	12	16	20
160	250	0.34	0.50	0.70	1.0	1.4	2.0	2.8	4.0	5.6	8	11	14	18	22
250	400	0.40	0.56	0.78	1.1	1.6	2.2	3.2	4.4	6.2	9	12	16	20	25
400	630		0.64	0.90	1.2	1.8	2.6	3.6	5	7	10	14	18	22	28
630	1000			1.0	1.4	2.0	2.8	4.0	6	8	11	16	20	25	32
1000	1600			1.6	2.2	3.2	4.6	7	9	13	18	23	29	37	
1600	2500				2.6	3.8	5.4	8	10	15	21	26	33	42	
2500	4000					4.4	6.2	9	12	17	24	30	38	49	
4000	6300						7.0	10	14	20	28	35	44	56	
6300	10000							11	16	23	32	40	50	64	

注：①CT1 和 CT2 没有规定公差值，是为了将来可以要求更精密的公差保留的。
②CT13 至 CT16 小于或等于 16mm 的铸件基本尺寸，其公差值需单独标注，可提高 2~3 级。

要进行生产精度的比较，应首先界定铸件的公差范围。根据《标准》规定，公差带应相对于基本尺寸对称分布,即一半在基本尺寸之上,一半在基本尺寸之下[30]。因为本文所涉及的器物都是两件,故而将每组数据的单项变量的中间值设为基本尺寸。如长子口墓出土对尊,M1:125与M1:8的通高分别为37.8、37.9厘米,则假设其通高的基本尺寸应为37.85厘米。在此基础上可以得出每组数据、每项变量与基本尺寸的差值(表一至表十第四行)。将这些差值与现行《标准》中的公差范围进行对比(铸件尺寸公差数值表),即可得出每项数据、每组器物的公差等级(CT值)(表一至表十第六行),从而准确的评估每组器物的制作精度。需要注意的是,在《标准》中并没有对CT1和CT2规定公差值,这是为了将来可以要求更精密的公差保留的。故而在本文中,对于测量值一致、尺寸差为零的数据,我们约定其公差值为CT3。

对于单件器物,因其每项数据如通高与口径等数据的CT值不尽相同,为了更好地认识其制作精度,我们将每对器物的多项CT值取算术平均值,再将同一时期器物平均CT值取算术平均值,同时计算绝对偏差平均值。通过比对不同时期器物平均公差的算术平均值,最终我们得出商代中期公差等级约为CT 7(6.8),到了商代晚期,妇好墓的几件尊平均公差值约为CT 6(5.9),而三期、四期两座墓出土的对尊CT值也大致为CT6(5.5),到了商末周初的长子口大墓,其制作精度更是达到了非常精细的CT4等级(3.4)(图九)。

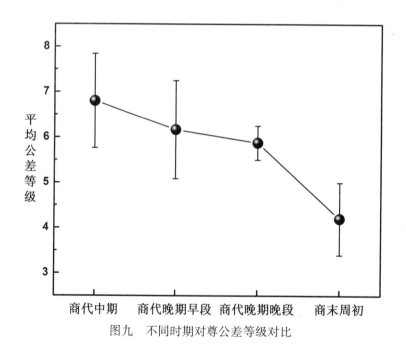

图九　不同时期对尊公差等级对比

通过上述多项公差值与CT值的比较,最终我们得出商代中期龙头村对尊的公差等级约为 CT 7；到了商代晚期早段，妇好墓的几件尊除了一对司鸮母圆尊 M5：793、867 的公差等级整体为 CT8 之外，其余商代晚期的器物公差值都在 CT6 左右分布，亚醜组方尊虽然因为其出土地与具体年代不详，尚未列入比较之列，但两件尊的尺寸公差等级为 CT6，与商代晚期器物的公差等级一致。到商代晚期晚段，郭家庄与殷墟西区出土对尊的 CT 值也都为 CT6。而刘家庄北出土的殷墟四期偏晚的对尊，其制作精度与商末周初的长子口大墓出土对尊近同，达到了非常精细的 CT4 上下等级（表十二）。

表十二　商代对尊公差等级

年代	出土地点	器物	平均 CT 值
商代中期	龙头镇龙头村	1980CHLTT：02、03	CT7
殷墟二期	妇好墓	方尊 M5：806、868	CT6
殷墟二期	妇好墓	鸮尊 M5：784、868	CT6
殷墟二期	妇好墓	司鸮母圆尊 M5：793、867	CT8
殷墟二期	妇好墓	子束泉尊 M5：320、318	CT5
殷墟三期	郭家庄 M160	亚址方尊 M160：152、128	CT6
殷墟四期	殷墟西区	亚共尊 M93：1、4	CT6
殷墟四期偏晚	刘家庄北	M1046：23、45	CT5
商末周初	长子口墓	长子口 M1：125、8	CT4

根据现代铸造业标准规定，使用铜合金铸造器物，当型腔为黏土砂时，小批量或者单件生产的器物，其毛坯铸件的公差等级要求在 CT13～15 之间（表十三）。本文所涉及的器物，从商代中期开始制作公差等级就控制在了 CT7 以内，虽然偶有器物达到了 CT8 的级别，但总体来说，商代器物的铸造精度，仍然大幅度高于现代铸造工业对于少量或者单件铜合金铸件的尺寸要求。虽然本文所涉及的器物都为打磨之后、除去加工余量的尺寸，但这些器物在使用与数千年的埋藏过程中，存在着变形、锈蚀、损坏等等的可能，这些尺寸的变形量，可与毛坯铸件的加工余量相抵。

表十三　小批量生产或单件生产的毛坯铸件的公差等级[31]

方　法	造型材料	公　差　等　级　CT							
		铸　件　材　料							
		钢	灰铸铁	球墨铸铁	可锻铸铁	铜合金	轻金属合金	镍基合金	钴基合金
砂型铸造手工造型	黏土砂	13～15	13～15	13～15	13～15	13～15	11～13	13～15	13～15
	化学黏结剂砂	12～14	11～13	11～13	11～13	10～12	10～12	12～14	12～14

三 结语

从上述数据分析可见，对尊的制作精度在商代中期就已达到较高标准，至迟在商代晚期就已达到并超过了现代铸造工业所要求的铸造器物尺寸精度，这种铸造精度在商末周初时达到最高，接近现行《标准》最高的 CT3 级别（图九）。这些对尊的制作精度，远超手工制作少量器物要求公差值，即使采用现代铸造工艺加之机械工具的铸后加工，要达到这样的铸造水平也相当不易。

从地域来看，并非只有殷墟出土对器的生产精度一枝独秀。在本文所讨论的器物出土地中，城固龙头村、长子口墓都非商人王畿地区，器物铸造精度仍然呈现了相当高的水平，可见在商时期多个地区的铸造工艺均呈现稳定发展的态势。张昌平在研究了商代的罍与尊之后，认为在殷墟时期的南方地区，可能存在一个专门生产尊与罍的青铜铸造中心，不过目前对其地点并不明确[32]。从器物的生产精度看有此可能，但还需将这些对尊与其同出器物进行成分、工艺、纹饰等方面的对比，方可定论。

本研究所涉及器物，在报告中绝大多数都附有重量数据。因为后期的使用与埋藏环境都会对器物的重量造成明显影响，出土后破损、修复等也会造成重量数据的差异，故器物重量只作为对器相似度的参照项。但总体来说，出土时相对完整的器物，如郭家庄 M160 出土亚址方尊及长子口对尊等，其重量也达到了相当高的相似度。在同样的器物尺寸下，高度相似的器物重量也从一定程度上说明每组器物之间金属成分的配比亦颇为近似。

文中十组尊的形制也不尽相同，主要有圆尊、方尊与动物形尊。从器用制度层面分析，一般学者认为方形器的等级略高于圆形器。但从文本数据中观察，器物的制作精度似与其形制并无太多联系。就商代晚期而言，几组对尊的公差值都在 CT6 上下浮动（表十二），表明了在一定时期内不同形制器物的制作精度相对稳定。

从器物成分来看，妇好墓出土的器物基本不含铅[33]；殷墟三期的 M160：152 的含铅量为 3.68%[34]；而殷墟四期的大墓中出土的器物，如刘家庄 M1046 中出土器物的含铅量基本都大于 20%[35]；殷墟西区墓葬中，大多数的青铜容器都为铜锡铅三元青铜或铅青铜[36]。虽然器物成分在不同时期呈现出明显的变化，甚至不同等级墓葬中器物的铜、铅等成分也各异，但器物的铸造精度并未受到影响[37]。这进一步反映了当时高超的铸造工艺，无论哪种成分配比，工匠都可以娴熟的对器物尺寸进行控制。从墓葬等级来看，虽然本文所涉及的墓葬基本都为商人高等级大墓，但不同墓葬之间的级别仍然有所区别，最高等级的如妇好墓为王室成员的大墓，而 M1026、M160 则为高级贵族墓葬，长子口的墓主人也为商人贵族[38]，但器物的制作精度在这些墓葬中并没有显著的差别。

至于在商代晚期，由于原料供应等关系变化引起的器物分成变化，但铸造精度依然稳步上升的原因，应当与商周时期的铸铜工匠的社会地位有关。简言之无论朝代更迭或者原料供给变化，但铸铜工匠在当时都处在一个相当高的社会地位中，被商周统治者所优待。这样的社会地位保证了在社会变迁、原料来源匮乏的环境中，工匠的铸造技艺不会下降，依然可以铸造出精度颇高的对器。至于铸铜工匠在商周时期的待遇与地位问题，笔者将另文专述。

从上述分析可见商时期青铜器的铸造精度非常高，且随时间变化略有提升。就对尊而言，器物的铸造精度与其出土地区、形制、墓葬等级、成分配比等均没有直接的关系。在较大的时空范围内，代表商代最高生产工艺水平的铸铜业，达到了可媲美现代铸造工艺的生产精度，正是这样大范围、高水准的铸铜工艺，使得商时期，尤其商代晚期成为我国青铜文明中第一个高峰期。

---

［1］陆振平等：《熔模铸件尺寸超差缺陷分析与对策》，见中国铸造协会编《中国铸造协会第十四届中国铸造协会年会论文集》，2018 年，第 60~63 页。

［2］朱凤瀚：《中国青铜器综论》，上海古籍出版社，2009 年，第 966 页。

［3］河南省文物考古研究所、周口市文化局：《鹿邑太清宫长子口墓》，中州古籍出版社，2000 年，第 97 页。

［4］朱凤瀚：《中国青铜器综论》，上海古籍出版社，2009 年，第 177 页。

［5］容庚：《容庚青铜器通论》，中华书局，2012 年，第 47 页。

［6］赵丛苍主编：《城洋青铜器》，科学出版社，2006 年，第 3 页。

［7］曹玮主编：《汉中出土商代青铜器（一）》，巴蜀书社，2006 年，第 46、49 页。

［8］殷之彝：《山东益都苏埠屯墓地和"亚醜"铜器》，《考古学报》1977 年第 2 期。

［9］中国社会科学院考古研究所：《殷墟妇好墓》，文物出版社，1980 年，第 55、56 页。

［10］同上。

［11］《中国青铜器全集》编辑委员会编：《中国美术分类全集——中国青铜器全集（三）》109，文物出版社，2012 年。

[12]《中国青铜器全集》编辑委员会编：《中国美术分类全集——中国青铜器全集（三）》113，文物出版社，2012年。

[13] 中国社会科学院考古研究所安阳工作队：《安阳殷墟五号墓的发掘》，《考古学报》1977年2期。

[14] 吴镇烽：《商周青铜器铭文暨图像集成》第251页11203器，第二十册，上海古籍出版社，2012年。

[15] 中国社会科学院考古研究所：《殷墟妇好墓》，文物出版社，1980年，第56页。

[16] 同上。

[17] 中国社会科学院考古研究所：《安阳殷墟郭家庄商代墓葬：1982年～1992年考古发掘报告》，中国大百科全书出版社，1998年，第85页。

[18] 中国社会科学院考古研究所：《安阳殷墟郭家庄商代墓葬：1982年～1992年考古发掘报告》，中国大百科全书出版社，1998年，第84、85页。

[19] 中国社会科学院考古研究所等：《殷墟新出土青铜器》、254页，云南出版集团、云南人民出版社，2008年，第250页。

[20] 中国社会科学院考古研究所安阳工组队：《1969～1977年殷墟西区墓葬发掘报告》，《考古学报》1979年第1期。

[21]《中国青铜器全集》编辑委员会编：《中国美术分类全集——中国青铜器全集（三）》，101、102，文物出版社，2012年。

[22] 中国社会科学院考古研究所安阳工作队：《安阳殷墟刘家庄北1046号墓》，《考古学集刊》第15集第359～390页，文物出版社，2004年。

[23] 中国社会科学院考古研究所等：《殷墟新出土青铜器》，云南出版集团、云南人民出版社，2008年，第390页、391页。

[24] 陈芳妹：《故宫商代青铜礼器图录》，台北故宫博物院，1998年，第513、523、531页；《亚醜方尊》，《紫禁城》2019第11期。

[25] 殷之彝：《山东益都苏埠屯墓地和"亚醜"铜器》，《考古学报》1977年第2期。

[26] 河南省文物考古研究所、周口市文化局：《鹿邑太清宫长子口墓》，中州古籍出版社，2000年，第97页。

[27] 河南省文物考古研究所、周口市文化局：《鹿邑太清宫长子口墓》彩色图版四六、四七，中州古籍出版社，2000年。

[28] 铁道部戚墅堰机车车辆工艺研究所，沈阳铸造研究所，常州日升有色铸造有

限公司起草：《GBT 6414—1999 铸件尺寸公差与机械加工余量》3.1 铸件基本尺寸，2000 年 3 月 1 日起实施。

［29］潘玉洪：《熔模铸件尺寸精度的探讨》，《机械工人》，1985 年第 7 期。

［30］铁道部戚墅堰机车车辆工艺研究所，沈阳铸造研究所，常州日升有色铸造有限公司起草：《GBT 6414—1999 铸件尺寸公差与机械加工余量》3.2 尺寸公差，2000 年 3 月 1 日起实施。

［31］铁道部戚墅堰机车车辆工艺研究所，沈阳铸造研究所，常州日升有色铸造有限公司起草：《GBT 6414—1999 铸件尺寸公差与机械加工余量》，2000 年 3 月 1 日起实施。

［32］张昌平：《论殷墟时期南方的尊和罍》，《考古学集刊》，2004 年，第 116～128 页。

［33］中国社会科学院考古研究所实验室：《殷墟金属器物成分的测定报告（一）——妇好墓铜器测定》，《考古学集刊（第二集）》，1984 年，第 328~333 页。

［34］季连琪：《河南安阳郭家庄 160 号墓出土铜器的成分分析研究》，《考古》1997 年第 2 期。

［35］赵春燕、岳占伟、徐广德：《安阳殷墟刘家庄北 1046 号墓出土铜器的化学组成分析》，《文物》2008 年第 1 期。

［36］李民生、黄素英等：《殷墟金属器物成分的测定报告（二）——殷墟西区铜器和铅器测定》，《考古学集刊（第四集）》，1982 年，第 181~193 页。

［37］杨欢：《美国佛利尔艺术馆藏商代青铜器含铅量分析研究》，《江汉考古》2017 年第 3 期。

［38］朱凤瀚：《中国青铜器综论》，上海古籍出版社，2009 年，第 1368 页。

从侯马鼎模看东周青铜器分型制模工艺

杨 欢

摘 要：文章从侯马铸铜遗址出土鼎模入手，在对鼎各个部位陶模进行详细分类与重新认识的基础上，探求制模过程中，工匠如何分型。根据各部位鼎模分型特征结合典型的晋式青铜鼎复原出鼎的分型图，并与殷墟孝民屯出土鼎模相比较，指出商周青铜器制模工艺的传承、创新与发展，进一步说明分型制模的进步性。文章得到了鼎耳、鼎足、鼎腹部、捉手等部位分型的新认识，这些部位的分型都与纹饰的复杂程度有关。

关键词：侯马铸铜遗址 鼎模 分型 工艺

学者们研究青铜器，除了器形、纹饰、铭文中所蕴含的文化意义之外，更多的是要从中得到关于古代社会生活的启示。在青铜时代，统治者们不可能亲自去制作和设计青铜器，整个的制作过程都是由工匠来完成的，所以每一件青铜器都不仅仅体现了统治者和贵族们的意志，也完整的表现了工匠们的技艺、思想和传承。

已完工的青铜器，尤其是经过了铸后加工的那些，工艺痕迹大都被抹去。从器物上能得到的关于铸造的线索非常有限。所以人们转而从一些制作粗糙的明器以及铸铜遗址出土的相关遗物中寻找能够复原古代青铜器生产的线索。陶模的研究对于解决这类问题有着非常重要的意义，透过陶模可以看到器物的设计，以及之后的分段、分扇制作器形以及纹饰的过程。

青铜器的铸造，制模是第一步的。陶模的设计制作不仅对于青铜器的铸造有决定性的作用，也最能体现出工匠的技艺和当时的铸造工艺水平。所有新出现的技术和纹饰，也会首先应用在陶模上。故而对于青铜铸造工艺和流程的研究，应从陶模的研究开始。这样不仅能体现出当时的工艺水平和纹饰特征，更重要的是，通过对大量陶模的研究，可以做到透物见人，借此管窥工匠们对于器物设计的把握和技术的运用。

鼎是最早出现的青铜器之一，也是青铜时代最为重要的器物。与其他青铜器一样，鼎的铸造从制模开始，其制模工艺在很大程度上可以反映出一个时代青铜铸造的工艺水平。鼎模可以研究的问题很多，如制模原料的来源、纹饰的制作、分型的研究等，对于鼎模分型的观察有助于从一个方面了解当时的铸铜工艺。由于相关铸铜遗址出土鼎模数量有限，此类研究不多。在侯马铸铜遗址发掘后，学者们大多关注的是其中数万计的陶范。正因如此，本文以侯马铸铜遗址出土的鼎模为研究对象，通过鼎模制作及其分型方式进而认识东周青铜器分型制模工艺。

侯马铸铜遗址是目前国内发现的规模最大、遗存最丰富的铸铜遗址[1]。该遗址经过数次发掘，共出土可辨识的陶模数百件，遗址的存续使用时间从公元前600~公元前380年前后甚至更晚。在这一时期，鼎的形制也发生了变化，晋式青铜鼎有多种样式，带盖、附耳、圆腹、圜底、三蹄形足，鼎盖为高隆盖上饰三个环形钮或三个高浮雕动物纹饰。如上马墓地M1026：1，是春秋晚期鼎的代表性式样；太原赵卿墓被认为是春秋晚期晋国显赫人物赵简子之墓，M251：633亦是这一时期鼎的代表性样式[2]。

关于侯马遗址出土鼎模的研究，最早见于《侯马铸铜遗址》一书对于陶模、陶范的器类、分型方式、陶范的组合方式的相关描述。鼎模的分型方式为捉手做四分之一个模块、鼎足做一个模块、鼎耳做一个整体模块、鼎盖分为三圈，每圈做一个模块，鼎的腹部则分为二至三层，每层做一个模块[3]。《侯马铸铜遗址》报告在当时的资料基础上，做出了非常有益的探讨，但文中的鼎模只涉及牛村出土的部分，在资料上有一定的局限性。

张万钟先生根据侯马铸铜遗址出土的陶模、陶范，提出了在东周时期侯马地区分块模的可能并明确给出了分块模的定义，他认为分块模就是按照器物的对称关系，根据器物形状、纹饰及各种附件分别作模，烘干后按照需要反复翻制外范，合成一个完整的铸型。他还强调了分块制模的优势，并按照模与所翻出陶范的块数统计分块制模所节约的人力，认为与整体模相比较，分块模显然可以提高生产效率[4]。张万钟先生把鼎的分体模作为专门对象讨论，这是铸铜遗址鼎模的分型研究的提纲挈领之作，但其文中仅限于对鼎模的小部分讨论，基本不涉及系统分类整理与说明。董亚巍先生也认为东周时期的陶模应该是分体的，纹饰与部位重复部分只制作一件陶模可以大大提高生产效率，也可使翻出的范趋于一致[5]。

这些研究，在分析鼎的分体制模时，对于鼎主体部分的研究，都只笼统的定义为制作六分之一块模；鼎盖的一般都定义为制作3件盖模；对于鼎的附件部分如耳、足等都认为只制作一件模，其结论大致正确，但仍有进一步的细化与深化的空间。随着新的资料的出现，尤其白店铸铜遗址发掘后，侯马铸铜遗址出土的陶模已达500多件，能辨识的鼎模 62 件，其中样模 23 件，块模 39 件，这些鼎模中包含了鼎耳、足部位的半模，为重新研究侯马铸铜遗址中鼎的分型提供了丰富的样本。本文拟从侯马铸铜遗址出土的新材料入手，在对其各个部位进行详细分类的基础上，结合前人的研究，探求在鼎模的制作过程中，工匠如何分型，最后根据其分型情况复原出鼎的分型图。

一 侯马铸铜遗址出土鼎模分析

根据《侯马铸铜遗址》与《侯马白店铸铜遗址》两本报告，鼎模一般被分为鼎样模与鼎块模进行分析研究。

（一）鼎样模

在铸造前期，对于铸件本身，要经过设计，无论器型还是附件与纹饰的部位都要进行规划，这就需要制作样模。牛村共出土鼎类样模 14 件，有盖样模和鼎体样模。白店铸铜遗址出土 9 件鼎类样模，基本都为鼎体样模。最简单的样模，仅给出了器物的大致轮廓，如标本 ⅡT9F30：64（图一，1）[6]。

对于器物如何进行分型、分扇的设计，在鼎样模表面都刻划有起稿线。牛村出土的鼎样模中，有两条平行线中间相当于整个圆周八分之一的一个区域已经给出，在依照样模制作陶模时，只需根据鼎的不同部位，在各自的水平层，按照本层两条的横线和垂线所夹的区域做出一小块模即可。这类鼎样模主要有标本 ⅡT87H436：7（图一，2）、HP：068（图一，3）、ⅡT9F30：63、Ⅱ59T10H95：11，标本 ⅡT87H436：7（图一，2）面上阴刻轮廓线，横向平行线四条，垂直线残存三条（间距为一周的八分之一），左侧一条下部相当垂叶纹位置为一个扁圆圈，长 3.4、短径 3 厘米[7]。标本 HP：068（图一，3）模面阴刻轮廓线，横向四条，垂线四条，另有两条短横线，右侧残断处内部残留半个深 1.6 厘米的凹槽，似镶耳处，沿面残存一个长条形卯[8]。

用来翻范铸造的陶模在尺寸上跟样模不尽相同，一般会有一个比例上的放大。鼎的附件部分，在样模上也可以体现出来，虽然没有发现鼎耳或者鼎足样模，但是在制作鼎体时，有 8 件样模直接做出了鼎足。标本 H15：54（图一，4），三矮蹄足，腹外有划纹和两周分布均匀的阴线小圆圈，沿上有长条形卯，三足中有两足与器体连为一体，另一足是对接而成[9]。标本 H15：253（图一，5），三蹄足，足与腹部有榫卯界面，口沿有长条状合范卯[10]。

有些样模虽没有在鼎体上制作足与耳，但在相应的部位都有标记。标本 ⅡT9F30：62（图一，6），模左上方相当耳部残存一小段十字线[11]。前文提到的标本ⅡT87H436：

7，底部残存的一个圆洞，应为预留出的鼎足位置，而标本 HP：068、Ⅱ59T10H95：

11、ⅡT9F30：63 上则都留出了鼎耳的位置。

部分样模上标明了鼎纹饰部分的位置，这些纹饰以上凸或者下凹一圈的形式体现在样模上，这类样模主要有标本ⅡT87H436：6、HB：06、H15：237。标本ⅡT87H436：6（图一，7）腹上部及中部两条纹饰略下凹。上面一条宽2.2、下面一条宽2厘米[12]。H15：237（图一，8），腹外有浅凹弦纹数周，外表涂黑色物，多剥落[13]。标本ⅡT9F30：63、H15：247、248、249 上也有凸出或下凹的纹饰带设计。还有一些样模，除了给出纹饰带之外，在单独的纹饰单元的地方，虽然没有直接做出纹饰，却标出了纹饰单元的位置和大小，如前文描述的标本ⅡT87H436：7，左侧下部相当垂叶纹位置为一个扁圆圈。

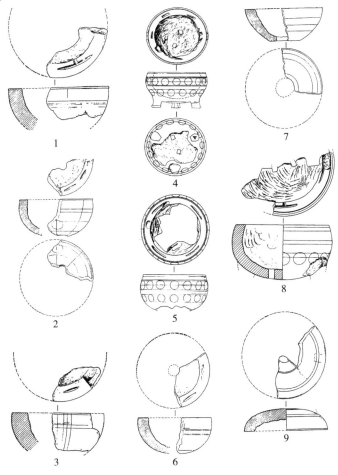

图一　鼎样模

1. ⅡT9F30：64　2. ⅡT87H436：7　3. HP：068　4. H15：54　5. H15：253
6. ⅡT9F30：62　7. ⅡT87H436：6　8. H15：237　9. ⅡT9F30：61

鼎样模中另一个比较重要的部分是鼎盖的样模，白店遗址中未发现鼎盖样模，牛村出土了6件。如标本ⅡT9F30：61（图一，9），模面上刻划出了捉手和纹饰带的位置[14]。

从侯马铸铜遗址出土的鼎样模标本可知，大部分鼎样模会制作出鼎足，鼎耳一般不出现在样模上，仅在样模上标识出位置。尚未发现单独的鼎耳和鼎足样模。鼎盖的样模风格较统一，都标出了捉手和纹饰带的位置。侯马铸铜遗址样模的大量出土，为我们了解和复原古代青铜器铸造有重要的意义。学者们一直所探究的如何制造和设计青铜器，在这里有了部分的答案，鼎样模上所刻画的一条条横纵线条以及纹饰部位明确的标识，为我们展现了此遗址中青铜器铸造前期的设计过程。下面的章节笔者将通过对块模的研究来阐述工匠们按照预先设计的样模进行分块制模的方式。

（二）鼎块模

侯马铸铜遗址出土鼎块模39件，主要有鼎耳模、鼎腹部模、鼎足模、鼎盖模和捉手模及一些附件模。

1. 鼎耳模

耳模共发现6件，其中素面1件。体型较小的多为整体制模，如标本ⅡT19H47：1（图二，1）[15]与标本ⅡT47H125：1（图二，2）[19]。这2件鼎耳模标本都较小。鼎耳模体积较大时，一般从中间分型，如标本ⅡT81H126：31（图二，4），高12、宽8厘米[16]。以及标本G6③：1（图二，3），长8、残高7.5、厚2.5厘米[18]。

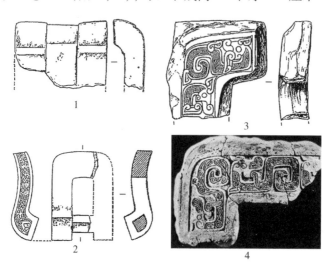

图二　鼎耳模
1. ⅡT19H47：1　2. ⅡT47H125：1　3. G6③：1　4. ⅡT81H126：31

结合上图和资料可以看出，无论有无纹饰，鼎耳都是与鼎体分开制模。鼎耳基本上都为整体制模，只有在制作非常大的鼎耳时才会分型制模，如图二，3、图二，4 只制作了半个鼎耳，但在分型处其纹饰保持了非常好的完整性。

2. 鼎腹模

腹部模共 11 件，都为分模，分型比例分别为周长的四分之一、六分之一与八分之一。其中分形比例为六分之一的鼎腹部模最多，有 5 件，分别是标本ⅡT81H126：32、ⅡT24H24：17、ⅡT81H126：36、ⅡT81H126：42、ⅡT81H126：80。

标本ⅡT81H126：32（图三，1），鼎腹部模，弧面长 22（周长的六分之一）、宽 9 厘米[20]。其余 3 件的分型比例分别为四分之一和八分之一。标本ⅡT81H126：44（图三，2），弧面长 20（周长的八分之一）、宽 8 厘米[21]。标本ⅡT81H126：46（图三，3），鼎下腹部模。弧面长 14.5~21.5（周长的四分之一）、宽 10.2 厘米[22]。从表一可看出鼎腹部模块的分型比例。

表一　鼎腹部陶模标本的分型比例

标本名称	分型比例	标本名称	分型比例
ⅡT81H126：32	六分之一	ⅡT81H126：80	六分之一
ⅡT24H24：17	六分之一	ⅡT81H126：44	八分之一
ⅡT81H126：36	六分之一	ⅡT81H126：46	四分之一
ⅡT81H126：42	六分之一	ⅡT81H126：72	四分之一

没有弧度的鼎腹部模，如标本ⅡT81H429：7（图三，4）[23] 等。因为在尺寸和弧度上都很难把握，暂定其为分模。

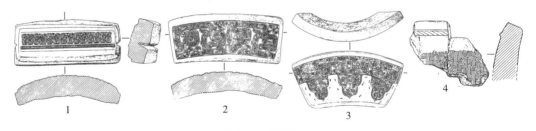

图三　鼎腹部模

1. ⅡT81H126：32　2. ⅡT81H126：44　3. ⅡT81H126：46　4. ⅡT81H429：7

3. 鼎足模

在报告中有 17 件鼎足模标本，其中素面模 6 件。在这 6 件素面鼎足模中有 3 件完整，如标本 H15：209（图四，1），蹄形素面模，高 7 厘米，与腹接合部有一卯状小坑，外表涂黑[24]。

残模 3 件，标本ⅡT35③B：3（图四，2），内侧面平，两侧面划出垂直细线。足跟宽4.1厘米[25]。此模虽在报告中被判定为残缺，但仔细观察其表面上部平整，应为上下分型的鼎足模的足跟部。

其余11件鼎足模上都饰以兽面纹。标本ⅡT13H34：14（图四，3），残高5.5，残宽3.6厘米。兽面由细线勾勒而成[26]。此模上部残，下部平整，整体长度又不符合鼎足的长度，故而其中部或有另外分扇的可能性。

标本ⅡT86③：8（图四，5），鼎足半模，下部残，残高7厘米。两条蟠螭互相缠绕，一条身呈S形，另一条身呈C形，螭身由三条扁平线勾勒而成，巧妙地构成一个兽面[27]。此标本在鼎足中部分型，只制作了右侧的半个兽面。与标本ⅡT86③：8分型相同的鼎足模还有H15：11（图四，6），为鼎足上部左侧模[28]。这两模分型的唯一不同之处在于H15：11是鼎足上部左侧模，而标本ⅡT86③：8是右侧模。其余6件陶模为上部基本完整的鼎足模，标本ⅡT17③：2（图四，7）残高8厘米[29]。

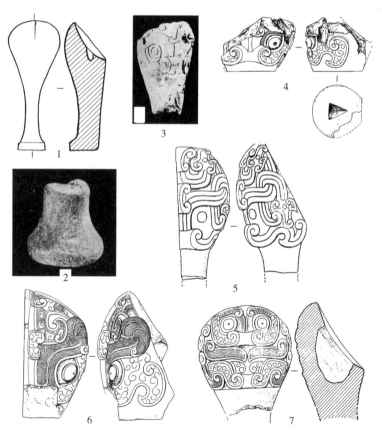

图四　鼎足模
1. H15：209　2. ⅡT35③B：3　3. ⅡT13H34：14　4. H17：5　5. ⅡT86③：8
6. H15：11　7. ⅡT17③：2

如表二、表三所示，与出土鼎的足部以及不分型的无纹饰的鼎足模块相比，有纹饰鼎足模的长宽比没有一件能够达到或超过正常的鼎足比例，故而都不能排除鼎足模有在中部分扇的可能。

更为有力的证明鼎足模在中部分型的标本有 H17：5（图四，4），鼎足上部兽面纹模，红褐色，残，平底有一个三角形卯作为合范符号[30]。此模兽面下部为平底，底面上一个三角形的卯作为合范号，结合表二与表三的分析可以看出，这一时期鼎足模不仅存在左右分型，还存在上下分型。

表二　无纹饰足模与出土器物鼎足的高宽比

鼎足	金胜村 M251 鼎足 1	金胜村 M251 鼎足 2	H15：209	H15：226
高宽比	1.75	1.6	2.4	2

表三　有纹饰鼎足模的高宽比

鼎足	ⅡT13H34：14	56T102⑤：2	ⅡT81H126：49	ⅡT35③B：4	ⅡT17③：2
高宽比	1.4	1.5	1.1	1.4	1.1

鼎足模的分型规律为：少数无纹饰的鼎足会制作一个整体模，而有纹饰的鼎足，则根据其纹饰的复杂程度，对鼎足模分型分扇，大多分为上下两个部分，标本 H17：5 与标本 ⅡT35③B：3 均可证实的鼎足上下分型的存在。少数纹饰非常繁缛的鼎足，在制作模型时会从鼎足的中间垂直分型，分别制作两侧的足模。可以看出，鼎足模的分型与有无纹饰及纹饰的复杂程度关系非常密切。

4. 鼎盖模

侯马铸铜遗址中可辨识的鼎盖模有 4 件；标本 ⅡT81H126：43（图五，1），长 14～23、宽 8.5 厘米[31]，这是一件完整模。可以看出，此模的分型比例为鼎盖周长的四分之一。标本 ⅡT81H126：75（图五，2），似鼎盖模，弧长 20.5（周长的十分之一），宽 5.2 厘米。上部边缘凸起[32]。标本 H15：46（图五，3），上弧长 16.5、下弧长 12、厚约 2 厘米[33]。标本 H15：164（图五，4），上弦长 17.6、下弦长 9.5、高 5.8、厚 2.4 厘米[34]。上述两模都为鼎盖部一组纹饰图案。

目前看到的鼎盖块模，每块上都只制作一种纹饰，没有两圈或以上的纹饰带出现在一块陶模上的情况，所以鼎盖模的设计都是分层的。工匠们根据纹饰带的不同进行分型、分扇设计，每圈纹饰带制作一块模。

5. 捉手模

捉手模 1 件。标本 ⅡT213③：1（图五，5），模件相当捉手周长的六分之一。捉手外径 14、螭高 2.4 厘米[35]。从这件捉手模可以看出，鼎盖捉手模的制作是以最小纹饰单位来分型制模的。

侯马铸铜遗址中发现的鼎模，鼎模数量多、种类齐全。综合上述材料可以发现，鼎无疑为分体制模，且各个部位都要单独制模。

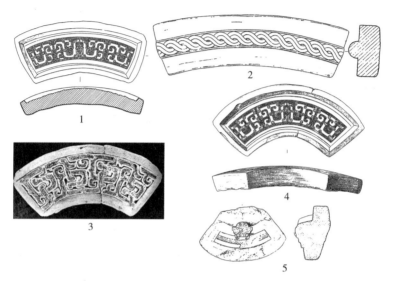

图五　鼎盖与捉手模
1. ⅡT81H126：43　2. ⅡT81H126：75　3. H15：46　4. H15：164　5. ⅡT213③：1

二　侯马铸铜遗址出土鼎模分型

根据对鼎模分型的研究，结合太原金胜村出土的附耳牛头螭纹蹄足铜升鼎，得到鼎的分型图（图六），图中具体分析了鼎分型的部位和各个部位具有代表性的陶模，综合给出鼎的分型结论。

鼎模分型结论：鼎分为带盖和不带盖的两种，无盖鼎的分型从口沿部位开始，侯马铸铜遗址出土的口沿模基本为整体制模，标本 H15：240[36] 就是一个完整的器物口沿模，通过上述的鼎耳模标本可以观察到，鼎耳基本为整制，即只制作一个鼎耳，但在器形较大，纹饰比较复杂时，也会将鼎耳一分为二，制作两个半块耳部模。

鼎的腹部模一般分为上腹部模和下腹部模，大多情况下都只制作腹部一周的六分之一，根据鼎体量的不同，分型比例也会有所变化。在制作鼎足模时，在没有纹饰时会制作一只完整的鼎足模；有纹饰的鼎足则根据纹饰的复杂程度有不同的分型分扇，纹饰复杂时会把鼎足模的上部分开制作，即分左右两扇。鼎足模的下部没有纹饰部分

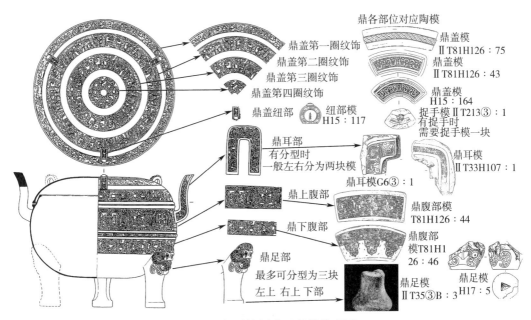

图六　侯马铸铜遗址鼎模分形图

并不好辨认，目前只发现一件鼎足下部模，单独的鼎足的上部纹饰模较多，结合出土的鼎足资料的尺寸，可以确定在一些情况下，鼎足模是存在上下分型的。

　　综上所述，一件不带盖的鼎模在最简单的情况下，需要制作一件鼎耳模、一件口沿模、一件上腹部模、一件下腹部模、一件鼎足模以及一件底模，至少 6 件不同部位的模块才可以完成一件鼎的制模。当鼎的纹饰复杂或体量变大时，则需要两件一半的鼎耳，鼎足最多分型成三件模，这种情况下需要 9 件鼎模来完成鼎的翻范。这两种都只是简单的无盖鼎的分型。

　　一些动物纹饰也会被应用在鼎盖上，如禽类和牛的形象等，前文提到过的法国巴黎吉美博物馆的鸭纽盖鼎，鼎盖上有两种动物模型，这些都需要单独制模。另外一些鼎盖上还有附有半圆形的环纽，这些环纽有时与动物模同时出现在鼎盖上，有时则单独出现。再加上若干件纹饰模块、一件捉手模块和相应的动物模块，比起没有盖的鼎，带盖鼎至少需要多制作 5~7 件模块。

　　上述的两种鼎模的制作有其不同的分型方式，从最简单的无盖鼎到带盖的捉手和有动物模块的鼎，在制作过程中所需要的模块数量是不同的，加之有些鼎体部位的专用的纹饰带的模块，一个鼎的制作至少需要 10 件不同部位的鼎模，复杂的鼎模块则更多。工匠会根据不同的器型要求进行设计，来制作不同数量和部位的鼎模。

　　这种分型制模方式，无论其具体的分型方式如何，与整体制模相比，都大幅度地提高了生产效率，节约了人力物力。鼎盖的模块一般为六分之一块模；在盖部有多圈纹饰时，根据纹饰进行分型，鼎盖纹饰的分型比例一般为三分之一到六分之一；提手部位的分型比例为六分之一到八分之一；鼎腹部模块中分型比例最多的为六分之一；足部无论其分型与否，都只制作一个鼎足模，为铸件的三分之一；鼎耳与鼎足部一样，只制作一个鼎耳，为铸件的二分之一。如果按照鼎耳模来计算，分体制模可以节约50%的人力和原料；若是按照鼎腹部的最小分型比例，则可节约87.5的人力和原料。总的来说，分体制模所需的成本仅为整体制模的12.5%~50%。

三 与殷墟孝民屯铸铜遗址出土鼎模分型的比较

殷墟二期是青铜器铸造的一个新起点，这一时期开始青铜器出现了地纹，铸铜遗址也可以铸造结构较为复杂的器物，且殷墟时期的铸铜遗址中出土的陶模上已经发现了起稿线，这些技术在很大程度上影响了晚商、西周直至东周的青铜器铸造。春秋中晚期是铸造技术的再兴期，这两个时期之间，虽然横跨了整个西周，但是在技术上是存在着传承和创新的。安阳殷墟孝民屯铸铜遗址从1960年起就出土过陶范等铸铜遗物，经过几次大的发掘，出土泥范共计十万余块，其中陶模近200件。这其中鼎模数量不多，但也能反映一些分型上的问题。

殷墟出土的鼎模有腹部模、鼎足模等。所属时代分别为殷墟三期和四期，其中殷墟三期的一件素面鼎足模标本H468：1，表面无分型痕迹，但在鼎足中部贯穿一条明显的刻划线（图七）[37]。同属殷墟三期的还有分裆鼎腹部模一件，无明显分型痕迹[38]。

属于殷墟四期的鼎模2件。腹部模1件，足部模1件。这两件都无明显的分型迹象。腹部模在分范处有清晰的刻划线。足部模有纹饰，无分型（图八）[39]。

图七　安阳孝民屯铸铜遗址出土鼎模 H468：1

图八　安阳孝民屯出土鼎腹部模与鼎足模

分期不明的大型鼎足模一件，长度超过40厘米，从足的中间分型。这也是目前殷墟发现的5件鼎足模中唯一明显分型的鼎模（图九）[40]。

图九　安阳孝民屯出土大型鼎足模

与侯马铸铜遗址出土大量样模相比，孝民屯铸铜遗址目前还未发现可以确定的样模。如果没有对铸件的预先设计和小样制作，说明当时在制作用于翻范的块模前工匠们没有很好的设计分体模块。没有预先的设计，在孝民屯没有出现大量分体模也就不足为怪了。从上述殷墟孝民屯铸铜遗址出土的殷墟三、四期鼎模可以看出，无论有无纹饰，鼎足都是单独制模，但鼎足本身大多不分型。鼎腹部模也看不到分型的痕迹。只有在制作体量特别大的器物时，工匠才会分型制模。在这一时期分型制模已经开始应用，但还看不到大面积使用的痕迹。值得注意的是，在殷墟三、四期的鼎模模面上出现了刻划线，这些线条是对鼎体分范的设计。这说明，虽然当时没有样模，但工匠们已经开始在陶模上对器物进行简单的分范设计。有了这样的萌芽，经过西周时期的发展完善，在侯马铸铜遗址中，工匠们才能娴熟的对要铸造的青铜器进行预先设计、制作样模。

在侯马铸铜遗址中，分型制模已经非常成熟，以鼎模为例，工匠们在每一处能够分型制模的部位，都采取了这样的制模方法。分型制模工艺的普遍应用反映出东周时期铸铜工艺的进步和当时高效率的社会生产方式。

四　结语

把侯马铸铜遗址中出土鼎模进行综合分型研究，得到如下的结论：

1. 鼎模的分型并不是一成不变的，铸件的纹饰和尺寸不同，分型方式也不同。为了减少合范的次数，大型陶模的分扇数目是有限制的，并不能无限的分为多块陶模。关于器物的分型与尺寸的关系，笔者将另文讨论。

2. 在侯马铸铜遗址中，鼎耳和鼎足是分体制模的，分体制模后分为不同的部位分别铸造，铸造完附件之后，可以采用多种方式如二次铸造、焊接等进行附件与器体的连接。但鼎耳与鼎足模并不都是整体制模，鼎耳存在左右分型制模的情况；鼎足也根据不同的需求有上下分型和左右分型两种制模方式。

3. 在制作鼎盖的块模时，并不是一定需要3件或是4件块模。鼎盖上有几圈纹饰，就制作几件分体模。因为这一时期鼎盖的纹饰多为重复的纹饰块，所以每一圈纹饰只制作一块模。

4. 捉手模并非只制作四分之一块模。应该是根据最小纹饰单元的比例来分型，有六个重复的纹饰单元就制作分型比例为六分之一的捉手模，当纹饰单元增加为八个时，则要相应地制作分形比例为八分之一的捉手模。

5. 虽然在侯马铸铜遗址中样模的出土数量不多，但却是分型制模的前提条件。没有工匠在样模上进行设计和预分模，就不可能有分体模的出现，这一点在孝民屯铸铜遗址中体现得尤为明显。因为没有样模，也就很少在陶模上看到分型制模的痕迹。但当时模面上出现的刻划线，体现了分型制模技术的萌芽。

综上所述，随着白店铸铜遗址的发掘和大量新资料的出现，我们得到了侯马鼎模分型更为准确的结论。与殷墟时期孝民屯出土的鼎模相比较，可以明显看出侯马铸铜遗址的鼎模分型在技术上的传承和进步。

与整体制模相比，分体制模看似只是青铜器铸造工艺上一个环节的小小改变，却体现出了工匠对器物的设计环节，有了预先的设计，有了样模，才会有分型制模的出现。分型制模与制作一个鼎的整体模型相比，可以节省大量的人力、物力，体现了那一时期的工匠对于器物娴熟的把握。工匠们把一件复杂的器物化整为零，分体制模、分型制模。相同的位置、纹饰只制作一个模块，可以提高翻范时纹饰的一致性，使得同一水平段上各个范的纹饰相同，提高了铸件质量。正因为有了这样的技术条件，才使得那一时期出现如此多的设计精巧、工艺繁缛的青铜器。总之，分型制模技术是铸铜工艺发展史上的巨大进步，为春秋战国时期中国古代青铜器走向再兴提供了重要的技术支持。

---

[1] 李夏廷、李劭轩:《晋国青铜艺术》，文物出版社，2009年，第15页。

[2] 山西省考古研究所：《上马墓地》，图 40 页，文物出版社，1994 年，第 36 页；山西省考古研究所等：《太原晋国赵卿墓》，文物出版社，1996 年，第 16~34 页。

[3] 山西省考古研究所：《侯马铸铜遗址》，文物出版社，1993 年，第 292 页。

[4] 张万钟：《东周时期泥型铸造的新成就——从侯马出土的陶范试探分块模的造型工艺》，《中国历史博物馆馆刊》1996 年第 1 期。

[5] 董亚巍：《范铸青铜》，北京艺术与科学电子出版社，2006 年，第 40 页。

[6] 同 [3]，第 284 页。

[7] 同 [3]，第 284 页。

[8] 同 [3]，第 286 页。

[9] 山西省考古研究所：《侯马白店铸铜遗址》，科学出版社，2012 年，第 141 页。

[10] 同 [9]，第 141 页。

[11] 同 [3]，第 286 页。

[12] 同 [3]，第 284 页。

[13] 同 [9]，第 142 页。

[14] 同 [3]，第 284 页。

[15] 同 [3]，第 112 页。

[16] 同 [3]，第 207 页。

[17] 同 [3]，第 271 页。

[18] 同 [9]，第 283 页。

[19] 同 [3]，第 112 页。

[20] 同 [3]，第 207 页。

[21] 同 [3]，第 217 页。

[22] 同 [3]，第 217 页。

[23] 同 [3]，第 214 页。

[24] 同 [9]，第 157 页。

[25] 同 [3]，第 109 页。

[26] 同 [3]，第 227 页。

[27] 同 [3]，第 227 页。

[28] 同 [9]，第 146 页。

[29] 同 [3]，第 229 页。

[30] 同 [9]，第 281 页。

[31] 同 [3]，第 217 页。

［32］同［3］，第 271 页。

［33］同［9］，第 181 页。

［34］同［9］，第 181 页。

［35］同［3］，第 125 页。

［36］同［9］，第 152 页。

［37］中国社会科学院考古研究院安阳工作站何毓灵、岳占伟等老师惠供，再次感谢！

［38］岳占伟等《殷墟青铜器铸造技术方面的几个相关问题》，《台北故宫月刊》（台湾）专辑，2012 年第 355 期。

［39］同［38］

［40］同［38］

原载于《中原文物》，2017 年第 2 期

秦始皇帝陵出土青铜马车铸造工艺新探

杨　欢

摘　要　出土于秦始皇陵东侧的青铜马车是我国最大、结构最为复杂的青铜器，其铸造工艺长期为学界所关注，但始终没有明确答案。本文通过对中国境内的块范工艺与希腊、罗马等青铜文明中所使用的失蜡法进行对比研究发现，芯骨、针状芯撑、补缀铜片等为失蜡法所独有的工艺痕迹，从而判断秦始皇陵出土青铜马车为失蜡法铸造。为解决中国境内失蜡法问题提供了准确的阶段性答案。

关键词　秦始皇陵　青铜马车　失蜡法　块范法

1980 年 12 月，秦始皇帝陵封土西侧的陪葬坑出土了两辆青铜马车，后经修复得以还原其形制[1]。两车均为真车的二分之一大小[2]，材质独特，制作精美，出土后备受学界关注。关于青铜马车的研究较为多见，学者们从多个方面对青铜马车进行了研究，包括青铜马车的性质[3]、纹饰[4] 以及结构、部件名称与系驾关系等[5]。

目前，学界对于青铜马车制作技术的研究，主要集中在青铜马车结构以及车上零部件制作工艺上。袁仲一、程学华认为两乘马车在制作上使用了铸造、焊接、嵌铸、镶嵌等机械连接工艺[6]。张小燕、郭振琪等对青铜马车进行了化学组成与元素成分的测定，分析了一号青铜马车上部分零部件的制作工艺，认为伞盖为整体铸造后再锻打，而其他一些较小的零部件均为铸造[7]。《秦始皇陵铜车马发掘报告》认为，马车的主体部件采用了范铸法铸造[8]。侯介仁认为二号车上的镂空车窗与伞盖是用范铸法一次铸造成型，并进一步指出两乘青铜马车上的青铜部件全部采用了范铸工艺[9]。聂新民认为青铜马车上的一些部件是用失蜡法铸造的[10]。上述两种铸造工艺的提出只是建立在器物表面观察的基础上，目前在青铜马车的主体部件上并未发现任何范铸工艺的痕迹，聂新民提出的青铜马车铸造中使用了失蜡法的观点也仅是建立在理论推断的基础上，并未给出工艺上的直接证据。

总而言之，目前青铜马车制作工艺的研究，主要集中在车舆结构、动力系统、生产标准化、金属成型工艺、连接工艺、镶嵌技术等，学界对其青铜部件的铸造工艺尚未有定论。笔者在研究青铜马车铸造工艺的过程中，在其主要部件上发现有不见于我国传统范铸法工艺的铸造痕迹，现对其具体工艺特征进行分析，以探索其铸造工艺。

一 青铜马车主要部件的铸造工艺特征

1. 车轴

两辆青铜马车的轴均为青铜质地，位于车舆下的一段中空，内有范芯。泥芯材质坚硬，呈灰白色，泥芯内有扁长形的铜条作为芯骨（图一，1、2）[11]。

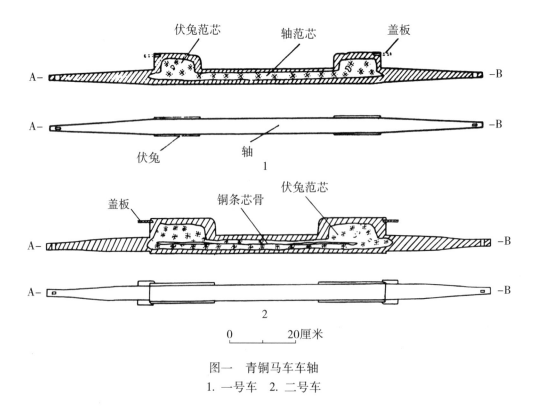

图一 青铜马车车轴
1. 一号车 2. 二号车

仔细观察车轴的范芯还可以发现，在车轴、伏兔与车舆连接部位有两块铜片（图二）[12]。铜片的形状与范铸法常用的垫片不同，没有发现被铜液包裹的痕迹，而且左边的铜片似乎经过铸后加工并打磨到与器物表面平齐。

图二　一号车车轴与伏兔连接部位铜片

2. 车辀

一号车的车辀，出土时从舆前折断。从其断口处观察，发现辀为中空，内有泥质范芯，范芯中间有铜质芯骨[13]。二号车的车辀，出土时从前后舆连接处折断，断口两侧可见铜质的针状芯撑断茬痕迹（图三、四）。

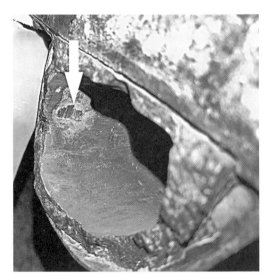

图三　二号车车辀折断处针状芯撑断茬

图四　二号车车辀折断处针状芯撑断茬

3. 一号车的伞杠

一号车的伞杠为中空的圆柱体，出土时断为三段。从断茬处观察，发现其内有泥质范芯。范芯上端中间有铁质芯骨,下端有铜质芯骨,自上而下有三组对称设置的铁质针状芯撑(铁支钉)孔,仅中间的一个芯撑还留在伞杠中(图五)[14]。

4. 铜马

两辆青铜马车共有 8 匹铜马,现以二号车左骖马为例来说明其铸造工艺。二号车左骖马在出土时,前腿范芯内有残瓦片,两腿范芯中都设有铜芯骨,而且前腿均放置有三对铜质针状芯撑(铜支钉),板瓦的一边也设置有铜条状芯骨(图六,1、2)。左骖马的后腿也放置有铜条芯骨与针状芯撑,针状芯撑横贯整个范芯并伸出马腿表面(图六,3、4),报告也指出马腿部针状芯撑(铜支钉)"长者横贯范芯,支钉的两端在胎壁外表清晰可见"[15]。不难推断,这些铜支钉是用来固定内外范的。至于范芯中的残瓦片,鉴于其是对称放置的,这在一定程度上起到了加固范芯的作用,同时还增强了范芯的透气性。

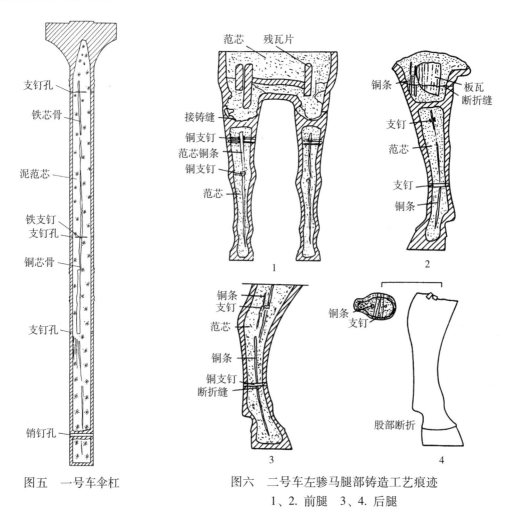

图五　一号车伞杠

图六　二号车左骖马腿部铸造工艺痕迹
1、2. 前腿　3、4. 后腿

二号青铜马车左骖马肩部有一条狭长的裂缝，工匠使用了多个长方形铜片进行修补（图八）[16]。图中白色箭头所指为肉眼可见的三个修补铜片，红色箭头所指的方框内为一个铜片脱落后露出的待修补部分（图七），由此也可见铜片的大小与厚度。这样的铜片在青铜马车中应用了很多例，据大致统计，铜马上共有补缀铜片 17 块，见于一号车右骖马、左服马、左骖马和二号车左骖马、左服马。这些铜片在脱落后，背面基本平整，且铜马上缺陷处有明显的加工痕迹，表明这些铜片是用来修补铸造缺陷的[18]。

图七　二号车左骖马肩部补缀铜片

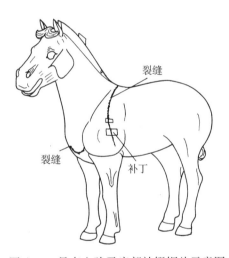

图八　二号车左骖马肩部补缀铜片示意图

从上述对青铜马车的主要部件车轴、辀、伞杠与铜马的铸造痕迹的分析可知，青铜马车的制作使用了几种比较独特的工艺，总结下来大致有范芯中的芯骨、器物表面及范芯中的针状芯撑、用于修补铜马表面铸造缺陷的铜片和铜马范腔中的陶片。这四种工艺特征不见于我国青铜时代常见的范铸工艺。从世界范围来看，金属器物的铸造工艺主要分为范铸法与失蜡法两种。鉴于这些工艺特征不见于块范法中，本文尝试在比较范铸法与失蜡法铸造工艺异同的基础上，来探索青铜马车的铸造工艺。

二 范铸法与失蜡法铸造工艺的异同

范铸法的一般流程是先制作部分或者整体的陶模，用模制范，翻范完成后再制作范芯，内外范合范完成后进行浇铸。这里要特别强调范芯的制作，谭德睿认为，在批量制作范芯时（如鼎耳）会用到芯盒；或者在陶范内贴泥片来制作范芯；极少数器物可能会刮模成芯[19]。至于其他后来出现的技术，如分铸技术，在流程上相差不多，各个先、后铸的部件也是要分别制作模与范。

L. B. Hunt 将失蜡法分为直接失蜡法与间接失蜡法。直接失蜡法是先雕塑蜡模，然后制作耐热的外范，待外范硬化之后融掉蜡模，用金属液浇铸得到铸件。间接失蜡法在蜡模的制作上稍有不同，蜡模不是工匠直接手工制作的，而是在预先做好的母范中翻出来的，如此可提高相同部件的生产效率[20]。使用间接失蜡法时，同一个母范制作出的蜡模是相同的，这样蜡模制作出来的部件也没有太多差别，适用于制作重复的部件。如曾侯乙尊盘口沿部位的装饰，由 4 个相同的立体纹饰单元组成[21]，就很可能使用了间接失蜡法。

在铸造实心器物时，使用范铸法与失蜡法铸造出来的器物在理论上没有实质性的差别。我们不能用铸造器物时工艺的复杂程度，或者表面线条的状况等这些稍显主观的因素来判别其铸造工艺，而应该找到一些失蜡法所独有的工艺特征，这些特征主要体现在使用空腔失蜡法铸造的器物中。L. B. Hunt 认为在公元前 1500 年出现了失蜡法的空腔铸造技术，而 Christopher J. Davery 认为空腔失蜡法出现在公元前 2400 年前后，因为在阿卡德王朝的遗物中发现了据说是在阿卡德王的青铜头像，内部有连接着针状芯撑的范芯[22]。鉴于国内目前还没有明确的使用了失蜡法铸造的空腔青铜器，我们选取了世界其他青铜文明中失蜡法铸造的器物，比较块范法与失蜡法铸造工艺的不同之处。

1. 垫片与针状芯撑

采用范铸法铸造空心青铜器时，用来固定内外范的一般为片状芯撑（又称垫片）。这种芯撑是以与铸件壁厚相同的青铜碎片制成，一般的青铜器残片稍经加工都可以作为垫片使用，形制并不规整，有的垫片上甚至还残留着原先器物上的纹饰[23]。如殷墟出土铜瓿器底就使用了四个不规则形状的铜芯撑（图九）[24]。

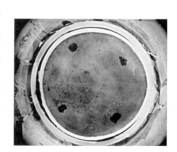

图九 铜瓿器底芯撑

在失蜡法工艺中，空腔青铜器的铸造则使用了不同的工艺。空腔失蜡法需要先在蜡模内部做一个硬质内范，再塑造蜡模，这样可以减轻铸件的重量并节约金属材料。但由此也产生了内外范固定的问题，为了解决这个问题，工匠发明了针状的金属芯撑（Core-pin）。金属芯撑又被称为支钉，一般呈针状或金属条状，从内到外依次穿过内范、蜡模、外范，待加热蜡模流走之后，这些针状的芯撑会把内外范固定，确保内范不会移位。故而针状芯撑是失蜡法铸造工艺的一个重要特征。

大英博物馆收藏有失蜡法工艺铸造的盖尔-安德森猫，这件藏品来自埃及，制作年代在公元前600年左右。研究者们对其失蜡法工艺进行了复原，制作流程如下：制作内范并在其表面制作蜡模；在内范与蜡模上放置针状芯撑并制作外范；加热融化蜡模；浇铸；打碎外范取出铸件；铸后加工，完成整件器物的铸造（图十）[25]。可以看到，针状芯撑暴露在铸件表面的部分会在铸后打磨中被清理，但是铸件内的部分则被保留下来，成为使用失蜡法的重要工艺证据。

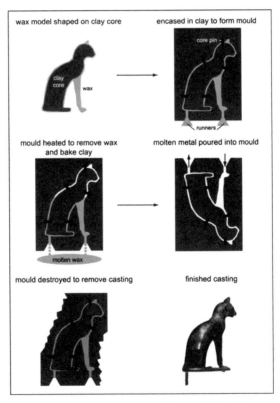

图十　盖尔-安德森猫失蜡法工艺复原图

从盖尔-安德森猫背部中间部位可以观察到一个暴露出来的针状芯撑（图十一），其所在位置与X光图观察到的内部芯撑位置一致。这一特征与秦始皇帝陵青铜马车车轴上发现的针状芯撑十分相似。美国盖蒂艺术中心藏青铜人像（约前400年），其内部发现有多个孔洞（图十二）。CarolC. Mattusch 认为，在其蜡模完成后，为固定蜡模与范芯，将针状芯撑从蜡模表面插入范芯中，而这些孔洞是针状芯撑脱落后留下的[26]。

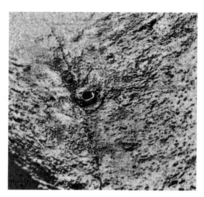

图十一　盖尔-安德森猫背部针状芯撑　　图十二　美国盖蒂博物馆藏青铜人像内部芯撑孔

2. 芯骨与实心的内范

在空腔失蜡法工艺中，还有一个重要特征是芯骨（Armature）的使用。从 Carol C. Mattusch 的研究中可以看出，芯骨一般由金属或木质材料制成，其作用是为了稳定范芯并增强范芯的强度。芯骨的制作过程一般是先用铁或者铜金属丝制作铸件大致的轮廓；轮廓制作完成后以金属芯骨为支撑制作范芯，范芯的尺寸要比铸件小一圈，范芯制作完成后要经过焙烧去除水分；在范芯上制作蜡模以待铸造（图十三）[27]。美国盖蒂艺术中心藏青铜人像的范芯中，有一条芯骨从人像口部一直贯穿到足部，用来支撑范芯（图十四）。而在目前所能看到的范铸法铸造的器物中，没有观察到使用芯骨的痕迹。范铸法中的范芯都为实心，材质为黏土与粉砂。如在《佛利尔藏中国青铜器》第二卷中，可以看到一件春秋时期铜鼎的足部，从 X 光图可以看出，此鼎的足部范芯并未使用芯骨（图十五）。

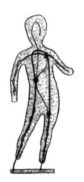
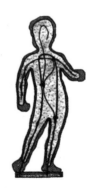

图十三　芯骨、范芯及蜡模制作

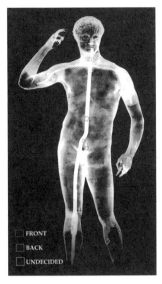

图十四　美国盖蒂博物馆藏
青铜人像 X 光照片

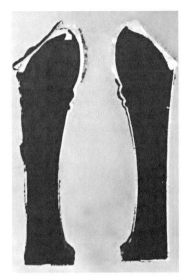

图十五　块范法铸造铜鼎足 X 光照片

3. 熔补与铜片补缀

范铸法工艺中的铸造缺陷均是通过熔补法来修补的，即在有孔洞或其他缺损的部位，做另外一套范进行浇铸，从而达到修补的目的。例如佛利尔美术馆收藏的一件商代晚期铜爵，图中白色箭头所示为使用熔补法修补器底时浇道的位置（图十六）；汉中出土的一件商代晚期铜鼎，内底有熔补痕迹（图十七）；佛利尔美术馆收藏的一件商代晚期铜瓿，其肩部有多处熔补痕迹（图十八）[28]。用熔补法修补的青铜器，表面大多不规整，很多可以看到浇道以及铜液流动的痕迹。

图十六　铜爵底部
熔补痕迹

图十七　铜鼎底部熔补痕迹

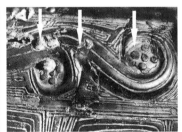

图十八　铜瓿肩部熔补痕迹

失蜡法则使用铜片补缀工艺来修补器物表面的缺陷。具体操作流程为：先用硬质工具在需要补缀地方的周边凿出深2~3毫米的方形或长方形凹槽，然后再将厚度、尺寸与凹槽一致的铜片嵌于其中，必要时还可进行捶打[29]。盖蒂艺术中心藏青铜人像表面分布有超过36片大约2厘米见方的铜片（图十四），在此器的细部图上，还可以看到用于修补裂纹的两个补缀铜片，裂纹如图中白色箭头所示，白色方框内还可见到两个长方形补缀铜片（图十九）。

图十九　美国盖蒂博物馆藏青铜人像补缀铜片

铜片补缀工艺完全不同于传统范铸法中的熔补工艺，熔补是直接把融化的合金液体浇铸在需要补铸的位置，铜片补缀则是将单独的铜片镶嵌进器物需要修补的地方。相比单独制备金属片、修整缺陷的边缘，熔补法更为简单可行一些。但失蜡法显然不支持这种通过二次浇铸来进行修补的工艺，因为在缺损处做蜡模是不可能实现的。在这种情况下，铜片补缀工艺就成了唯一的选择，留在器物表面的补缀铜片也成为其使用失蜡法铸造的工艺证据。

4. 范芯中夹杂碎陶片

使用范铸法时，青铜器上的纹饰完全依赖陶范范面预先制作好的纹饰来完成，故而范铸法对于陶范的材料有极高的要求。根据对殷墟出土陶范的组成及结构的研究，殷墟出土的陶范原料以泥为主，加入了砂、植物或者植物硅酸体，也有可能加入了草木灰来提高充型能力[30]。我国境内其他地区出土陶范的主要成分也基本与殷墟类似，原材料主要为黏土与粉砂。而失蜡法中铸件的纹饰主要来自于蜡模，对于内外范材料的要求一般为耐热以及对于气体的逃逸性，L. B. Hunt 认为，在制作范芯时往往会在原材料中加入已经烧制好的碎陶片。在范芯材料中添加碎陶片的情况目前在范铸法中还没有发现，这也是失蜡法工艺所独有的一种材质特征。

三　对青铜马车铸造工艺的认识

经过上文的对比，我们发现范芯中的芯骨、针状芯撑、铜片补缀等都是失蜡法铸造工艺的重要特征，我们可以凭借这些工艺特征来判断一件器物是否采用了失蜡法铸造。应该指出的是，并不是失蜡法铸造的器物都具备以上所有特征，有的器物上仅会发现上述一两种工艺痕迹。总的来说上述几点工艺痕迹与特征，有助于我们在观察器物时更加清晰地认识它们的铸造工艺。

在秦始皇帝陵青铜马车主要部件中，二号青铜马车的车轴发现有芯骨与针状芯撑的痕迹，在车轴表面发现的铜片应为铸造后切掉多余针状芯撑并打磨光滑之后的痕迹；车辀和一号车的伞杠也发现有芯骨与针状芯撑两种工艺特征；铜马更是使用了芯骨、针状芯撑、补缀铜片以及范芯夹杂碎陶片四种工艺。

根据在一号车伞杠上所发现的工艺痕迹，可大致复原其制作工艺流程：首先制作范芯，做范芯时需要在范芯中间放置芯骨，而且在相应的位置放置支钉；然后在范芯上做蜡模，放置在范芯中的支钉穿过蜡模表面；之后在蜡模上做外范，透出蜡模的支钉将范芯、蜡模与外范固定；待蜡模经加热流走之后，通过浇口浇铸；待冷却后移除外范，并对暴露在器物表面的支钉及留在伞杠上的浇口、冒口痕迹进行打磨。支钉经打磨后，器物表面仍会留有圆形或方形痕迹，与周围的金属结构明显不同。

秦始皇帝陵青铜马车主要部件发现有芯骨、针状芯撑、铜片补缀及范芯夹杂碎陶片等失蜡法铸造工艺的重要特征，而且没有发现块范法所留下的工艺痕迹（如范线、垫片等）。据此，我们认为秦始皇帝陵青铜马车的主要部件有可能是用失蜡法铸造而成。

四 关于中国境内失蜡法工艺的讨论

自齐家文化开始，中国境内就形成了以块范法铸造青铜器为主的特点，从而创造出了我国独有的青铜文明。在世界其他文明中，范铸工艺很少使用，大型青铜器的铸造普遍使用失蜡法。Christopher J. Davey 认为实心失蜡法最早出现在公元前 3500 年，此后又先后出现了空腔铸造法以及复杂器物分铸焊接工艺。在现代铸铜业中，失蜡法几乎可以铸造所有类型的青铜器。

中国青铜时代是否存在失蜡法铸造的问题一直为学界所关注，学者们众说纷纭。K. C. Chang 认为，中国春秋战国时期的一些青铜带钩使用了失蜡[31]。华觉明等人认为，曾侯乙墓出土的部分青铜器使用了失蜡法，并推测了曾侯乙尊盘的失蜡法铸造工艺，认为其具有明显的中国商周铜器特征，不存在所谓的外来因素影响，失蜡法铸造青铜器至迟在中国的春秋时期就已发明[32][33]。周卫荣、董亚巍等学者则认为，曾侯乙诸器皆为范铸法铸造而成，中国的青铜时代并不存在失蜡法[34]。张昌平主张，目前的资料尚不能断定曾侯乙尊盘使用了失蜡法，但也不能因此而否定我国青铜时代存在着失蜡法的可能性[35]。

我们不能以器物的复杂程度来判断其铸造工艺,失蜡法可以铸造简单的器物,范铸法也可以铸造非常复杂的器物[36]。判断一件器物是否用失蜡法铸造,应当根据是否具备失蜡法铸造工艺特征。秦始皇帝陵出土的青铜马车具备失蜡法铸造工艺特征,而且未见范铸法工艺留下的铸造痕迹,据此可以推断秦始皇帝陵青铜马车的铸造使用了失蜡法工艺。

失蜡法在我国出现的时间现在尚未有定论,不过上述研究表明,我国在不晚于秦代可能已经出现了失蜡法铸造工艺。秦代工匠运用失蜡法铸造出如此精美、繁缛、体量巨大的青铜马车,体现出了较高的工艺水准,说明这一技术在当时绝不是一种新出现的技术。至于失蜡法何时在我国出现,最早应用在哪些器物上,以及这一技术的起源问题,还需做进一步研究。

附记:本文在写作过程中得到陕西师范大学历史文化学院曹玮教授的指导与帮助,秦始皇帝陵博物院马生涛副研究员亦为本文写作提供了帮助,特此致谢。

[1] 秦始皇兵马俑博物馆等:《秦始皇陵铜车马发掘报告》,文物出版社,1998年;秦始皇兵马俑博物馆:《秦始皇陵铜车马修复报告》,文物出版社,1998年。

[2] 杨欢:《秦始皇陵出土青铜马车制作比例研究》,《秦始皇帝陵博物院》总柒辑,三秦出版社,2017年。

[3] 刘占成、刘珺:《秦陵铜车马埋藏与"铜车马坑"性质初探》,《文博》2012年第6期;许卫红:《"事神致福"与"事死如生"——也说秦始皇陵出土铜车马的性质》,《唐都学刊》2014年第1期;陈钢《祭器还是明器——对秦始皇陵铜车马属性的一点认识》,《文博》2014年第5期。

[4] 彭文:《从秦陵铜车马上的菱形纹样看秦文化与楚文化的交流》,《中原文物》2003年第1期;张卫星:《秦始皇陵铜车马纹饰的初步考察》,《中原文物》2005年第3期。

[5] 党士学:《关于秦陵二号铜车马》,《文博》1985年第2期;党士学:《试论秦陵一号铜车马》,《文博》1994年第6期;党士学:《秦陵铜车马的舆底结构、牵引关系与力学应用》,《咸阳师范学院学报》2007年第5期;袁仲一:《秦陵铜车马有关几个器名的考释》,《考古与文物》1997年第5期;孙机:《中国古代物质文化》,中华书局,2014年,第173~190页。

〔6〕袁仲一、程学华：《秦陵铜车马的结构及制作工艺》，《西北农业大学学报》1995 年第 23 卷增刊。

〔7〕张小燕等：《秦陵一号铜车马残件元素组成分析》，《光谱实验室》1998 年第 2 期；张小燕等：《文物铜车马部分残件的分析测试》，《理化检验（化学分册）》2001 年第 2 期。

〔8〕秦始皇兵马俑博物馆等：《秦始皇陵铜车马发掘报告》，文物出版社，1998 年，第 240~322 页。

〔9〕侯介仁等：《秦陵铜车马的铸造技术研究》，《西北农业大学学报》1995 年第 23 卷增刊。

〔10〕聂新民：《秦陵铜车马鞍具制作工艺浅析——秦代工艺标准化中的允差与配合》，《聂新民文稿》，西北大学出版社，2013 年。

〔11〕秦始皇兵马俑博物馆等：《秦始皇陵铜车马发掘报告》，文物出版社，1998 年，第 245、247、273 页。

〔12〕曹玮：《秦始皇帝陵出土一号青铜马车》，文物出版社，2012 年，第 45、43 页。

〔13〕秦始皇兵马俑博物馆等：《秦始皇陵铜车马发掘报告》，文物出版社，1998 年，第 248 页。

〔14〕秦始皇兵马俑博物馆等：《秦始皇陵铜车马发掘报告》，文物出版社，1998 年，第 267 页。

〔15〕秦始皇兵马俑博物馆等：《秦始皇陵铜车马发掘报告》，文物出版社，1998 年，第 291 页。

〔16〕秦始皇兵马俑博物馆等：《秦始皇陵铜车马发掘报告》，文物出版社，1998 年，第 291、293 页。

〔18〕铜片具体位置及尺寸详见秦始皇兵马俑博物馆等：《秦始皇陵铜车马发掘报告》，第 294 页表一四，文物出版社，1998 年。

〔19〕谭德睿：《中国青铜时代陶范铸造技术研究》，《考古学报》1999 年第 2 期。

〔20〕L. B. Hunt, The Long History of Lost Wax Casting——Over Five Thousand Years of Art and Craftsmanship, *Gold Bulletin*, vol. 13（2）, 1980.

〔21〕华觉明、贾云福：《曾侯乙尊、盘和失蜡法的起源》，《自然科学史》1983 年第 4 期。

〔22〕Christopher J. Davey, The Early History of the Lost-Wax Casting, *Metallurgy and Civilisation：Eurasia and Beyond*, London：ArchetypePublication, 2009.

[23] Rutherrord John Gettens, *The Freer Chinese Bronzes*, vol. 2, Washington: Smithsonian Institution, 1969, p. 99. 下文图七, 3、4 分别引自此书第 78、115 页。

[24] 刘煜等:《殷墟青铜器金属芯撑技术研究》,《南方文物》2015 年第 4 期。

[25] Janet Ambers etal. , A New Look at an Old Cat: ATechnical Investigation of the Gayer-Anderson Cat, *The British Museum Technical Research Bulletin*, vol. 2, 2008.

[26] Carol C. Mattusch, *The Victorious Youth*, Getty Museum Studieson Art, Los Angeles, 1997, pp. 68-74. 下文提到的盖蒂博物馆藏青铜人像资料均来源于此书。

[27] Jane Bassett, *The Craftsman Revealed Adriaen de Vries Sculptor in Bronze*, Los Angeles: The Getty Conservation Institute, 2008, p. 12.

[28] 曹玮:《汉中出土商代青铜器》, 巴蜀书社, 2006 年, 第 23 页。

[29] 邵安定等:《秦始皇帝陵园出土青铜水禽的补缀工艺及相关问题初探》,《考古》, 2014 年 7 期。

[30] John Alexander Pope etal. , *The Freer Chinese Bronzes*, vol. 1, Washington: Smithsonian Institution, 1967, p. 30.

[29] 邵安定等:《秦始皇帝陵园出土青铜水禽的补缀工艺及相关问题初探》,《考古》2014 年第 7 期。

[30] 赵国燕、郭金福:《殷墟青铜器陶范材料的组成及结构研究》,《安阳工学院学报》2009 年第 6 期。

[31] K. C. Chang, The Importance ofBronzein Ancient China, *Ancient Chinese Bronze Art: Castingthe Precious Sacral Vessel*, China House Gallery, China InstituteinAmerica, 1991, p. 15.

[32] 华觉明等:《曾侯乙墓青铜器群的铸焊技术和失蜡法》,《文物》1979 年第 7 期。

[33] 华觉明、贾云福:《曾侯乙尊、盘和失蜡法的起源》,《自然科学史》1983 年第 4 期。

[34] 周卫荣等:《中国青铜时代不存在失蜡法铸造工艺》,《江汉考古》2006 年第 2 期。

[35] 张昌平:《关于曾侯乙尊盘是否采用失蜡法铸造争议的评述》,《江汉考古》2007 年第 4 期。

[36] Christopher J. Davey, The Early History ofthe Lost-Wax Casting, *Metallurgy and Civilisation: Eurasia and Beyond*, London: ArchetypePublication, 2009.

原载于《文物》, 2019 年第 4 期

秦始皇陵出土青铜马车活性连接工艺研究

杨　欢

摘　要：在我国青铜时代，青铜器中使用活性连接工艺的种类与频率很低，现今相关的工艺研究仍较匮乏。文章在梳理我国青铜时代活性连接工艺源流的基础上，对秦始皇陵出土青铜马车中的多种活性连接工艺进行了分类总结与探讨。研究发现，活性连接工艺分为可活动的连接工艺与可拆卸的连接工艺两大类，每一类又可细分为子母扣、活铰、纽环等类型。这些工艺在青铜马车中共计使用逾千次，极大地丰富了青铜时代金属连接的类型，更加全面地展示了秦时精湛的金属工艺。

关键词：秦始皇陵　青铜马车　活性连接工艺

秦始皇陵出土的两乘青铜马车，每乘都由近3000个零部件组成，使用了多种连接工艺将整车装配成型。青铜马车是目前我国发现的体量最大、使用连接工艺种类与数量最多的青铜器。从青铜马车中不仅能看到秦时马车的原貌，也可借此认识当时高超的金属连接工艺。

1980年青铜马车出土后，发掘者与研究者对其进行了修复，并在修复过程中对马车的连接工艺进行了观察与研究，发现马车不同部位、部件使用了多种类型的连接工艺[1]。大致来说，青铜马车中的连接工艺分为固定连接与活性连接两类。

固定连接中主要使用了高温连接工艺进行马车不可活动部件的连接装配，如马车的主体部件、御官俑与铜马等。高温连接工艺主要分为铸接工艺、焊接工艺，进一步可细分为近十类不同的工艺，其种类覆盖并超过了我国青铜时代传统器物铸造中所使用的连接工艺。青铜马车中的活性连接是指那些连接后各个部件可以活动或者可以拆卸的金属连接工艺。青铜马车的高温连接工艺，目前已有专门研究，但活性连接的研究仅见于发掘报告中，作为器物制作工艺的附属部分列出[1]，尚缺乏专门的研究与总结。

青铜马车是我国古代青铜工艺的集大成者，在它出土以前，我国从未发现过完全由金属制作的马车。两乘马车虽主体使用金、银、铜三种金属材质制作而成，但所有部件形制均模仿当时的真实车辆。在制作时，为表现实用马车中非金属部件（如丝、革等材质）的柔韧性，青铜马车部件中，尤其是马饰与马具等部件，大量使用了活性连接工艺。总体来说，铸造工艺使部件成型，高温连接工艺进行车辆主体构建，而大量马具与马饰的连接、鞍具活动部位的装配，都需使用活性连接工艺完成。目前在青铜马车上已经发现近十种不同的活性连接工艺，其主要功能为实现非固定连接部件的灵活开合与转动。这些工艺有的见于我国传统器物铸造中，更多的则为青铜马车上独有。对这些工艺进行深入研究，可以从技术层面更好地解读青铜马车的技术内涵。

本文将从技术史角度分析我国青铜时代的活性连接工艺，找出工艺的发展脉络。在此基础上，观察青铜马车中使用的活性连接工艺的种类与部位，以便更加深入地认识秦时的金属工艺。

一 活性连接工艺的产生与发展

我国青铜时代的活性连接工艺，目前最早见于二里岗上层时期的青铜容器[2]。盘龙城商代遗址李家嘴二号墓出土的兽面纹提梁卣，提梁通过双耳与卣体连接，同时用环链与器盖相连；需要卣盖开合时，上下转动提梁即可实现（图一，1）[2]。谭德睿对平谷刘家河出土的提梁卣进行了铸造工艺研究，认为器物的可活动提梁是使用焚失法铸造而成的（图一，2）[3]。随着郑州商城和殷墟范围内铸铜遗址的发掘，其中出土的商代中、晚期提梁类器物为探讨提梁的制作与连接方式提供了重要线索。据苏荣誉等对湖南省博物馆所藏年代不晚于殷墟晚期的石门卣之研究，此卣提梁为"∩"形，两侧内弧，端头外撇并有兽头，两端与位于上下腹交界处的半圆形耳连接。其具体连接方式为：提梁端头兽头截面为槽形，一横梁与之构成 D 形截面，横梁通过半圆形环耳实现环接[4]。刘煜认为在提梁卣中，提梁往往先铸，然后放置在铸型中与卣身的环铸接（图一，4）[5]。

Gettens 对佛利尔美术馆藏青铜卣的提梁铸造工艺与连接方式进行了研究，通过观察提梁与器体连接部位的工艺痕迹（图一，3），认为有些器物的提梁是后铸的[6]。同时，Gettens 认为连接器盖与提梁的环链，可能是在提梁与器体都铸造完成后，重新制作一套浇铸系统，后铸而成。尽管学者对这一时期的提梁连接工艺在细节上有不同的认识，如提梁的先后铸问题，但总体来说当时青铜器中使用的活性连接工艺较少，且器类与连接方式都较为单一。

在后期的青铜器制作工艺中，中原地区并未出现太多种活性连接工艺。但在带铃的器物中，如一些带铃的方座簋、高柄豆等，铃与器身采用了活性连接工艺；在一些青铜车马器中，如车的辖、軎、銮铃等部位，车辖从軎孔穿入以子母扣的形式将车轮固定于轴上，使用了活性连接工艺。商周青铜容器中使用的连接工艺较少，且大都为固定连接，活性连接工艺则更少，一般出现在器物的提梁、盖部或者带铃器物底部，偶见如刖人守门鼎这样的开合设计[8]。这些活性连接工艺操作方式较为简单，多数通过先后铸的方式就可实现。春秋战国之际，出现了铜制的弩机。弩机由牙（两牙连体，其中一牙连望山）、望山、悬刀（扳机）、机塞及枢轴五种部件组成（图一，5中，a为悬刀，b为望山，c为牙，d为机塞，e为枢轴）。具体结构为两牙在望山前，下部与望山连为一体；机塞（d）则置于牙前，分为两齿，上齿顶住两牙下部连接处，下齿钳在悬刀刻口内。在使用时先拉弦触动望山，牙上升钩住弓弦，同时带起机塞钳住其下齿，则弩机关锁；在将箭矢放于牙前凹槽内并瞄准后，搬动悬刀使机塞滑下，牙亦缩下，弓弦弹出发射箭矢[7]。弩机实现了多个部件的联动，是较为先进的活性连接工艺。从

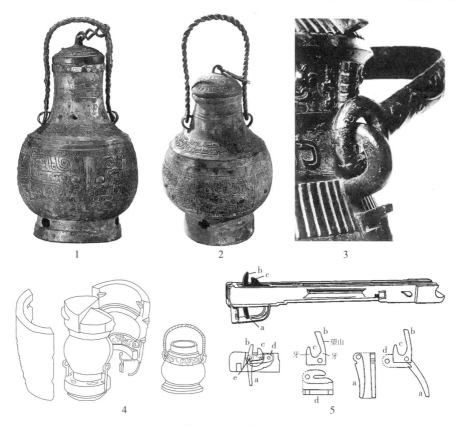

图一　使用活性连接工艺的器物

1　盘龙城五期提梁卣 李家嘴 PLZM1∶9[2]　　2　平谷刘家河出土提梁卣[3]

3　卣提梁与器体连接细部图[6]　　4　卣铸型示意图[5]　　5　战国弩机、弩臂结构示意图[7]

一般青铜容器的简单活性连接，到春秋战国之际可以实现弩机这样相对复杂的活性连接，是金属工艺的巨大进步。总体而言，在我国青铜时代，活性连接工艺偶有使用，连接部位较少且频率较低。

二　青铜马车中的活性连接工艺

与上述青铜容器不同，青铜马车中多处使用了活性连接工艺。目前，从青铜马车中大约能观察到近十种活性连接，如子母扣连接、环纽扣接、转轴、活铰、带扣与销钉连接等，主要用于马具、马饰之类小型部件的连接中。这些工艺的使用，使得金属材质部件在很大程度上达到了真实马车材质的柔韧特性，实现了青铜马车活动部件的灵活性。

青铜马车的鞁具，如鋬、辔、缰、勒等（具体位置见图二）[9]，都是由多节铜或金、银构件组成的链条，这些链条中的最小部件单元制作完成后，大多采用子母扣、纽环等工艺连接。在二号青铜马车的车舆中，门窗利用活动铰页连接，历经两千多年仍然开合自如。青铜马车的活性连接工艺种类繁多，但从功能角度分析，活性连接主要实现了两种功能：一种是连接之后器物可以活动自如；另一种为连接之后器可以拆卸。

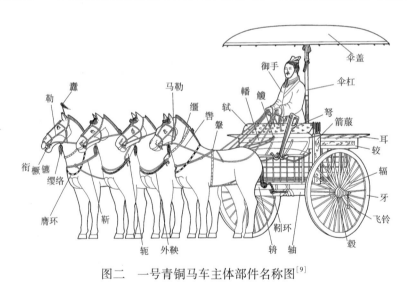

图二　一号青铜马车主体部件名称图[9]

（一）可活动连接工艺

1. 子母扣连接

青铜马车中使用最广泛的活性连接工艺为子母扣连接，8 匹铜马中大量的鞁具链条部位都使用了这种工艺。根据被连接体的不同形制，可分为柱状子母扣与带状子母扣。柱状子母扣的每个被连接体为短柱状。这些短柱一头凸出为子口，另一头内凹为母口，前后短柱之间子母口相合后贯一短轴。如马辔中穿过轭两侧银鏾的一段柱状鞁具，就属于典型的柱状子母扣连接（图三，1）。一、二号青铜马车的铜索形器，都为铜质，出土于御官俑背后的左侧。铜索形器并非车辆构件，据推测为浸油脂所用的绳索。器物整体由一件表面铸有绳状纹饰扭结成的铜构件弯曲而成，上粗下细，上部截面呈三瓣连弧状，下部截面为六角形，由8段铜节采用子母扣连接而成，两侧铜节长，中间铜节短（图三，2、3）。通过数节子母扣连接，实现该器物中间部位的活动功能；通过拉紧器物上部的环链状绳索，即可调整两侧的弯曲角度。

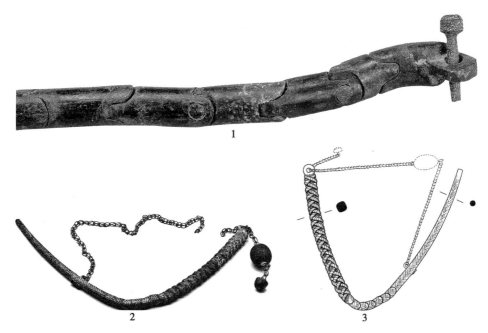

图三　子母扣连接工艺细节图
1　柱状子母扣连接　2　一号青铜马车上索形铜条的柱状子母扣结构
3　二号青铜马车索形铜条

青铜马车轭部的配件外軏，套接在轭肢外侧（图二），总体由青铜制成，呈扭结的粗壮绳索状。外軏由25个铜节以子母扣的形式连接，各个铜节之间严丝合缝、形态自然、工艺精湛，是柱状子母扣连接的典范之作（图四）。

带状子母扣连接可分为上下活动与左右活动两种连接方式。前者各个活动节只能上下活动，左右相对固定。如鞘接近车舆部分的链条，把两个相连的铜节，分别作为横向的子口与母口，子母扣合之后贯一铜轴。后者如马缰绳的铜片状结构部分，短小

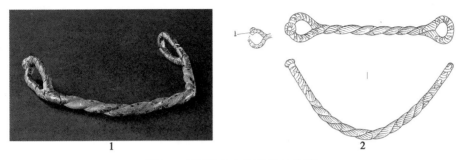

图四　青铜马车车轭外鞅结构图
1. 一号青铜马车外鞅结构　2. 二号青铜马车外鞅子母扣结构示意图

铜节以子母扣的形式相合，可以部分左右活动，但上下的位置固定。事实上，这两种子母扣的连接形式在工艺上是相同的，只是具体部件的活动方向稍有差别。在《秦始皇陵出土二号青铜马车》一书中，作者将带状子母扣连接分为三类：短带连接、长带连接、弧面带连接。虽然被连接物的形状稍有差别，但基本的连接方式都一样，即带状接口，然后贯轴。下文以马勒的勒带为例，分析子母扣连接的具体工艺。

勒是马车中控制马匹的重要鞍具，俗称马笼头，主要由笼络马头的羁和横贯马口的衔构成。一、二号青铜马车上共有 8 件马勒，形制大小基本相同，由勒带与泡组成（图五，1）。在勒带的连接中，大量使用了子母扣连接工艺。

勒带是连接马勒各个部位的链条，由相间的金银节连接而成。金银节的形制相同，长短略有差异，最长 1 厘米，最短 0.8 厘米，宽 0.75 厘米，厚 0.4 厘米。所有节均呈扁长方体短条状，背面光平，正面中间内凹、两侧微鼓，四条边棱呈圆角状。金银节两端一端铸成榫头，一端铸为凹卯，以备连接。小节之间用子母扣加销钉的方法连为一体。榫卯之间的连接呈弧形，整个勒带可以自由活动（图五，2）。据观察，每个金、银节铸造完成后都经过仔细打磨与抛光，榫头与卯口的部位运用了錾刻等工艺，加工痕迹清晰。

铜马的缰索是另外一种结构相对复杂的马具，主体由 30 余块表面嵌有金银泡的青铜板带构成。其余部件分为两类：一类是由子母扣连接的宽扁状金银相间的小节构成，另一类由通过环纽工艺连接的柱状金银小节构成（图六，1）。板带与宽扁的金银铜节都采用了子母扣连接，连接工艺与上文描述一致，每个小节上下各有凸出的子口与内凹的母口，再贯一金质或者银质横轴穿接。从缰索中还可观察到两类不同的横轴使用方式，即明轴与暗轴。明轴指装配完成后肉眼仍可见部分横轴。在金银节的连接中使用了明轴，从金银节的侧面都可观察到外露的横轴。这类横轴贯通后经过二次捶打，不易脱落，起到限制子母口轴向滑移的作用。暗轴则在外部观察不到。青铜板节连接

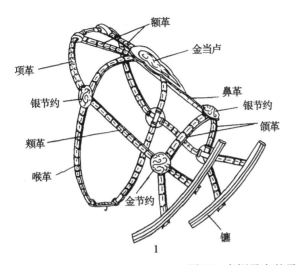
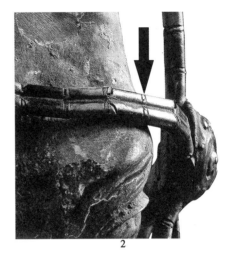

图五　青铜马车的马勒及勒带

1　一号车马具鞁具名称[12]　2　青铜马车金银勒带子母扣连接图

时使用了暗轴。从出土时板节连接部位的形态观察，子口有一透孔，而母口两内侧各有一半孔，在装配时将横轴先插入透孔中，然后伸入母口两侧的半孔中。据报告分析，在连接时先将母口两侧耳外张，待横轴装配后，从两侧捶击母口双耳复位（图六，2）。

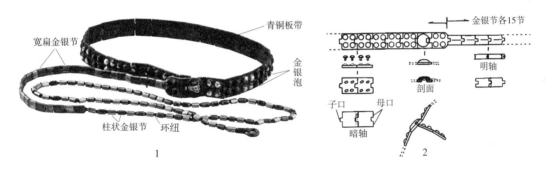

图六　马缰索子母扣结构图

1　缰索结构图　2　明轴与暗轴

总体而言，青铜马车中所使用的子母扣连接，根据被连接部件的形制，可以分为柱状子母扣与带状子母扣连接；带状子母扣又可分为长带状、短带状与弧形带状子母扣连接。从部件不同的活动方向，又可分为上下活动的子母扣与左右活动的子母扣连接。子母扣连接工艺的实现，需要三个要素，即子口、母口与贯轴，轴又可分为明轴与暗轴。不同子母扣的实现原理相同，都是通过部件之间的榫卯实现连接与活动的双重功能；工艺并无优劣之分，工匠根据不同部位的功能需求，以及真实车辆材料的特性，有选择地使用。

2. 纽环连接

青铜马车中使用的纽环连接工艺有两类：一类是由金属丝扭结连接不同部件，另一类是以扭结的金属丝作为链节相互连接。铜马缰索的后段由79节金、银管相间组成链条，其中金管40节，银管39节。金、银管之间嵌入了银丝扭结的纽环进行连接，只有近末端的两节是用金丝扭结的纽环连接。连接时，银质纽环两两相接，环扣相套，组成了活动自如的环链（图七，1）。具体的连接方法为：先将金质或银质的材料制作成长3厘米、直径0.1厘米的金属丝，再将金属丝穿入金、银管内部，开放的一端穿入后面一节金属丝的闭合口之后，将开口端扭结后加入金、银管的后端（图七，2）。这种工艺是以金属丝作为金、银管的连接体，属于前一类纽环连接工艺。

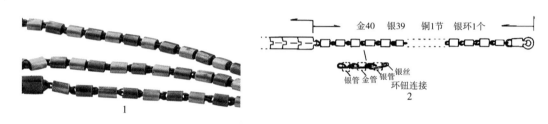

图七　纽环相接
1　马鞲的纽环连接部件[10]　　2　马缰纽环连接示意图

上文提到二号青铜马车上的索形铜条，上附有一条较细的链条，由多个细铜丝组成的纽环相接而成，铜丝径0.05~0.1厘米（图三，1）。在放大镜下观察，铜丝的表面无锻打痕迹，粗细均匀，并有纵行纹的遗迹，当是使用拔丝工艺制作。单个链环由铜丝两端对接焊成，对接面合缝严密。这种连接属于以金属丝作为链节的纽环连接工艺。

3. 转轴与活铰连接

青铜马车的活动部件中多处使用了转轴与活铰连接，根据部位和作用的不同，主要有活动铰页形、曲柄形。二号青铜马车前窗的安装中，使用了活动铰页。前窗窗框有两个活铰，每个活铰的一个活页接口与窗板上的两个接口以销轴连接。活铰连接后，窗板可经外力灵活转动开关（图八）。

二号车门框中部安装着一件银质可转动的门栓。门栓作曲柄状，其功能相当于今天的门锁。从车舆内部可观察到门栓的结构以及其与门框、门扇的关系（图九，1）。门栓由横拐、圆轴及垂柄构成。门栓的圆轴穿过门扇内外，横拐位于门框外侧。关门时，先转动垂柄使横拐成直立状态（图九，2，实线横拐），闭合门扉后放开垂柄，垂柄就会自动落下，横拐则横向固定车门（图九，3，虚线横拐），车门即被锁住；开门时，只需将垂柄转动90°成横向，横拐相应成纵向失去对门扇的约束，车门即可开启（图九，2）。

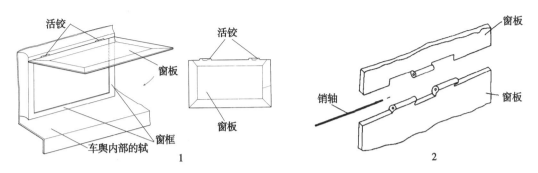

图八　二号车的前窗
1　二号青铜马车的前窗结构图　2　窗板与窗框的连接关系图

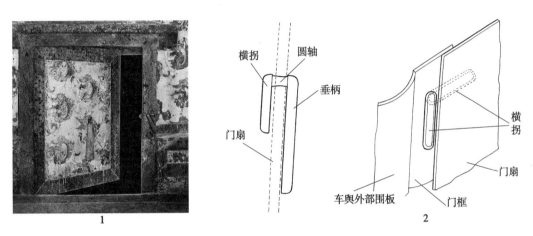

图九　二号青铜马车车门
1　车舆内部门键、门框、门扇示意图　2　曲柄状门键示意图

4. 推拉式活性连接

二号车主舆两侧各有一侧窗，都为推拉开闭式的镂空窗体。两窗均呈横向长方形结构，窗体长 20 厘米、高 9 厘米。窗板的前端中间、距边缘 2.4 厘米处的内外两面，各有一组纽带形铜叶片，用以作为推拉窗板的捉手（图十，1）。

侧窗板的前端及上下两面都装有持板的凹槽，只有后侧开放，窗户关闭时卡在三侧的凹槽中；开窗时向后推动进入空腔中。出土时左侧的空腔断裂，从断裂面可知空腔由内外两层铜板形成。内层铜板是车舆本体的铜板，在制作空腔时内凹形成一个与窗板大小相当的下凹面，外层围板以榫卯的形式嵌入下凹面中，内、外两层围板在榫卯连接的基础上还进行了焊接加固。二号车两个侧窗推拉开合的设计，使得窗板在凹槽中可左右自由开关，且活动位置相对固定（图十，2）。此结构当是模仿实用车辆而设计，但这类推拉式活动连接方式不见于我国先秦时期的其他青铜连接工艺中。

从上文可见，通过使用子母扣、钮环、转轴与活铰连接、推拉式活性连接这几类

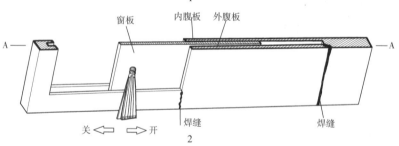

图十　二号青铜马车侧窗结构示意图
1　青铜马车侧窗　2　侧窗结构示意图

工艺，被连接部件都实现了连接之后活动自如，或者至少使得器物可以朝一定的方向活动。这些活动连接工艺中，除了钮环偶见于我国青铜时代的连接工艺中，其他多数工艺都为青铜马车中仅见。为了让纯金属材质的马车最大限度的符合真实车辆中不同材质的质感，工匠创新性地在青铜马车中使用了多种不同的连接工艺。这些工艺的来源目前尚未得知。

（二）可拆卸连接工艺

卡接与带扣等连接工艺，主要应用于青铜马车的可拆卸部件中。这些工艺往往两种或两种以上复合使用，以实现具体器物的安装与拆卸功能。

1. 铜马头部纛的连接

在两乘青铜马车右骖马的头部，各有一个穗形的纛（图二）。原来的穗已残断，现在的穗为复制品（图十一，1）。纛与其基座的固定采用了套接加销钉的连接方式。右骖马头部有一半圆形基座，基座上有 4 个小孔（图十一，2），纛两侧也分置有 4 个小孔，安装时先将纛的底座按照一定的位置，孔对孔安放在基座上，然后贯以两个不同方向的销钉，将纛固定在马头部（图十一，3、图二）。

图十一　青铜马车的纛[11]

1　一号车的纛　2　纛在马头的基座　3　安装工艺示意图

2. 马缰板带的卡接

卡接工艺见于马缰板带的连接中。在板带的一端有一圆形银泡，银泡内侧与板带结合的部位开一长方形口（图十二，1）用以纳榫，同时另一侧榫头也开一方口。银泡外部一侧亦有一小方孔，将榫头插入银泡之后，银泡外部的小方孔内横向置有内大外小的长方形键，推键使其横入银泡中榫头的方口，形成闭锁（图十二，2）；在开启时只需将键移出，即可拆卸榫头。

3. 骖马鞶的带扣连接

带扣连接主要应用于佩戴时需要打开的马具中。青铜马车中多处使用这一连接工艺。骖马鞶前部套环上的方策，连接着鞶带，鞶带在驾车时要系结，卸驾时要解除（图十三，3）。方策可以起到灵活开合鞶带的作用，其形制与皮带扣极为类似（图十三，1）。方策与鞶带的扣接，使用了三重活性连接工艺。首先，带尾（铜扣榫）设计

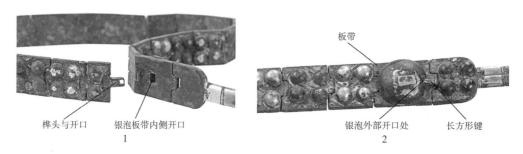

图十二　马缰中使用的卡接工艺
1　马缰连接工艺榫头与方孔　2　卡接工艺中的银泡与键

的凹槽，在带尾扣入方策一端的接口中后，与方策右端银质部件的凹槽套合；其次，带首设计有一铜质窄长链条，将链条从带尾与银质部件凹槽的重合处穿过，起到卡接作用；最后将铜质链条从方策背面的横向凹槽内穿过，是为三重连接。通过凹槽重合、链条纵向卡接、横向卡接三重活性连接工艺，将鞶带佩戴于马体上（图十三，2）。

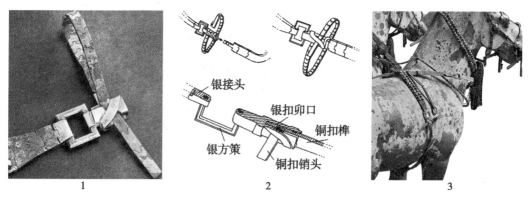

图十三　方策及其连接方式
1　骖马鞶前部套环上的方策及扣接方式　2　方策连接方式剖面示意图
3　鞶带、方策与马体关系示意图

4. 一号青铜马车伞杠的安装工艺

在一号青铜马车车舆中，置有一伞形车盖。车盖的伞杠用来支撑车盖并与底座连接，从而将车盖固定在车舆内（图十四，1）。伞杠与底座的连接，主要分为上下两部分，采用了多种活性连接工艺。伞杠下部与放置于车舆内部的十字形伞座下部连接，伞杠底部有一伞足，伞足为使用子母扣连接的2个板状铜节，与伞杠底部通过销钉连接。伞座底部设有凹槽，在安装时先将伞杠放入伞座的凹槽中；然后推动伞座上预先设定的插销曲柄，将其推入伞足底部铜片之上，固定伞足；最后将伞足上部的锥状铜片反折插入伞杠的透空中，完成三重连接（图十四，2、3）。

当下部固定完成之后，进行伞杠中部与伞座上部的连接。伞座上端有一固定半环、一活动半环以及一个纵向插销，根据楔形配合原理，设计了一对互相垂直的楔形配合自锁机构。上端的具体安装步骤为：在安装伞杠的过程中，活动半环始终打开，将伞杠嵌入固定半环之后，关闭活动半环。在关闭时，其末端的斜面设计会将垂直插销顶起，待半环末端完全进入固定凹槽之后，由于重力作用，垂直插销会自然落入活动半环上的纵向插销凹槽固定伞杠。上部的连接也使用了三重连接工艺（图十四，2）。

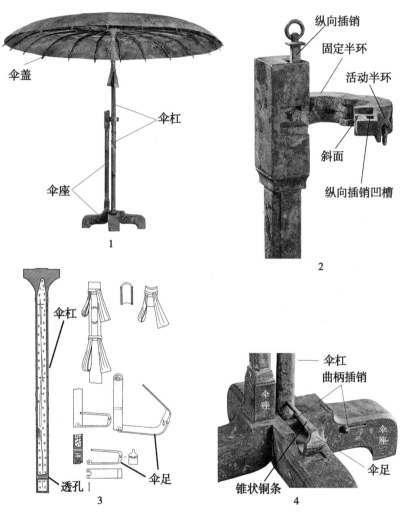

图十四　青铜马车伞杠安装图
1　青铜马车伞杠结构图　2　伞杠中部安装细节图
3　伞杠安装工艺细节图　4　伞杠、伞座部件安装及名称图

从上述分析可见，一号车通过上下两个部位 6 种活性连接工艺，将伞杠安装于伞座上。在使用时，伞形车盖安装牢固、可靠，在拆卸时，几个插销的提拉即可将伞杠

拆下。这些活性连接工艺实现了伞杠与伞座的安装与拆卸功能，方式多样且技艺精湛。

上述几类部件，都使用了一种或两种以上的活性连接工艺，用以实现不同部位的安装与拆卸功能。大致上使用连接种类的多寡，取决于所连接部件本身的重量，或者被连接物所承载或连接部件的重量。轻质部件的安装步骤一般较少，如马鑣的安装；重量较大的部件的安装步骤与工艺会增多，如伞杠与伞座的连接，需要两大部位6种连接工艺才可固定。马缰与马靷类部件，因为牵引马匹的质量很大，也使用了多种活性连接工艺进行安装与加固。

三 结语

青铜马车部件的活性连接工艺，根据不同的功能需求，可分为两大类，即可活动连接与可拆卸连接。可活动连接工艺主要应用于马饰与马具中链条部位的连接，大致可分为子母扣连接、纽环连接、转轴与活铰连接、推拉式活动连接4种，同时每种又可细分为多种不同的工艺（图十五）。

子母扣连接是青铜马车中使用最为广泛的活性连接工艺，各类子母扣的工艺三要素都为子口、母口与贯轴。纽环连接使用了预制的金属丝进行器物的连接，可分为两类：一类中的纽环起到连接作用，将青铜马车中的金银管件串接成型；另一类纽环所使用的金属丝组成了链条。转轴与活铰连接主要使用在青铜马车的门窗中，实现门窗的开合；二号马车的侧窗，使用了推拉式活动连接，使得侧窗可以平行推拉开合。

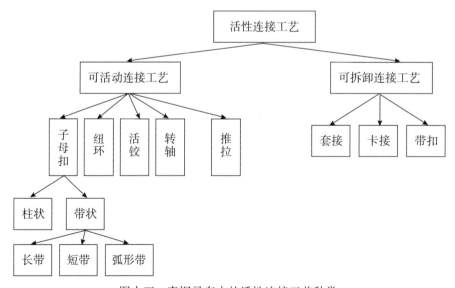

图十五 青铜马车中的活性连接工艺种类

一号青铜马车中，共计有 2761 个金、银、铜部件，其中绝大多数为马具、马饰等活动部件[13]。这些不同材质的金属部件与饰件，大多使用了子母扣连接，其余则通过转轴活页等工艺连接。可拆卸连接主要应用于马具与马饰的安装过程中，主要使用了套接、卡接与带扣工艺。根据安装部件自身或其所连接部件的质量大小，其所使用的可拆卸连接工艺的数量有所不同。总之，青铜马车可拆卸部件的装配中，部件质量越大，使用的连接工艺种类越多。

青铜马车各个基本部件制作完成之后，连接工艺是最为重要的技术，其重要性并不亚于铸造、锻造工艺。青铜马车中所使用的高温连接工艺（如焊接与铸接等），使得马车中的大型部件（如车舆、马体与御手俑等）被装配成型。而工匠通过逾千次重复使用本文涉及的这些活性连接工艺，先将细碎繁缛的金、银小节组装成为马饰、马具等小型部件，进而将这些部件装配在马车的相应位置，最终完成了马车的整体装配。

青铜马车中所使用的多种连接工艺，不仅实现了青铜马车的装配，更使其成为青铜时代金属连接工艺的集大成者。与商周时期使用先后铸等铸接工艺实现活性连接不同，青铜马车中的活性连接工艺几乎都发生在部件制作完成之后。在青铜马车之前或之后的青铜器中，都不曾使用过如此种类繁多的活性连接工艺。这些工艺的使用，使青铜马车不仅代表了秦时最高的青铜器生产水平，更成为我国古代金属连接工艺的典范之作，为进一步认识当时的金属工艺提供了充分的实物资料。

附记：本文在资料收集与撰写过程中得到陕西师范大学曹玮教授指导，西北工业大学杨军昌教授亦为本文提供重要意见，一并致谢！

---

[1] 秦始皇兵马俑博物馆、陕西省考古研究所：《秦始皇陵铜车马发掘报告》，文物出版社，1998 年，第 240~322 页。

[2] 湖北省文物考古研究所：《盘龙城——1963~1994 年考古发掘报告》，文物出版社，2001 年，第 194、198 页。

[3] 谭德睿：《商中期的提梁壶——中国古代艺术铸造系列图说之六》，《特种铸造及有色合金》，2007 年第 6 期。

[4] 苏荣誉，傅聚良，吴小燕等：《石门卣初探》，《湖南省博物馆馆刊》，2016 年第 1 期。

[5] 刘煜：《殷墟出土青铜礼器铸造工艺研究》，南方出版传媒，广东人民出版社，2018 年，第 249~251 页。

［6］Gettens R J. *The Freer Chinese Bronzes Volume IITechnical Studies* ［M］. Washington：Smithsonian Publication，1969. 88-90。

［7］朱凤瀚：《中国青铜器综论》，上海古籍出版社，2009 年，第 427~429 页。

［8］曹玮：《周原出土青铜器》，巴蜀书社，2005 年，第 928 页。

［9］秦始皇兵马俑博物馆、陕西省考古研究所：《秦始皇陵铜车马发掘报告》，文物出版社，1998 年，第 328 页。

［10］曹玮：《秦始皇帝陵出土二号青铜马车》，文物出版社，2015 年，第 430、401 页。

［11］曹玮：《秦始皇帝陵出土一号青铜马车》，文物出版社，2012 年，第 330~331 页。

［12］秦始皇兵马俑博物馆：《秦始皇陵铜车马修复报告》，文物出版社，1998 年，第 353 页。

［13］杨欢：《秦始皇陵出土青铜马车制作工艺研究》，陕西师范大学，2019 年。

原载于《自然科学史研究》，2020 年第 4 期

Making the First Emperor's Chariots – High–temperature Bronze Connection Technologies in Qin Dynasty China

Yang Huan, Li Jizhen, Tonia Eckfeld & Yang Junchang

Abstract: Since the discovery of two bronze chariots at Qin Shihuang's mausoleum in 1980, the technical methods used by skilled artisans to construct them has remained a question of scholarly interest. While the parts and joints of the chariots have been noted, the complex metal technologies used to assemble the chariots has not been analysed in detail. This article examines the high–temperature connection technologies used to assemble the around 5, 500 metal parts of the two chariots, and divides them into two major types: cast joints and welded joints. It categorises the cast joints, including embedded–casting and package–casting, and the welded joints as of three types based on different methods. Through examination of the bronze chariots, this study demonstrates that the Qin Dynasty built on Bronze Age technologies to reach new heights of excellence in a post–Bronze Age.

Key words: Mausoleum of the First Qin Emperor (Qin Shihuang Di), Bronze chariots, High–temperature connection technology, Cast joints, Welded joints

1. Introduction

Qin Shihuang Di (259–210 BCE) established himself as the First Emperor of the Qin dynasty in 221 BCE when, through strategy and military superiority, he ended the 250 year long Warring States period to create a single unified Chinese empire. When he died suddenly in 210 BCE, his body was buried near Mount Li (35 km east of present-day Xi'an) in a tomb which had already been under construction for more than three decades. In the first century BCE, Sima Qian, recorded in his Shiji (Records of the Grand Historian), that the objects interred in Qin Shihuang'sunderground palace-tomb were of extreme luxury. In 1974, Pit 1 containing terracotta warriors was discovered, and in 1987 the site became a UNESCO World Heritage Site. According to Conservation Planning of the First Emperor's Mausoleum[1], the scale of the whole mausoleum complex is 56.25 sq. km, containing more than 180 pits of various sizes.

In 1980, two half-sized bronze chariotswere unearthed, crushed but complete, in a pit to the west of the primary mound of the First Qin Emperor's Mausoleum. Restoration work was conducted jointly by the Qin Terracotta Warrior Archaeological Team, Terracotta Warriors Museum and Yellow River Machinery Factory, and revealed that the chariots' complex structure (Figure 1) marks a pinnacle of ancient Chinese metallurgical technology. Since their discovery and restoration, most scholarly attention has concentrated on the casting techniques used to manufacture the components of the chariots, with relatively little research into the connection methods used. The Bronze Chariots are the most complex bronze with the most connection techniques found in the world. These connection methods are key technical elements in the construction of the bronze chariots and warrant further investigation (Hou 1995: 89-93; Yuan 1995: 59-65)[2].

1   2

Figure 1. Two Sets of Large Painted Bronze Chariots

1. No. 1 Bronze Chariot (Cao ed. 2012: 14-15)[3]   2. No. 2 Bronze Chariot (Cao ed. 2015: 28-29)[4]

The book, 'The Bronze Chariots and Horses Unearthed from the Qinshihuang's Mausoleum – An Excavation Report', published in 1998 (Terracotta Warriors Museum et al. 1998)[5] has provided a detailed understanding of the technology of the bronze chariots, including in-depth research on the casting and connection technologies used, such as solder composition, connection methods, and metallographical observation. Recent studies comparing the technological features of the chariots' casting technology have changed the original view that bronze chariots were cast by piece–mould casting to the view that their hollowed components were cast by lost–wax technology (Yang 2019: 88 – 96) [6] . By contrast, until now, research on the connection technology had not made significant progress. This study demonstrates that in the Qin period, when all the chariot components weremade, a great deal of work was required to assemble thousands of pieces into one complete bronze chariot. Without a variety of connection technologies, it would have been impossible to construct these two well–designed chariots, and significantly, the connection technologies used involve more complicated and critical procedures than those applied in the initial casting technology stage.

The fabrication of Qin Shihuang's two chariots differs from that used to make traditional bronze vessels in China. During the evolution ofthe fabrication of Chinese bronzes in the Eastern Zhou period, new methods were gradually developed, including tenon–and–mortise casting, pre–cast and casting–on, and welded additions, to make more complex objects possible. The emergence of connection technology was vital to combining separately cast components into complex forms and objects. Without sophisticated metal connection technology, assembly of the two bronze chariots, containing a combined total of about 5, 500 diverse components, would not have been possible.

In order to properly understand the connection technologies, it is necessary to note the frequency of particular chariot components by material. Chariot One contains 1, 230 bronze pieces, 803 silver pieces, and 728 golden pieces (2, 761 pieces in total). Chariot Two contains 1, 109 bronze pieces, 830 silver pieces, and 746 golden pieces (2, 685 pieces in total) (Yang 2019: 39–43) [7] . The numerous components and multiple materials correlate with the complexity of connection technologies and wide–ranging challenges in assembling the chariots.

This article identifies and classifies the connection technologies adopted in making the chariots using systematic observation of connection evidence. While contributing to the understanding of Qin and ancient bronze technology, importantly, this study may also provide clues to technological exchange between China and other civilizations during the Bronze Age.

In undertaking this research, the authors divided the connection technologies into two categories: high–temperature connection and cold connection. High–temperature connection refers mainly to the technologies where metal is melted during the process, while cold connection refers to those mechanical connections without temperature change [8] . This article confines its discussion to the category of high-temperature connection technology used in the chariots.

High-temperature connection technology used in the chariots consists mainly of cast joints and welds. 'Cast joints' are those where two or more components are connected by pre-cast and cast-on techniques, and 'weld joints' where two or more components are pre-cast separately then connected by another metal (solder). Gettens distinguishes these two technologies by identifying the presence or not of solder in the middle of two joins (Gettens 1969: 77-88)[9]. Su Rongyu defines the cast joint as completed during the forming process of the vessel or its appendages, with the weld joint occurring when two or more components are welded together after previous manufacture (Su ed. 1995: 321)[10]. Because components to be welded were pre-cast, according to Zhang Changpingthe whole process contains at least three pour activities. He also claims that the cast joint pours into one component after it is made by pre-cast or casting-on with only two pouring activities (Zhang 2018: 88-98)[11].

2. Connection technologies

Scholars identify the cast joint and the weld in terms of manufacturing processes, metal composition and casting activities. The following provides examples of these two technologies as applied in the manufacture of ancient artifacts.

2.1 Cast Joint

Cast joint refers to the connection process of components using a heat fusion method known as pre-cast and cast-on in the Shang Period (Hua 1999: 113-115; Liu 2019: 254-273)[12]. An example is the Si Yang Fang Zun (a wine vessel in the Shang period, very famous for its four delicate high relief sheep heads outside the neck), made using 20 affiliated pre-cast components that had been insertedinto the mould to be cast together with the main body (Gettens 1967: 205-217)[13]. As Liu Yu points out, it was separate casting combined withthe cast joint that made it possible to cast such delicate and complicated bronzes in the Shang (1600 BCE - 1046 BCE) and Zhou (1046 BCE - 256 BCE) dynasties[14]. Cast joints in the main body of the Qin chariots include embedded casting and package casting, enabling the creation of complicated structures which were strong and firm compared to their Shang and Zhou precursors.

2.1.1 Embedded Casting

Embedded casting, was adopted extensively to connect components of the chariots that could not be cast at one time. By this method, pre−cast components were embedded into theinner cavity of the main body's mould, with the components then connectedby additional casting activities. Mature embedded casting can be seen in the connection of ears or handles of vessels of the late Shang period and (Zhang 2012)[15]. In the Zhou period, it appears in the embedded casting of pre−cast legs with the main body of vessels, such as ding.

This is apparent in the wheels, for example, where there are noticeable traces of molten metal having flowed from the hub to the spoke at the joint spot (Figure 2, 1), and in the rectangular form left by the molten metal at the edge of the spokes (the groove marked by the white arrow). Some spokes were broken when unearthed, but the connectingstructure of the spokes and hub retained their form to reveal their good original connection. Embedded casting was also used to make the horses' golden forelock ornaments, and golden and silver phalerae (decorative metal bosses). The golden and silver components with higher melting temperatures were cast first and then embedded through the back side of the bronze plate in a second casting (Figure 2, 2).

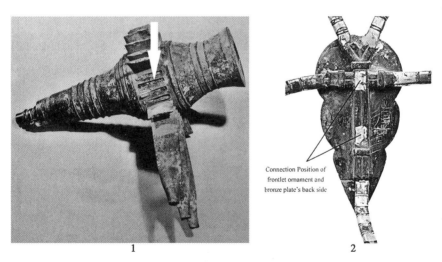

Connection Position of
frontlet ornament and
bronze plate's back side

1   2

Figure 2. Technology Details of Embedded Casting
1. Technology Detail of Spoke and Hub (Terra−Cotta Warriors Museum 1998: Plate 96)[16]
2. Technology Detail of Back ofFrontlet Ornament (Cao ed. 2015: 312−314)[17]

2.1.2 Package Casting

Package casting isthe connection by casting of two or more previously cast components wherethe components needed to remain distinct. In the chariots, thiswas used for both decorative and connectivefunctions. Examples of package casting used to connect different chariot components include: the cast belt−wrapped pattern at the joint of yoke and croobar, the croobar and shaft, the shaft and front and rear zhen, the shaft and axle, the zongguang (the latitude frame of the chariot's bottom) on the bottom of axle, the futu (an object between the axle and the bottom of the chariots to fasten the connection) and bottom of the carriage (Figure 3, 1).

There is a belt-wrapped pattern at the joint of yoke and croobar. Careful observation shows that the croobar and the shaft were separately cast, with the pattern then packaged around the joint. Additionally, the pattern serves to connect the silver hoop, shaft and croobar (Figure3, 2). The pattern's designindicates that it was based on actual connection materials, such as cloth, rope, leather, used in real chariots.

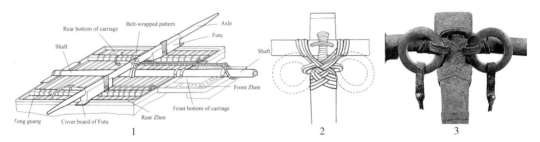

Figure 3. Details of Package Casting Technology

1. Connection of Package Casting on the Bottom of Carriage of Chariot Two

2, 3. Detail of Package Casting at the Joint of Shaft and Croobar

2.2 Weld joint

Weld joint technology in the Chinese Bronze Age employed both hard solder and soft solder. These two welded joining technologies have different origins and different welding temperatures. Hard solder, or braze/high-temperature solder, used copper-tin alloys while the soft solder used lead-tin alloys (Su 1995: 322)[18]. According to Zhang Changping's research, hard solder initially appeared in the Shangand Zhou period as a method of connection technology, and was replaced by soft solder in the late Spring and Autumn Period (576 BCE——477 BCE) (Zhang 2018: 88-98)[19]. Su Rongyu asserts that soft solder first emerged in the Chu State at the turn of Middle and Late Spring and Autumn Period (670 BCE——450 BCE). The Chu-style bronzes unearthed in Xiasi Village, Xichuan County, commonly used soft solderto connect different components (Henan Provincial Institute of Cultural Heritage 1991)[20]. The bronzes unearthed from the tomb of Marquis Yi of Zeng State also made extensive use of soft solder to connect the body of vessels with affiliated components (Hubei Provincial Museum 1989: 645)[21]. Based on Su's analysis, the strength of soft solder is far lower than of hard solder (Su 2015)[22] . Table One summarizes the difference.

Table One: Comparison of Hard Solder and Soft Solder

	Hard Solder	Soft Solder
Period	Shang and Zhou Periods	Spring and Autumn, and Warring States Periods
Temperature	High	Low
Solder Composition	Copper and Tin	Lead and Tin
Strength	High	Low

Welding is the most common of all connection technologies used in the chariots, as it was suited to the large number of components and the complicated fabrication involved. Based on their complexity, welding techniques can be divided into three types: direct welding, double welding, and triple welding.

2. 2. 1 Direct Welding

Direct welding in this article refersspecifically to the method of connecting chariot components by hard solder. Testinghas revealed that the most common type of copper-tin alloy hard solder was used on the chariots (Terra-Cotta Warriors Museum 1998)[23] . Based on observation and metallographic analysis of the joints, the two components connected by direct welding were heated before welding.

The main components of the carriages, bronze horses and the charioteer made extensive use of brazing in the connection of their parts. As the main components of these are force-bearing, hard solder (rather than soft solder) was deliberately employed by craftsmen to achieve adequate strength. This explains why, when the chariots were crushed under the weight of soil, the casting components were largely broken while the welded parts remained intact; it also demonstrates the high quality connection qualities of the hard solder. Where there were seams between two close components, a simple mould was made on both sides of the seam, then particular amounts of molten copper-tin poured into the mould to fill seams and finish the welding process (Nan 2017: 98)[24] .

Of all the components where hard solder was used, the bronze horses and the charioteer are the largest and most important. Current investigations indicate that the four limbs of the horses werepre-cast and then welded on the horse bodies; the head, hands and legs of the charioteer were cast separately, then welded together. The main body of the chariots reveals a large number of hard solder connections, such as the connection of the shi (a kind carriage board) and cover board of Chariot One (Figure 4) (Terracotta Warriors Museum et al. 1998: 257)[25] .

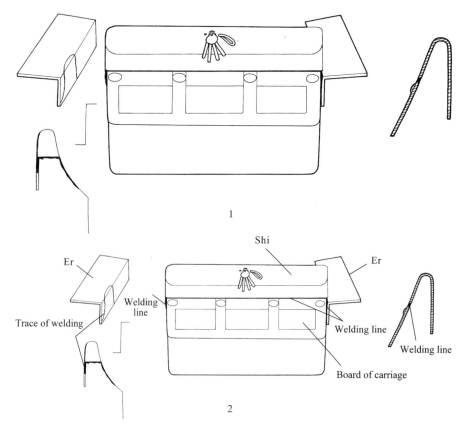

Figure 4. Welding Detail of the Shi and Cover Board of Chariot One

2. 2. 2 Double Welding

Double welding generally has three types: (ⅰ) cut joints, connected by pouring bronze-tin hard solder at the position of the joints; (ⅱ) repair patches, used to reinforce connections following high-temperature hard soldering; and (ⅲ) tenon-and-mortisejoints strengthened and stabilized withthe pouring of hard solder.

(ⅰ) Welded Cut Joints

This technique requires cutting or gouging a groove in one of the components before welding two or more components to the groove by filling it with molten alloy. Welded cut joints were used in Chariot Two to connect the canopy frame to the boards of the body of the carriage. There are 38 junctions around the top of the carriage boards, formed of 18 ribs on each side of its canopy and two ridges. The joints reveal that before connection, craftsmen cut grooves into each of the 38 joints at the top of the boards forming the body of the carriage. Because of the different diameters and shapes of the canopy ribs, rectangular grooves were used at the ridge connections and semi–circular grooves to connect the bows. Traces of solder filling still remain in these grooves (Figure 5).

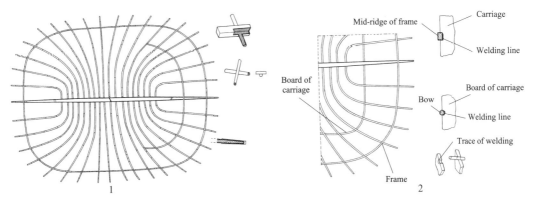

Figure 5. Connection Details of the Frame of the Canopy and the Top Boards of Chariot Two

Upon discovery, most of the ribs of Chariot Two had fallen out of their grooves with only a few remaining in position. Some joints were still strong while others had worked loose. Of the sections of the grooves connected to the ribs, the shallower ones had fallen off but those more deeply embedded did not. The boards ofthe carriage are at different heights, a discrepancy that explains the variation in the diameters of the grooves. The specific method used was to chisel grooves in the top of the bodyboards, slightly larger than the bows then insert the ends of ribs into the grooves. When this had been done, molten bronze alloy was poured in to connect the frame of the canopy securely to the the boards of the body of the carriage (Terra–Cotta Warriors Museum *et al.* 1998: 283–284)[26].

(ii) Strengthening after Welding with Repair Patches

Some scholars believe that molten bronze alloy was traditionally used to fill upcasting defects, such as large depressionsor roughness caused by casting. Traces of repairs can be found throughout the chariot components (Hou *et al.* 1995: 89–93)[27]. In contrast to the traditional method above, artisans repaired surface defects on the bronze chariots using patches with prefabricated bronze pieces rather filling directly on to the surface. Patches were alsoapplied extensively over surface defects in the lost–wax produced components of the chariots (Yang 2019: 88–96)[28]. Combined with welding patches had the additional benefit of reinforcing the strength of components.

The shi of Chariot Two exemplifies how patches were used. The shi is connected by a fold on the inner–side of the boards forming the front of the carriage. The join line is 72cm long and

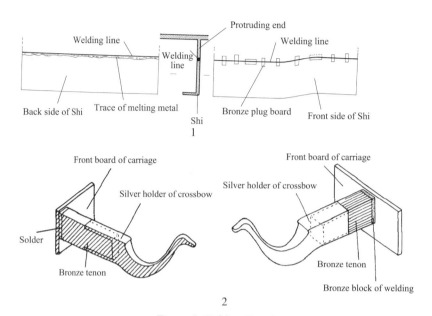

Figure 6. Welding Detail

1. Technological Detail of the Shi and Front Board of Chariot Two

2. Technological Detail of Silver Holder and Front Board

0. 4cm wide. A 9cm jointsline was preserved when unearthed. The alloy composition of the joints is 81. 8% copper, 12. 0% tin and 1. 4% lead, typical for high–temperature brazing. Nine repair patches were unevenly distributed along the front of the weld line between the shi and the boards, apparentlyto reinforce the strength of the weld (Figure 6. 1) (Terra–Cotta Warriors Museum *et al.* 1998: 277, 280)[29].

(iii) Tenon–and–Mortise and Brazing

Tenon–and–mortise andbrazing were used widely in the construction of the chariots. Examples of this technique are the carriage floor framework and the main bodies of the chariots, and the connection of the silver crossbow holder to the boards at the front of the carriage (Terra–Cotta Warriors Museum *et al.* 1998: 262)[30] were all accomplished using (Figure 6. 2, 3).

The sophistication of the tenon–and–mortise with brazing technique is demonstrated in a quiver attached to the outside left of the body of Chariot One. It is 36cm long, 7cm wide and 2. 9cm thick with decorative silver pieces 0. 2cm thick. Three hoops cast on the surface of the quiver to hold its front and two sides together (Figure 7) (Cao ed. 2012: 145)[31]. The quiver had fallen off the body of the carriage and was broken when unearthed. It had been made using the integral casting technique and the three bands were a second package casting, later connected to the carriage by the tenon–and–mortise method. After this, the molten bronze alloy was poured into the joint to make sure that it was solid (Terra–Cotta Warriors Museum *et al.* 1998: 261)[32] .

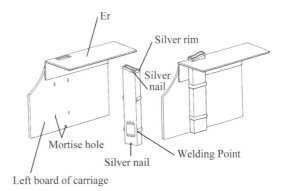

Figure 7. Connection Detail of the Quiver and the Carriage of Chariot One

2.2.3 Triple Welding

Triple welding combines cut joints, high–temperature hard solder and repair patches. The carriage boards and jiao of Chariot One were connected by a triple welding connection. The jiao was attached to the outer side of the boards with a 27X5 sq cm interface. In and between six semi–circular grooves on the top of both the jiao and the boards there were small blocks of bronze alloy, with chunks of molten bronzebetween the jiao and the boards, and repair patches distributed unevenly along the seam surface (Figure 8) (Terra–Cotta Warriors Museum *et al.* 1998: 256)[33] .

Repair patches can be observed at theconnection joints of other components of the Chariots, indicating that they were not only used to repair defects, but also to increase the strength of the connections. In the connections between the jiao and the boardsof chariot two, the Qin craftsmen employed three different techniques consisting of 10 patches, 6 grooves and hard solder to connect the two parts very securely. The boards of the body of the carriage were broken when unearthed, but the connection joints had remained intact, revealing the stability and metallurgical expertise of the triplw welding connection method.

2.3 Analysis of the Composition of the Solder and Weld Technology of the Chariots

Careful analysis of the solder and the bronze components reveals that not only was high–temperature brazing used in the construction of the Chariots, but that the composition of the solder was highly consistent throughout.

Analysis of the solder composition and examination of the metallography of the weldedcom-

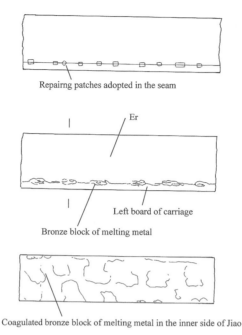

Repairng patches adopted in the seam

Er

Left board of carriage

Bronze block of melting metal

Coagulated bronze block of melting metal in the inner side of Jiao

Figure 8. Connection Detail of Jiao and Boards of Chariot One

ponents of Chariot One have provided a clearer understanding of the high-temperature solder used. Five samples taken from different parts of Chariot One have been tested (Table 2) with barely any difference evident between the composition the solder and the welded components, indicating the possibility of the melting and fusing of the welded components. Although this technique could have threatened the integrity of the components, in fact, it succeeded to some degree in reinforcing the strength of the welds.

Table 2: Analysis of Welded Components and Solder Composition of Chariot One (Terra-Cotta Warriors Museum et al. 1998: 414) [34]

No.	Name of Component	Composition			Sampling Location
		Copper%	Tin%	Lead%	
1	Cover board	88.0	10.0	2.0	the seam close to the junction between cover board and front board
2	Top of jiao	88.0	9.0	2.6	the junction between upper of right jiao and right board
3	Solder	85.6	13.0	1.5	solder at the junction between lower right shi and right board
4	Solder	88.3	10.6	1.2	solder of the junction between the bottom of front board and front crossboard
5	Frontzhen	88.1	10.2	1.7	zhen (the frame under the carriage)

Traces of casting technology have also been revealed in metallographic analysis of these components. Sample One was taken from thecover board, close to the articulation between the cover board and front board. In the Sample Two test, part of the jiao, was selected from a position between the upper right jiao and the right side board. Analysis of the metallurgical structures shows that both samples were annealed to a certain extent, and the eutectoid phase (α + δ) showspartial fusion. The eutectoid phase (α + δ) of Sample Two was originally distributed between dendritic crystal and the thinner parts disappeared after annealing. Therefore, the phase (α + δ) of Sample Two became granular–shaped, indicating that the area around the welding seam had been heated for a long time (Figure 9).

Sample Three and Sample Four are solders. Sample Three was selected from the joint between the lower right section of the shi and the right side board. Sample Four was picked out from the joint between the front board and front zhen. The solder of Sample Four had not fused. Examination reveals that the metallographic differences between these two samples can be attributed to their different cooling rates. SampleFour cooled faster than Sample Three. The welding temperatures must have been fairly identical during welding, but the cooling rates differed because of the different preheating temperatures of the welded components. The metallographic differences between SampleThree and Sample Four reveal that the components were preheated before welding, but to slightly different degrees (Terra–Cotta Warriors Museum *et al.* 1998: 414)[35].

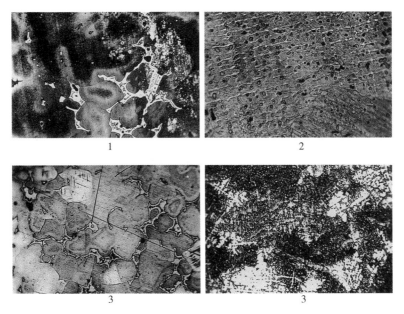

Figure 9. Metallographic Structures of Welding Components of Carriage of Chariot One

1. Sample One 200×   2. Sample Tow 200×   3. Sample Three 200×   4. Sample Four 200×

It is possible to identify the welding process of the components of the chariots as follows: first, after being polished, cleaned and heated, the components were welded with solder. Further burnishing was carried out after the welding had been completed. This deduction is based on the tiny equiaxed crystals in the metallographic structures of the solder. Turning to the welding technology, the brazing process of the chariots was essentially the same as that used on bronze vessels, however, different solder was used. From the Spring and Autumn and Warring States Periods on, soft solder was commonly used in the welding of bronze artefacts, such as, the vessels unearthed from the Tomb of Marquis Yi of Zeng State (Hubei Provincial Museum 1989: 645)[36]. The craftsmen welding the chariot components changed the technology from soft solder to hard solder made of the same materials as the components themselves. What prompted this technological innovation remains unknown.

3. Conclusion

This article analyzes high-temperature connection technologies used to construct Qin Shihuang'stwo bronze chariots. All the classifications of high-temperature connections can be seen from the figure. (Figure 10). It can be seen that a large number of high-temperature connection technologies, such as cast joints and welding, wereadopted to connect the main components of the chariots.

Figure 10. High-temperature Technology of the Chariots

Cast joint technology originated from pre-cast and casting-on technology in the Shang and

Zhou periods, which, importantly, had developedthe characteristics of double casting andtriple casting techniques. Cast jointsin the chariots include embedded casting and package casting. Embedded casting involved placing pre–cast components inside the mould of the casting–on component. Package casting was suitable for connecting two or more components, that played a role in both connection and decoration, while manifesting the texture of connection materials used in real chariots. The result was a cast joint with high strength and stability, and a realistic appearance.

This section has summarized the types ofand the positions at which welding technology was applied in the construction of the bronze Chariots (Table 3). Among them, direct welding was the most common technique. The connections between the many thin plates, the bronze horses and charioteers were all made using direct welding. Double welding was also widely adopted, using three distinct techniques – cut joints, tenon–and–mortise and repair patches – combined with brazing. So far, triple welding has only been found inthe connections between the Jiao and the Er of Chariot one. This process entailed welding, cutting the joints and bronze patches to connect the components and the components assembled using it were still firmly attached when unearthed.

Table 3: List ofPartialWelding Components and Welding Methods Used in the Chariots (Terra–Cotta Warriors Museum et al. 1998: 244–293) [37]

Component Being Welded	Welding Method	Note
Fei ling bronze patches (three patches)	Direct welding	Welding on the top and chains 1
Bronze pole inside the yoke, and Yoke	Direct welding	1
Board and Zhen (the structure of the frame of the under– carriage)	Welding + Tenon–and–Mortise	1, 2
Semicircular corner post and Zhen	Direct welding	1 Traces of Molten Bronze
Tailboard and rear Zhen	Direct welding	1
Tailboard and side boards	Direct welding	1
Jiao and Board	Welding + Grooving + Repair Patches	1 Triple Welding
Shi and Jiao	Direct welding	1
Cover board and Shi	Direct welding	1
Cover board and front board	Welding + Tenon–and–Mortise	1

Component Being Welded	Welding Method	Note
Shaft and front and rear Zhen	Welding + Tenon-and-Mortise	1 Package Casting
The box for the shield, board, the floor of the carriage	Welding + Tenon-and-Mortise	1
Quiver and the carriage	Welding + Tenon-and-Mortise	1
Sui and Shi	Welding + Tenon-and-Mortise	1
Cover board, Er of chariot and board	Welding	2
Jue na bronze patches and cover board	Welding	2
Shi and board	Welding + Repairing Patches	2
Double-layer bronze patches of frames of left and right windows	Welding + Tenon-and-Mortise	2
Frames of the canopy and board	Welding + Grooving	2
Cap and head, end and chamber of terra-cotta figure	Welding	1, 2
Head and neck ofthe charioteer	Welding	1, 2
Hand and sleeve ofthe charioteer	Welding	1, 2

Observation of the metallography of the welded components has revealed that the components were heated to a high-temperature before welding, but also that different components could be heated to different temperatures. The craftsmen devised different welding methods to suit the required strength of the connections between the components. Whether their connection was achieved by single direct welding, welding after cutting the joints or repair patches, the components were tightly fitted and firmly connected. In a nutshell, the welding technology used in the construction of the Chariots displays the following characteristics: identity, diversity, compositeness and firmness.

Identity: this characteristic is reflected in the composition of the solder. Examination has shown no apparent distinction between the solder composition of the welding and the components of the carriage; they are both a copper-tin alloy. Interestingly, this does not correspond to the "Liu Ji" (six formulae of bronze alloys) recorded in ancient Chinese work "The Rites of Zhou".

Diversity: This refers to different brazing technologies adopted in the construction of the Chariots, involving direct brazing, double high-temperaturebrazing and triple high-temperature brazing.

Compositeness: This refers to the combination of brazing and other technologies. This composite can be a combination of two types, for instance, brazing and tenon–and–mortise, brazing and repair patches, or a combination of all three types, like brazing, cutting the joints and repairing patches.

Firmness: The Chariots and their components have been very solidly and firmly constructed and connected, using the welding technologies and methods mentioned above. Althoughthe bodies of the Chariots were broken when unearthed, many of the components to which hard solder had been applied were still extremely well connected.

The high–temperature connection technologies, like cast joints and welding, wereused extensively to assemble all the components into one entire chariot. These connection technologies are no less important than the casting technology. Their mastery was the skill which allowed the Chariots to be manufactured as separate components and eventually assembled into one whole chariot. Furthermore, almost all the metal high–temperature connection technologies of the Bronze Age can be detected and appreciated in the Chariots; true representatives of the exquisite metal technology of the Qin Dynasty. In addition, as their connection technologies display the greatest expertise and highest skills available in the Bronze Age, the Chariots are masterpieces of the metal connection technology of the Bronze Age, that occupies a pivotalrole in the history of world metallurgy.

[1] Shaanxi Cultural Heritage Conservation Center of Xi'an University of Architecture and Technology &Shaanxi Ancient Architecture Design Institute & Shaanxi Academy of Archaeology. 2010. Conservation Planning of the First Emperor's Mausoleum (RD). 2010: P2.

[2] HOU, J. R. & Q YANG. 1995. The casting techniques of the bronze chariots and horses from Qinshihuang's tomb. *Acta agriculturae boreali – occidentails sinica* (*supplement*) 1995 (23): 89–93.

Yuan Z. Y. & X. H. CHENG. 1995. The structure and casting technology of bronze chariots from Qinshihuang's tomb. *Acta agriculturae boreali – occidentails sinica* (*supplement*) 1995 (23): 59–65.

[3] Cao W. (ed.). 2012. *No. 1 bronzechariot unearthed in Emperor Qinshihuang's mausoleum.* Beijing: Wenwu Press. 2012: 14–15.

[4] Cao W. (ed.). 2015. *No. 2 bronze chariot unearthed in Emperor Qinshihuang's*

mausoleum. Beijing: Wenwu Press. 2015: 28-29.

[5] Terra-Cotta Warriors Museum & Shaanxi Provincial Institute of Archaeology. 1998. *Excavation report of bronze chariots unearthed in Emperor Qinshihuang's mausoleum*. Beijing: Wenwu Press.

[6] Yang H. 2019. New discovery on the casting technology of bronze chariots unearthed in Emperor Qinshihuang's mausoleum. *Wenwu Cultural Relics* 2019 (4): 88-96.

[7] Yang H. 2019. Research on the casting technology of bronze chariots unearthed in Emperor Qinshihuang's mausoleum. Unpublished PhD Dissertation, Shaanxi Normal University. 2019: 39-43.

[8] Yang H. 2020. A Study on the Moveable Parts Technology of Bronze Chariots Unearthed from the Qin Shihuang Mausoleum. *Studies in the History of Natural Sciences* 2020 (4): P439-452.

[9] GETTENS, R. J. 1969. *The Freer Chinese bronzes volume II technical studies*, Washington: Smithsonian Publication. 4706, 1969: P77-88.

[10] SU, R. Y. (ed.). 1995. *The metal technology of early ancient China*. Shangdong: Shandong Science and Technology Press. 1995: P321.

[11] ZHANG, C. P. 2018. The technical tradition of soldering during the casting of Shang and Zhou bronze ritual vessels. *Kaogu* 2018 (2): P88-98.

[12] HUA, J. M. 1999. *The Metal Technology of Ancient China*. DaXiang Press. 1999: 113-115; LIU, Y. 2019. *The Casting Technology of Bronze Ritual Vessels Unearthed in Yin Ruins*. Guangdong: Guangdong People Press. 2019: 254-273.

[13] GETTENS, R. J. 1967. Joining methods in the fabrication of ancient Chinese bronze ceremonial vessel, *Application of science in examination of works of art* (*Museum of Fine Arts, Boston*) 1967: 205-217.

[14] LIU, Y. 2018. The separate casting technique of bronze from Yin ruins. *Zhongyuanwenwu* 2018 (5): P82-89.

[15] ZHANG, C. P. 2012. The technical development of bronze moulds from Erligang Culture to Yin Ruins Culture, *Bronze and Culture of Fang Guo* (*Local Polities*) ——*Zhang Changping's Collection*. Shanghai People's Press.

[16] Terra-Cotta Warriors Museum. 1998. *Excavation report of bronze chariots unearthed in Emperor Qinshihuang's mausoleum*. &*Restoration report of bronze chariots unearthed in Emperor Qinshihuang's mausoleum* (*plate ninety-six*). Wenwu Press.

[17] Cao W. (ed.). 2015. *No. 2 bronze chariot unearthed in Emperor Qinshihuang's mausoleum.* Wenwu Press. 2015: 312-314.

[18] SU, R. Y. &HUA, J. M. 1995. *The metal technology of early ancient China.* Shandong: Shandong Science and Technology Press. 1995: P322.

[19] ZHANG, C. P. 2018. The technical tradition of soldering during the casting of Shang and Zhou bronze ritual vessels. *Kaogu* 2018 (2): P88-98.

[20] Henan Provincial Institute of Cultural Heritage. 1991. *The tomb of Chu state of Spring and Autumn Period unearthed in Xiasi Village, Xichuan County.* Wenwu Press.

[21] Hubei Provincial Museum. 1989. *The detection of chemical composition of low melting point solder used in the tomb of Marquis Yi of Zeng state.* Wenwu Press. 1989: 645.

[22] SU, R. Y. 2015. The soft solder used in early bronze production of China——the mechanism of new technology and its integration with tradition. *The Fifth China–Japan International Conference on History of Mechanical Technology and Mechanical Design.*

[23] Terra–Cotta Warriors Museum. 1998. *No 1 Bronze Chariot from the First Emperor's Tomb.* Cultural Relics Publishing House, 1998.

[24] NAN, P. H. 2017. The casting technology of bronze production of Jin state of Spring and Autumn period. Unpublished PhD Dissertation, University of Science and Technology Beijing. 2017: P98.

[25] Terra–Cotta Warriors Museum & Shaanxi Provincial Institute of Archaeology. 1998. *Excavation report of bronze chariots unearthed in Emperor Qinshihuang's mausoleum.* Wenwu Press. 1998: 257.

[26] The same as endnote (25). 1998: 283-284.

[27] HOU, J. R. & Q YANG. 1995. The casting techniques of the bronze chariots and horses from Qinshihuang's tomb. *Acta agriculturae boreali – occidentails sinica (supplement)* 1995 (23): 89-93.

[28] Yang H. 2019. New discovery on the casting technology of bronze chariots unearthed in Emperor Qinshihuang's mausoleum. *Wenwu Cultural Relics* 2019 (4): 88-96.

[29] The same as endnote (25). 1998: 277, 280.

[30] The same as endnote (25). 1998: 262.

[31] Cao W. (ed.). 2012. *No. 1 bronzechariot unearthed in Emperor Qinshihuang's mausoleum.* Beijing: Wenwu Press. 2012: 145.

[32] The same as endnote (25). 1998: 261.

［33］ The same as endnote （25）. 1998：256.

［34］ The same as endnote （25）. 1998：414.

［35］ The same as endnote （25）. 1998：414.

［36］ Hubei Provincial Museum. 1989. *The detection of chemical composition of low melting point solder used in the tomb of Marquis Yi of Zeng state.* Wenwu Press. 1989：645.

［37］ The same as endnote （25）. 1998：244－293. P. S. 1 and 2 refer respectively to No. 1 bronze chariot and No2. bronze chariot.

原载于《AICCM Billuct》，2021 年

基于标准差分析的秦始皇陵青铜
马车零部件生产工艺研究

杨　欢　杨军昌　姜春萌　杨　戬

摘　要： 此项研究分析评估了秦始皇陵出土青铜马车零部件尺寸、金属成分配比的标准化程度。研究发现，青铜马车同类型零部件外形尺寸标准差与平均值的比值都保持在 2% 以内；青铜部件的铜含量标准差在 3% 以内，器物成分高度统一。马车的青铜部件都为铜锡二元青铜，从小型饰件到大型部件，从薄板部件到青铜焊液，大致都含有 10% 左右的锡，90% 的铜。马车零部件的外形尺寸与器物成分的同一化，表明秦始皇统一六国后存在着高度标准化的社会生产。

关键字： 青铜马车　尺寸　成分　标准化研究

1980 年，秦始皇陵封土西侧出土两乘青铜马车。马车在出土并完成修复后，因其体型庞大，单乘重量超过 1 吨，成为我国现存体量最大的青铜器。青铜马车结构复杂、形制完备，制作工艺精湛，是了解秦时期车马制度、生产组织、金属工艺等方面的重要切入点。关于青铜马车研究颇多，学者对马车结构、形制、工艺、性质、纹饰等方面研究都有涉及，取得了较多研究成果。纵观前人研究，青铜马车结构部分的研究已趋于完备[1]；纹饰也大都追溯到文化来源，如楚文化[2]；制作工艺的研究中，目前学者认为青铜马车与同出于秦始皇陵的青铜水禽一样，主体使用失蜡法铸造而成[3]。

　　这些重要问题的解决，使人们逐步认识先秦时期的生产与工艺。从现有考古资料与文献记载可见，先秦时期社会生产要求颇高，加之马车的制作是一项复杂任务，需要多个不同工种的工匠配合才能完成。《周礼·考工记》云："故一器而工聚焉者，车为多。"即轮人为轮、轮人为盖、舆人为车、辀人为辀。此外，对车的每一部分尺寸进行了详细地规定，如"轮人为盖，达常围三寸，楻围倍之，六寸……""舆人为车。轮崇、车广、衡长，三如一，谓之三称……""辀人为辀。辀有三度，轴有三理……"这些规定是否合乎实际，在青铜马车的研究中，找到了答案。

研究表明青铜马车严格按照秦车的二分之一比例制成，这些统计数据包括当时秦人的平均身高、秦车的长宽以及马匹骨骼等的对比（表一）[4]。这一制作比例表明，秦时期的马车生产中确实存在着严格的外形要求。由此引发学界对青铜马车零部件精度的思考，若无严格的生产控制，这两乘马车不可能在制作比例上达到精确的二分之一。青铜马车同类部件在生产中是否采用了统一的规格，以及秦时期标准化生产水平等问题，都值得系统研究与分析。

表一　青铜马车部件与秦陵兵马俑出土同类器物的比值

	人（身高）（厘米）	马（厘米）		车（厘米）					
		身长	通肩高	轮径	轨距	辁		弩	
						宽	厚	弩臂	弩弓
秦陵（兵马俑）出土	168	206	132	135	190	6	5	76	147
青铜马车	84.5	106.5	66.2	66.7	95	3	2.5	39.5	70.2
比值	1.99	1.93	1.99	2.02	2	2	2	1.92	2.09

除了马车制作，秦时期对各类手工业者所制作的器物都有严格要求，《睡虎地秦墓竹简·秦律十八种·工律》中记载："为器同物者，其大小、长短、广亦必等"[5]。实际生产中是否能达到这一要求，还需要进行数据层面的研究。秦始皇陵出土诸器，代表了秦时期最高生产水平，关于秦始皇陵出土青铜器的标准化问题，引发了学界较多关注。

袁仲一等学者对青铜马车中的部件进行了标准化水平的研究，认为铜车、铜马、铜俑等文物，均符合标准化生产工艺[6]。杨青仔细地考证了秦陵出土青铜马车与木车上的453个部件，认为在秦代产品质量的标准化有了很大的发展[7]。李秀珍等以俑坑出土的青铜弩机为例，通过大量的测量数据进行统计学分析，评估当时大规模生产中的标准化程度[8]。

上述研究从不同角度论述了秦时期的标准化生产水平，具有重要的参考意义，但关于青铜马车的研究并未给出具体的数据比值，也缺乏对器物整体标准化水平的统计以及器物金属成分的数据分析。青铜马车是秦时期手工业生产的代表作，对于其部件标准化的研究，有助于从数据层面认识当时的社会生产水平，观察马车部件是否如《周礼·考工记》所载不同部位与位件，有规定尺寸。本研究通过对青铜马车中的同类器部件，如铜马、银镳等的外形尺寸、青铜部件成分等几个方面的数值分析，从而整体评估青铜马车生产中的标准化水平。

一 马车零部件尺寸标准化水平研究

按照器物功能与精度要求，青铜马车中的零部件可大致分为两类。第一类部件对尺寸的精度要求高，必须做到一定的尺寸才可以与其他的零部件装配，如车轮的辐条。另外一类部件对尺寸的要求不高，如青铜马车鞍具中的银镳等。与第一类相较第二类部件的标准化程度更能体现出当时的生产水平。

1. 车辐与盖弓帽

以二号青铜马车辐条为例，轮的轮毂与轮牙之间装有 30 根车辐。辐的形状、粗细一致，辐长 20.1 厘米，其中股长 11.5、骹长 9.5 厘米；骹宽 1.5~3.3、厚 0.25 厘米，骹径 1.1 厘米（图一，1）[9]，车辐上不同部位的尺寸几乎没有差别。因辐条两端连接在轮毂与轮牙中，故只统计其在轮牙与轮毂之间这部分的长度，辐条在铸造后，为了安装于轮毂与轮牙之间，应该要进行大量的铸后加工来保障长度的一致性。此外，辐条近牙一端为骹，圆柱体；近毂一端为股，扁平体（图一，2）。骹与股的分界在装配时并没有严格要求，但二号车每个车轮的 30 根辐条的骹、股长度也都保持了统一，长度分别为 9.5、11.5 厘米。从数据可以看出，辐条不同部位外形尺寸趋于高度标准化。

二号青铜马车车盖上使用了 38 件银质盖弓帽，用来钩挂并固定盖衣。38 件盖弓帽形制大小相同，均呈口大底小的圆筒形（图一，4）[10]。具体尺寸为：长 3.5、口部外径 0.8、内径 0.7、末端径 0.6 厘米，在毫米这一级单位中，38 个盖弓帽的尺寸没有差别[11]。杨青对一号青铜马车盖弓帽进行了测量，发现其纳盖弓一端的最大外径为 8.87 毫米，最小为 8.17 毫米，平均值为 8.465 毫米，标准差为 0.169 毫米，标准差与平均值的比值仅为 1.9%。可以看出，即使在高测量精度下，弓盖帽仍然保持非常高的标准化程度。

上述两种器物都对尺寸精度要求较高，车辐需要与轮牙、轮毂连接，盖弓帽则需承纳盖弓。这类器物的尺寸都与整车装配相关，理应达到相当的制作精度。

2. 银镳与银环

每套马勒上都装配有形制大小相同的银质马镳两件，银镳连接马络、承装铜衔，并防止其在马口中左右滑动。银镳整体为均匀的弧形细条，分置马口两侧，并贯穿于马衔两端的铜环中。两辆青铜马车共有 16 个银质马镳，出土时均保持完整状态。这些银镳外形尺寸相当，一号青铜马车的银镳垂线长 15.2、宽 0.9、厚 0.6 厘米，二号青铜马车的银镳整体弧线长 17、垂线长 15.2、宽 0.9、厚 0.6 厘米。距两端各 5 厘米处有两个扁孔，用以连接两条勒带（图一，3）[12]。

　　银镳为实心银质铸件，出土时完整。从表二中可以看出，16 根银镳的最大尺寸差仅为 1 毫米。除去测量过程中的误差问题，可以认为这些马镳完全使用了一样的尺寸。与其他尺寸精度要求很高的部件不同，马镳的两端并未衔接其他部件，其尺寸精度并不影响部件功能，在此情况下，银镳的尺寸依然保持了高度的一致性。

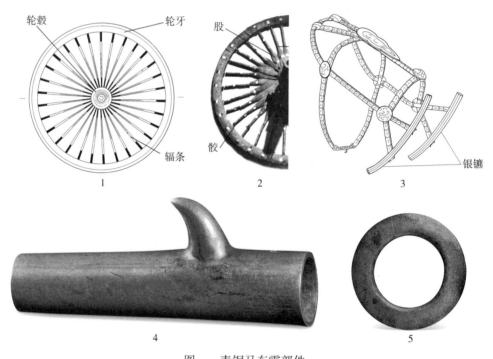

图一　青铜马车零部件
1. 车轮各部位示意图　2. 车辐的股与骹[13]　3. 银镳与铜衔装配关系示意图[14]
4. 盖弓帽　5. 银环[15]

　　银环是马缰中的小型连接部件，两乘青铜马车共有 28 个银环（图一，5）。杨青对这些银环的尺寸进行了统计，在 28 件银环中，外径最大尺寸为 17.23 毫米，最小尺寸为 16.74 毫米，平均尺寸为 16.97 毫米，加工误差小于 1.5%[16]。马镳、银环都为银质铸造部件，且在功能上并未有尺寸精度的要求，但 16 根马镳弧度与尺寸几乎完全相同，银环在精细测量下的误差不超过 1.5%，可见青铜马车整体的铸造精度极高。

表二　青铜马车银镳尺寸表

银镳位置　尺寸	长（厘米）	宽（厘米）	厚（厘米）
一号车右骖马	15.2	0.9	0.6
一号车右服马	15.2	0.9	0.6
一号车左服马	15.2	0.9	0.6
一号车左骖马	15.1	0.9	0.6
二号车右骖马	15.2	1	0.5
二号车右服马	15.2	1	0.5
二号车左服马	15.2	1	0.5
二号车左骖马	15.2	1	0.5

3. 铜马

铜马是青铜马车中最大的铸件，从表三中可以看出八匹铜马的外形尺寸：铜马身高最高值为93.2厘米，最低为89.8厘米，平均身高为91.66厘米，标准差为0.91厘米，标准差与平均身高的比值仅为0.99%；铜马身长的标准差仅为1.9厘米，标准差为1.7%。铜马为大型空腔青铜器，在铸造的过程中还使用分铸、焊接等工艺，在这些复杂的工艺过程中，八匹铜马的身高、体长仍然保持了高度的一致性。

表三　铜马身高尺寸数据表[17]

铜马	高（厘米）	长（厘米）
左骖马（1）	89.8	109
右骖马（1）	91.6	110
左骖马（2）	90.2	111
右骖马（2）	91.4	114.8
左服马（1）	92.2	107.8
右服马（1）	92.3	109
左服马（2）	93.2	114
右服马（2）	92.6	110
平均值	91.66	110.7
标准差	0.91	1.9
标准差与平均值比值	0.99%	1.7%

注：（1）代表一号青铜马车部件；（2）代表二号青铜马车部件

通过以上几种青铜马车中同类部件尺寸数据可以看出，尽管青铜马车中不同零部件的形制各异、材质不同，而且装配过程中对外形尺寸的精度要求不尽相同，但工匠在生产中都使同类器物外形尺寸基本保持一致。有证据表明青铜马车中铜马为失蜡法铸造而成，多件银质部件上也都有失蜡法工艺痕迹[18]。那一时期的工匠在使用失蜡法铸造金属器物时，可以将数十个铸件的尺寸控制得如此之好，可见在青铜马车的生产与铸造中，铸件的标准化水平已经达到一个相当高的程度。

二 青铜部件材质的标准化研究

青铜马车出土后，发掘者与修复者对其金属成分进行检测后发现，其青铜部件都为铜、锡二元青铜。一号青铜马车残件的主要成分为84%～90%的铜、7%～13%的锡，铅在1%以下，其他杂质元素总量占2%左右[19]。二号车各部件的合金成分为：铜82%～86%，锡8%～12%，铅0.12%～3.76%，二号车四匹铜马的合金成分为：铜约占90%，锡6%～9%，铅0.7%～1%[20]。青铜马车的主体与残件成分先后由多位学者进行检测与分析，数据也大致分为几组，为了更好地研究青铜部件的成分，本文将目前已有检测结果的部件成分含量列表如下（表四）：

表四 青铜马车部件材料元素分析表[21]

样品名称	含铜量%	含锡量%	含铅量%	总量%	备注
左右骖马耳后链条（1）	90.01	9.24	0.55	99.8	
伞盖残片（1）	87.93	9.58	0.67	98.18	
鞋绳（1）	83.86	13.14	0.59	97.59	
弓弦（1）	86.75	10.03	0.46	97.24	
铜构件（1）	84.92	10.50	1.77	97.19	
繁缨残丝（1）	89.85	7.60	0.55	98	
繁缨残钉（1）	91.10	6.49	0.50	98.09	
右服马前左腿残片（1）	87.75	12.34	0.51	100.6	
焊料（轵右端下侧）（1）	85.55	12.96	1.46	99.97	
焊料（前栏板下端）（1）	88.26	10.55	1.19	100	
前轸（1）	88.11	10.19	1.7	100	
掩板（1）	87.98	9.98	2.04	100	
较上端（1）	88.28	9.11	2.61	100	
车轵铜节（1）	87.35	11.68	0.98	100	
铜镞首（1）	85.42	13.79	0.79	100	
铜镞铤（1）	91.37	8.02	0.61	100	

样品名称	含铜量%	含锡量%	含铅量%	总量%	备注
左骖马左前腿（1）	83.02	15.16	0.19	98.37	
左骖马左后腿（1）	88.95	10.43	0.000	99.38	
左服马左前腿（1）	87.26	11.68	0.32	99.26	
左服马右后腿（1）	87.41	11.92	0.001	99.33	
右骖马左后腿（上断茬）（1）	89.28	10.79	0.003	100	
右骖马左后腿（下断茬）（1）	90.98	8.90	0.002	99.88	
左轮牙（1）	95.45	5.29	0.002	100.7	
盾（1）	93.29	6.15	0.001	99.44	
舆底（1）	90.08	8.50	0.001	98.58	
车輈（1）	90.38	9.49	0.001	99.87	
右轮牙（1）	88.66	11.15	0.002	99.81	
弩輗铜座（1）	96.93	3.30	0.113	100.34	27组数据均采用原子吸收光谱分析法检测，来自张小燕文章[22]
车轴（1）	93.98	6.85	0.06	100.89	
靷（1）	91.89	7.63	0.002	99.52	
左栏板（1）	87.56	12.48	0.003	100	
左轮辐（1）	86.53	13.63	0.001	100.16	
伞盖（1）	88.93	10.82	1.25	101	
焊液（1）	88.26	10.55	1.19	100	
车軎（1）	88.11	10.19	1.70	100	
弓弦（1）	86.75	10.03	0.46	97.24	
铜节	87.85	11.68	0.982	100.51	
铜球	91.48	7.91	0.614	100	
连绳	89.04	10.57	0.332	99.9	
箭镞	85.42	13.79	0.691	99.9	
箭铤	91.37	8.02	0.614	100	
粗璎珞络丝	90.06	7.79	0.702	98.56	
细璎珞丝	88.04	9.68	0.663	98.38	
车轮牙（2）	84.45	9.17	0.12	93.76	原子吸收光谱分析法检测数据
车辐（2）	86.01	9.21	0.37	95.59	
毂（2）	83.77	8.32	0.54	92.63	
弓（2）	83.16	6.47	3.76	93.39	
槫（2）	84.81	2.53	0.21	87.55	

样品名称	含铜量%	含锡量%	含铅量%	总量%	备注
轼与辐的结合处浇铸流出物（2）	81.20	8.60	2.81	92.61	
轼缝中填充物（2）	82.85	9.22	1.02	93.09	
车栏板（2）	82.70	13.57		96.27	
车辐（2）	84.12	13.57	0.71	98.40	
弓（2）	85.70	11.68		97.38	
弓（2）	86.05	10.74	1.50	98.29	
车衡（2）	83.80	11.05	0.55	95.40	
轼与栏板结合处浇铸流出物（2）	81.78	12	1.43	95.21	
脊头（2）	86.05	10.89	1.50	98.44	
脊中（2）	85.72	11.05	1.20	97.97	
销钉（2）	85.99	11.37		97.36	
平均值	87.62	9.98	0.76		

注：（1）代表一号青铜马车部件；（2）代表二号青铜马车部件

由表四可知，同一部位检测方法不同时，数值稍有差别。同一部件不同位置，检测结果也不相同。总体来看，两乘青铜马车各个部位铜、锡含量相差不大，铜含量区间在81.20%~96.93%，平均铜含量为87.62%；锡含量区间2.53%~15.16%，平均值为9.98%；铅含量最高值为3.76%，最低值为0，平均值为0.72%。一号车的共有样品36组，平均铜含量为88.8%、锡含量为10.0%、铅含量为0.6%；二号车共有样品16组，因其数据的总量均值为95.2%，首先对其做归一化处理，当数据总量为100%时，二号车含铜量平均值可达到88.5%，含锡量为10.4%，含铅量为1.0%。可以看出，在数据归一化处理后，一、二号青铜马车青铜部件的铜锡含量差别不大。

对于低铅青铜器，学者约定俗成当含铅量低于2%的青铜器，其中的铅来源于铜矿料[23]。研究表明，商周青铜器中的铅并没有实质性的功能，在青铜器里添加铅是为了节约珍贵的铜原料，等级越高的墓葬出土的青铜器含铅量越小[24]。在妇好墓出土青铜器中随机抽取20件，其铅量平均值低于1%[25]。出土于秦始皇陵区核心位置的青铜马车不含铅的结论，进一步支持了这一观点。

为避免不同数据来源在对比时产生的误差，本文选取张小燕文章中的27组数据进行青铜马车总体成分结构的观察。这些数据在2000年使用同一方法获得，且数据样品在测试前均经过表面脏污刮削及除锈处理，其测试结果具有相当高的准确性。在这组数据中，有7组为青铜马车上的细小零部件铜锡比，目前尚不能区分其归属车辆，但数据来源部位较清楚。

总体来看，这些数据涵盖了青铜马车中不同部位、不同功用的几大类部件。如一号车车轸含铜量为88.11%，伞盖含铜量为88.93%，高温铜焊所使用的焊液含铜量为88.26%，铜璎珞丝的含铜量为88.04%，这几类部件的位置、机械性能要求以及部件的外形完全不同，但铜锡含量几乎一致。与此同时，同一部位、功能的部件，含铜量却存在着一些差异，如一号车左骖马前腿的铜含量为83.02%，而左服马的左前腿铜含量则是87.26%。这些数据说明，在铸造青铜马车时，各个部位、部件之间的铜锡含量并未有任何规律性的、明显的差异，铜锡含量都在一个区间内稳定分布。

在对这27组数据总量进行归一化之后，样品含铜量平均值为89.80%，含锡量平均值为9.83%，含铅量均值为0.37%（图二，1）。为了更加清楚地认识青铜马车铜锡成分比例，在得出青铜主体不含铅的结论之后，将数据中的铅作为铜的杂质，加入到铜的整体含量中，观察数据的铜像比。这些部件中铜含量的均值是90.13%，其中铜含量最低为84.56%，最高为96.71%，铜含量的中位数是89.63%，铜含量的标准差是2.71%。部件锡含量的均值是9.83%，其中最低的锡含量3.29%，最高的锡含量是15.41%，锡含量的中位数是10.31%，锡含量的标准差亦是2.70%。两种成分的总体波动性相等，且数据波动性很小，没有异常值。从图表中可以看出，27组数据中的22组，其铜含量都在88%~92%这一数值区间分布，数据离散度小（图二，2；表五）。

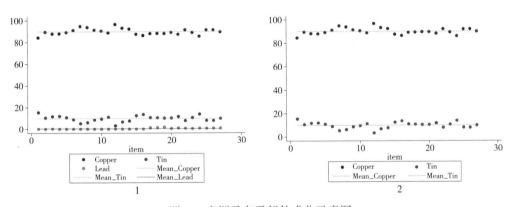

图二　青铜马车零部件成分示意图
1. 铜、锡、铅比例图　2. 铜、锡比例图

根据学界对于《周礼·考工记》中"六齐"的研究，目前"钟鼎之齐"的铜含量大致在83.33%~85.71%，"斧斤之齐"的铜含量在80%~80.33%，其余不同器类的铜含量则更低[26]。而本文中所涉及青铜马车部件上的铜锡比，其数值都落在高于"钟鼎之齐"的区间内，这些数据表明青铜马车的铜锡比值，并未按照《考工记》中所记载的"六齐"之说进行配比，不同部件的铜锡比趋向标准化。

表五　青铜马车零部件铜锡比值

金属名称	样本量	均值%	标准差%	最小值%	中位数%	最大值%
铜	27	90.13	2.71%	84.56	89.63	96.71
锡	27	9.87	2.71%	3.29	10.37	15.44

近年来，随着学界对秦始皇陵出土器物研究的进一步深入，得到了更多的青铜器成分数据。杨军昌等对秦始皇陵 K9908 坑出土石铠甲上的青铜卡缀进行了研究，发现其主要成分为铜锡二元青铜[27]。邵安定等通过金相显微镜、扫描电子显微镜及能谱分析仪对采自 14 件青铜水禽不同部位、芯骨以及表面补片的 27 个样品进行了分析研究。结果显示青铜水禽及其芯骨、表面补片均为铜锡二元合金，含锡量在 9% ~ 12%[28]。在成分上青铜水禽的铜锡比与青铜马车类似，且二者都使用失蜡法铸造而成，同出于秦始皇陵的这两大类青铜器，在工艺与原料上呈现出高度一致性。研究显示，秦始皇统一六国之前，不同时期秦人的器物都含有较多的铅，秦始皇陵出土的青铜器不仅在器物成分上不含铅，制作工艺也更为精致[29]。

三　青铜马车零部件标准化水平分析

从青铜马车零部件外形尺寸、青铜成分等数据中可以看出，秦时期的社会生产对马车主体及其附件的外形尺寸有严格要求。工匠在青铜马车设计与铸造过程中，也严格遵循这些规则，使得青铜马车在各个方面达到了相当高的标准化水平。

通过对青铜马车的铜马、银镳、银环及盖弓帽等的尺寸分析，发现尽管材质、功能与部位不同，但同类部件的尺寸总是保持高度一致。那些从功能角度分析，对尺寸精度并无要求的部件，同样达到了相当的生产精度。目前，所有被统计的零部件外形尺寸的误差皆小于2%，这一结果表明秦始皇陵器物的生产水平，达到了《里耶秦简》中所提到的生产要求，高精度的器物尺寸表明秦时期存在着严格的标准化生产工艺。

在选材上，通过对一、二号青铜马车五十余处成分数据进行统计发现，青铜马车的主体材质为铜锡二元青铜，且各个部位铜锡之比趋于近同。使用同一组数据分析发现，铜车部件、铜马、马饰与铜焊液的成分基本都含有90%左右的铜，数据总体的标准差在3%以内，表明青铜马车部件中的铜锡配比，并未受到《周礼》所记载的"六齐"因素影响，整体上使用了统一的铜锡比例。

本文分析归纳与评估了青铜马车的金属成分配比与马车零部件的标准化程度。这一组出土于秦始皇陵的高等级马车，在设计与制作过程中，对各个零部件成分与外形尺寸有严格要求，当时精湛的青铜生产工艺，使这些要求得以实现。本研究中所涉及的同类零部件外形尺寸都保持高度一致，且青铜马车中所有的青铜部件都不含铅，为铜锡二元青铜，从小型马车零部件到大型部件如铜马，从薄板部件到青铜焊液，大致都含有10%左右的锡不同部件成分趋于统一。

秦始皇不仅在疆域上统一六国，还统一了文字、度量衡、货币等，使得秦代"车同轨、书同文"。秦始皇陵出土青铜马车在外形尺寸与器物成分上的高度统一，显示了当时强大的生产组织管理能力。而器物成分不含铅不仅表明了秦始皇身份等级的特殊性，还显示了当时充足的铜原料供应能力。从青铜马车零部件生产中可以看出，秦时期的中央官署，在生产组织中有非常严格的管理方式与生产要求，加之工匠高超的技艺，最终实现了青铜马车零部件生产的高度标准化。

附记：本文在写作过程中得到陕西师范大学曹玮教授指导，墨尔本大学杨星博士为本文提供了数据运算方面的帮助，谨致谢忱！

[1] 聂新民：《说左骖——秦陵铜车马研究札记》，《聂新民文稿》，西北大学出版社，2013年，第165~168页。

党士学：《关于秦陵二号铜车马》，《文博》1985年第2期。

党士学：《试论秦陵一号铜车马》，《文博》1994年第6期。

党士学：《秦陵铜车马的舆底结构、牵引关系与力学应用》，《咸阳师范学院学报》2007年第5期。

袁仲一：《秦陵铜车马有关几个器名的考释》，《考古与文物》1997年第5期。

[2] 彭文：《从秦陵铜车马上的菱形纹样看秦文化与楚文化的交流》，《中原文物》2003年第1期。

张卫星：《秦始皇陵铜车马纹饰的初步考察》，《中原文物》2005年第3期。

[3] 邵安定：《秦始皇帝陵园出土彩绘青铜水禽制作工艺及相关问题研究》，《科学出版社》，2019年。

杨欢：《秦始皇帝陵出土青铜马车铸造工艺新探》，《文物》2019年第4期。

[4] 杨欢：《秦始皇陵出土青铜马车制作比例研究》，《秦陵博物院》，2017年。

[5] 睡虎地秦墓竹简整理小组：《睡虎地秦墓竹简》，文物出版社，1978年，第70页。

[6] 袁仲一、赵培智：《秦始皇陵铜车马标准化概述》，《西北农林科技大学学报（自然科学版）》1995年S1期。

［7］杨青、吴京祥：《秦陵铜车马木车马构件的标准化初考》，《西北农林科技大学学报（自然科学版）》1995 年 S1 期。

［8］李秀珍、Marcos Martinon－torres、Andrew Bevan、Thilo Rehren、夏寅、刘占成、赵昆：《秦俑坑出土青铜弩机生产的标准化及相关劳动力组织》，秦始皇帝陵博物院，2011 年 00 期。

［9］曹玮主编：《秦始皇帝陵出土二号青铜马车》，文物出版社，2015 年，第72 页。

［10］曹玮主编：《秦始皇帝陵出土二号青铜马车》，文物出版社，2015 年，第 244~245 页。

［11］图片与数据均来自曹玮主编：《秦始皇帝陵出土二号青铜马车》，文物出版社，2015 年，第 244 页。

［12］秦始皇兵马俑博物馆、陕西省考古研究所：《秦始皇陵铜车马发掘报告》，文物出版社，1998 年，第 293~407 页。

［13］秦始皇兵马俑博物馆、陕西省考古研究所：《秦始皇陵铜车马发掘报告》，文物出版社，1998 年，图版96，1。

［14］曹玮主编：《秦始皇帝陵出土一号青铜马车》，文物出版社，2012 年，第253 页。

［15］同［14］

［16］杨青、吴京祥：《秦陵铜车马木车马构件的标准化初考》，《西北农林科技大学学报（自然科学版）》1995 年 S1 期。

［17］此表中数据均来自曹玮主编：《秦始皇帝陵出土一号青铜马车》，文物出版社，2012 年；曹玮主编：《秦始皇帝陵出土二号青铜马车》，文物出版社，2015 年。（1）代表一号青铜马车，（2）代表二号青铜马车。

［18］杨欢：《秦始皇帝陵出土青铜马车铸造工艺新探》，《文物》2019 年第 4 期。

［19］张小燕、郭振琪、孙宝莲：《文物铜车马部分残件的分析测试》，《理化检验（化学分册）》2001 年第 2 期。

［20］侯介仁、杨青：《秦陵铜车马的铸造技术研究》，西北农林科技大学学报（自然科学版）1995 年 S1 期。

［21］此表中数据均来自秦始皇帝陵博物馆编：《秦始皇帝陵出土一号青铜马车》，文物出版社，1998 年。（1）代表一号青铜马车部件，（2）代表二号青铜马车部件。

［22］张小燕、郭振琪、孙宝莲：《文物铜车马部分残件的分析测试》，《理化检验（化学分册）》2001 年第 2 期。

［23］贾腊江：《秦早期青铜器科技考古学研究》，西北大学，2010 年。

［24］杨欢：《美国佛利尔艺术馆藏商代青铜器含铅量分析研究》，《江汉考古》2017 年第 3 期。

［25］二十件器物的成分数据来自中国社会科学院考古研究所实验室：《殷墟金属器成分的测定报告（一）——妇好墓铜器测定》，《考古学集刊（4）》，中国社会科学出版社，1984 年。

［26］杨欢：《新论"六齐"之"齐"》，《文博》2015 年第 1 期。

［27］杨军昌等：《秦始皇帝陵园出土青铜卡缀的技术分析与研究》，《故宫文物月刊》2002 年第 12 期。

［28］邵安定、梅建军、杨军昌、陈坤龙、孙伟刚：《秦始皇帝陵园出土彩绘青铜水禽基体材质分析及相关问题研究》，《考古与文物》2016 年第 1 期。

［29］贾腊江：《秦早期青铜器科技考古学研究》，西北大学，2010 年。

贾腊江、赵丛苍、金普军、杨小刚、凌雪、柳小明、郭妍利、金兰：《一批秦早期青铜兵器的初步分析》，《西北大学学报（自然科学版）》2011 年第 1 期。

邵安定、孙淑云、梅建军、陈坤龙、王辉：《甘肃礼县大堡子山秦公墓出土金属器的科学分析与研究》，《文物》2015 年第 10 期。

原载于《文物保护与考古科学》，2021 年第 4 期

中国青铜时代失蜡法百年研究史略论

杨　欢

摘　要　中国青铜时代是否存在失蜡法，一直是国内外学术界所关注的重要问题。本文在详细梳理百年研究史的基础上，以重要器物出土与新研究方法的采用为节点，将此研究分为完全失蜡法期、半失蜡法期、完全块范法期、块范法与失蜡法胶着期、空腔器物失蜡法工艺细节对比研究期五个阶段。研究显示我国青铜时代中原核心区基本使用块范法，但至迟秦时已可熟练使用失蜡法铸造器物。战国中晚期，草原文化与滇文化等边缘地区偶见受其他文明影响的失蜡法器物。对空腔器物范芯表面有机成分的检测，或可给我国青铜时代失蜡法使用问题以明确答案。

关键词　中国青铜时代　失蜡法铸造　研究史

公元前三千纪左右，人类开始使用青铜。从那时起，世界范围内使用最广的青铜铸造工艺当属失蜡法。公元前两千纪前后，中国工匠开始使用块范法铸造青铜器，由此开启了我国独有的、以块范法铸造青铜容器为主要特征的青铜时代。不同于其他文明，青铜器在我国先秦时期具有特殊重要的地位，是一个国家的象征。"国之大事，在祀与戎"，在祭祀与战争中青铜器是不可或缺的珍贵资源。张光直先生认为商周时期王朝迁都，是为了更加靠近铜原料产地，先秦时期"青铜便是政治的权利"[1]。正是因为商周青铜器在当时的独特地位，故可借助青铜器的研究，对古代社会有更为全面的认识。

铸造工艺的研究是青铜器研究中的重要组成部分，目前资料显示我国商周时期的青铜容器基本为块范法铸造，诸多铸铜遗址出土的陶范资料也日益证明着这一点。中国青铜时代范铸工艺的广泛使用，与世界其他青铜文明使用失蜡法在技术上有着明显的不同。这种特征容易使人形成一种青铜时代国外使用失蜡法、中国使用范铸法的笼统印象。但考古学证据表明，古代文明之间一直存在不同程度的交流，在交流过程中总伴随着技术的引进与启发。文化与技术并不像国界疆域般泾渭分明，两种铸造工艺应有碰撞与相互学习。

中国境内是否存在失蜡法的争论由来已久。20 世纪初，中国境内出土了若干批重要青铜器，随着这些青铜器流传到国外，学者们尤其是欧美学术界开始研究中国青铜铸造工艺。自 1929 年叶慈论证中国商周青铜器使用失蜡法铸造以来，学术界对此问题的研究与探讨已近百年。在研究过程中，随着新材料的出土及新检测技术、研究手段的出现，不同时期的研究各具特色。但迄今为止对我国境内失蜡法的使用问题，学界仍然缺乏统一认识。

本文将对失蜡法与范铸法的工艺流程进行简要整理，在此基础上梳理国内外学者对中国境内失蜡铸造工艺的研究历史。对研究史的梳理，不仅可以从动态视角认识我国失蜡法铸造研究过程，更可对我国失蜡法问题研究的年代性、地域性进行分析，进而找出失蜡法存在问题争论的原因，为解决问题提供思路。最后，本文将对我国青铜时代失蜡法研究的特征进行总结与分期，并在此基础上进行未来研究方向的展望。

一　世界范围内两种金属铸造工艺及其流程

1. 失蜡法

失蜡法应用于世界绝大多数地区。顾名思义，失蜡法就是以蜡做模，并加热使蜡模融化流失，从而铸造青铜器的工艺（图一）[2]。美国著名汉学家费慰梅（Fairbank W）认为在西方的技术体系中，失蜡法的工艺流程大致分为以蜡制模（或仅在范芯表面覆一层蜡）、制范（蜡模外层涂泥以为外范）、失蜡（加热使蜡流出），浇注铜液以填满蜡模留下的空腔等几个步骤[3]。纵观历史，失蜡法是一种颇为古老的铸造工艺，在新石器后期就已出现，广泛应用于世界许多青铜文明中。失蜡法在西方的发展、流传从未间断，其基本操作方法与流程的变动也极小[4、5]。根据不同的蜡模制作方式，失蜡法分为直接失蜡法与间接失蜡法，两者的根本区别在于直接失蜡法的蜡模为工匠直接制作，间接失蜡法的蜡模由母模（模盒）制作而成。

2. 范铸法

范铸法也称块范法，是我国青铜文明中主要使用的铸造工艺。在新石器晚期我国境内就有石范出土，石范是范铸工艺的萌芽阶段，其后又发展出陶范，甚至金属范。总体而言陶范始终占据绝对主导地位，故本文中块范法即指陶范铸造。块范法以泥土制模，由模翻制块范，制作范芯，合范铸造器物，如图二[6]中方鼎的铸造。费慰梅（Fairbank W）认为"如此进步、多姿的块范法，在世界任何地方，除了中国之外，是

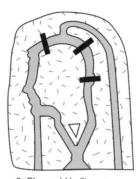
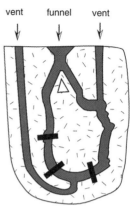

1. Roughly modeled core.

2. Wax model over core with protruding chaplets.

3. Clay mold built over model.

4. Wax melted out, bronze poured in.

图一　直接失蜡法铸造工艺流程图

从未应用过的"[3]。贝格立（Bagley）认为我国夏商时期青铜器使用了块范法，他指出，如果当时的工匠可以使用失蜡法，那么商代的器物将会展现出另外一种面貌[7]。

纵观世界青铜时代，两种铸造工艺各有其背景与使用地域，在人类文明中都发挥了重要作用。随着研究的深入，学术界对文明间的交流有了更多认识，中国的马车、金属器的冶铸等技术可能都受到了外来文化的影响[8,9]。若我国早期青铜技术受到其他文明的影响，失蜡法是否也随这些技术传入中国并得到应用？这个问题，长期以来都是学界关注的焦点。

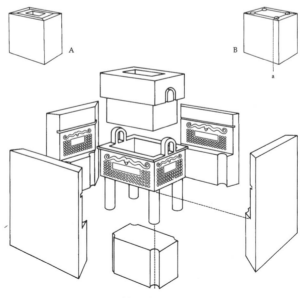

图二　范铸法铸造方鼎示意图

二 中国境内失蜡铸造工艺研究史

自学者开始关注中国青铜器，便有了对其铸造工艺的探讨，研究观点随着新材料的出土与新检测技术的介入而逐步更新。关于中国境内失蜡法问题，学界主要有两类观点：一些学者研究认为我国青铜时代存在失蜡法；另一种则认为我国青铜时代并未使用过这种铸造工艺。本文将按照时间顺序梳理此类研究，进而总结中国境内失蜡法问题的研究历程。

1. 1931 年之前

19 世纪末至 20 世纪初，中国先后出土若干批青铜器。这些器物一部分流传在私人收藏家手中，一部分流传到国外。学者对这些铜器的著录和报道，仅国外就多达四十余种。较为著名的有：东京帝室博物馆《帝室博物馆鉴赏录·古铜器》（1906）、田岛志一《支那古铜器集》（1910）、滨田耕作《泉屋清赏》（1919）、叶慈（Yetts W P）《獭氏集古录》（1929）和《柯尔中国铜器集》（1939）、梅原末治《欧米蒐诸支那古铜器精华》（1933~1935）、怀履光（White W C）的《洛阳故都古墓考》（1934）、梅原末治的《洛阳金村古墓聚英》（1937）、《河南安阳遗宝》（1940）、《白鹤吉金撰集》（1941）、《青山庄清赏》（1942）等。

中国青铜器以其精美的造型受到当时社会的喜爱，铸造工艺更引起学术界的重视[10]。1931 年之前，对我国青铜铸造工艺的探索尚处于萌芽阶段，国外的学者们大多认为中国青铜器为失蜡法铸造。他们处在对失蜡法高度认同的学术氛围中，故而先入为主地认为中国青铜器工艺精湛、纹饰繁缛，非失蜡法所不能为。叶慈认为中国青铜器以失蜡法制成，并指出现藏伦敦维多利亚与阿尔伯特（V&A）博物馆的白陶壶疑为间接失蜡法所使用之母模，而青铜器上的范线则是蜡壳上画线的痕迹（1928）[11]。其他学者虽未具体说明中国青铜器铸造的具体步骤，但大都认同这一观点。这一时期，国外学者对中国青铜工艺的认知尚处于萌芽阶段，对块范铸造不了解加之对失蜡铸造的高度认同，得出了中国商周青铜器都为失蜡法铸造的结论，本文称这一时期为完全失蜡法研究期。

2. 1931~1959 年

1931 年春，殷墟第四次发掘，小屯乙区第五基址（简称"乙五基址"）内发现大量陶范，学者们认为这些陶范是铸造青铜器时所使用的[12]。在此基础上，学界对我国青铜器铸造工艺有了新认识。这一时期先后有多篇重要文章发表，如卡尔·贝克（Karlbeck C O）的《安阳陶范》（*Anyang Moulds*）（1935）、刘屿霞的《殷代冶铜术之研究》、石璋如的《殷代的铸铜工艺》（1955）等，这些文章对我国古代青铜器的铸造工艺进行了初步研究，并根据殷墟出土陶范资料，得出了商代晚期青铜器为陶范铸造等重要结论。刘屿霞还根据殷墟出土冶铜、铸铜等遗物，对当时的铸铜程序进行了初步研究[13—14]。卡尔·贝克在研究安阳陶范的基础上，得出了商代铸铜工艺中不存在失蜡法的结论，颇具先见性，但在当时并未引起重视[15]。

随着陶范出土以及学者们对中国青铜器范铸工艺的论证，1931 年之前学者秉承的"完全失蜡法"观点受到冲击。虽有学者依然抱持失蜡法之观点，但开始出现一些工艺流程上的妥协。赫伯特·马洋（Maryon H）以及普乐德雷斯（Plenderleith H J）等学者认为中国青铜器是用失蜡法与块范法结合制作而成，即以蜡制模、陶制外范。学者们持此观点主要基于以下原因：首先，他们对范铸工艺知之甚少；其次，安阳陶范业已出土，块范证据明确，但安阳并未出土陶模，且在刘屿霞等的研究中也并未提及陶模；再次，中国青铜器铸造质量高超，他们认为这种质量的青铜器非使用失蜡法铸造不可。在上述认知基础上，他们使用失蜡法与块范法复合工艺还原了商周青铜器的制作流程，先做上下范芯，在范芯上贴蜡片制模，在蜡模上分别制作垂直四分之一、水平三分之一的块范（1954）[16]。

这种先有蜡模后分块范的工艺流程，与间接失蜡法中制作分块模盒的工艺十分类似，都是基于失蜡法的工艺基础推论得出。此种方式固然能够复制出商周时期的青铜容器，但与目前所知工艺流程相悖。彼时学者之思路仍建立在失蜡法的基础上，对中国青铜工艺的认知还有待进一步资料的纠正。本文将这一时期称为陶范加蜡模的半失蜡法研究期。

3. 1960~1977 年

1960 年，侯马铸铜遗址发掘，牛村遗址出土数以万计的陶范、陶模[17]。可以辨识出器类与纹饰的陶范难以计数，陶模也多达数百块，且与同时期出土青铜器的器类、纹饰可一一对应[18]。自此，学者们认为中国古代青铜器并非失蜡法铸造，而是完全使用块范工艺铸造而成。这一时期，国内外的学者们围绕着殷墟、侯马出土的陶模、陶范，对中国的范铸工艺进行了全面而详细的研究。1961 年巴纳出版了《中国青铜器的铸造与青铜合金》一书，书中对范铸工艺进行了全面而详细的描述。巴纳认为中国古代范铸工艺是本土发展而成，而失蜡法大致在公元 1 世纪从西方经由印度传播而来[19]。

费慰梅也认为中国古代没有使用过失蜡法，她指出："块范法的应用与发展，在中国古代基本而具体地证明了失蜡法不曾被使用过，失蜡法铸造过程中不需要块范的存在。块范法需要铸后打磨范线，如果中国人在古代就使用失蜡法，我们很难想象，他们为什么要设计出各式各样错综复杂的分范方法以适应一些构造复杂、纹饰细致的青铜器铸造之用（1962）。"[7] 费慰梅的这一观点与巴纳对中国青铜器中失蜡法使用问题的看法基本一致。

李济、万家保对殷墟出土青铜礼器进行了一系列的科学研究及复原实验，证明商代青铜器皆为块范工艺铸造（1964~1972）[20]。佛利尔美术馆使用当时先进的理化检测手段，对其馆藏的中国青铜器进行了范铸工艺、连接工艺、器物成分、铭文制作等诸方面技术研究，器物 X 光图所呈现的工艺细节，再次证明中国商周青铜容器为块范法铸造（1969）[21]。

这一时期也存在一些不同观点，但大都缺乏说服力。如张子高认为四羊方尊的铸造使用了失蜡法（1961）[22]，这一观点后被否定。1965 年盖腾斯（Gettens）发表了关于范铸工艺的研究文章，他指出四羊方尊并非失蜡法铸造，而是通过先铸 20 个附饰，再将附饰放入尊体的陶范中二次铸造而成的，这一结论得到了诸多学者的支持[23]。1969 年，美国铸造者协会出版的《金属铸造工艺史》（*History of the Metal Casting Industry*）认为"大多数中国青铜器是以失蜡法铸造的……必须承认，这些铸件品质确实优良，从这些精美的青铜器，可以看出范的制作与合金的熔解都是颇具水准的"[24]。这一观点并未注意到中国境内业已出土的大量模范与国内外学者关于商周青铜器铸造的研究成果，并不具备参考价值。

除了对商周时期王畿地区的青铜容器进行铸造工艺研究，也有学者对当时周边地区青铜器进行了工艺分析。艾玛·班克（Bunker E C）复制了公元前 1000 年左右伊朗北部出土牌饰，认为这些牌饰使用了间接失蜡法，而且在制作蜡模的过程中使用了帆布，器物表面留有织物痕迹。公元前 3 世纪，失蜡法由草原文化传入中国（1970）[25]。万家保认为无论直接或间接失蜡法都不适合铸造中国传统的青铜容礼器，盖因此类器物对内外纹饰都较重视，有时内壁兼有铭文，但西南地区出土贮贝器上的诸多人物、场景，当是失蜡法铸造而成[4]。

在这一时期，学界对中国商周青铜器的铸造工艺有基本统一的认知，即中原核心区域青铜器皆为范铸，周边地区如草原文明与西南青铜文化中存在着失蜡法铸造器物的可能，但年代较晚。由以上三个时期的研究，可以看到学者对我国商周青铜器铸造工艺的认知过程，从毫无证据的茫然探索，到对陶范的认识以及陶模的识别，这一过程总是伴随着新资料的出土以及新研究方法的引入，从而确定了中原核心区域所出土的商周青铜器基本为块范法铸造。根据这一时期的研究特点，本文将此研究阶段称为完全的块范法研究期。

4. 1978~2018 年

1978 年，湖北随州曾侯乙墓发掘，墓中出土青铜礼器与用具 134 件，其中一件尊与盘的口沿部位饰有大量透空附饰（图三）[26]。同年，淅川下寺年代为春秋晚期的二号墓中出土了云纹铜禁，铜禁中有大量的透空部件。发掘者认为："此铜禁禁身系用失蜡法铸成"[27]。诸如此类有透空附饰的器物，如果按照我国传统的范铸工艺制作，往往存在着难以脱范的问题。华觉明等学者结合对器物结构、工艺痕迹等方面的观察与研究，认为尊盘的透空附饰当为失蜡法铸造，多位学者支持这一观点，从而再次引发了我国青铜时代是否存在失蜡法的争论。

图三　曾侯乙尊盘及尊口沿细部图

支持此观点的学者列举了他们认为使用失蜡法铸造的器物，并分析了具体铸造工艺或技术来源。万家保认为："在这些青铜器中有一组尊与盘，部分应用了失蜡法。"他进一步指出这并不是我国最早的失蜡法铸造器物，淅川下寺出土的禁也有部分附饰当是失蜡法铸造而成[4]。华觉明同意这一观点，并指出这些失蜡法铸造之器具明显的中国商周铜器特征，不存在外来因素影响，失蜡法至迟在我国春秋时期已被发明（1979、1983、2006）[28~30]。谭德睿认为我国青铜时代的失蜡法起源于商代晚期的焚失法，至春秋中晚期失蜡法已相当成熟[31]。Thomas C. W. 认为春秋战国时期一些青铜带钩的铸造使用了失蜡法（1991）[32]，但侯马铸铜遗址出土的大量陶模陶范资料显示带钩应是范铸而成[17]。

同一时期，有学者主张中国青铜时代并不存在失蜡法铸造工艺。周卫荣、董亚巍、万全文、王昌燧等学者认为曾侯乙墓、淅川下寺楚墓出土诸器皆为范铸法铸造而成。他们在曾侯乙尊盘上找出数以百计焊接点（图四[33] 中左上图白色箭头所指）、多处浇道痕迹（图四中左下图红色箭头所指）以及附饰内部的焊接痕迹（图四中左上、右图），认为这些痕迹是范铸工艺特征，从而得出中国青铜时代并不存在失蜡法的结论[34~37]。

2008 年黄金洲在《曾侯乙尊盘采用失蜡法工艺铸造毋庸置疑——与〈中国青铜时

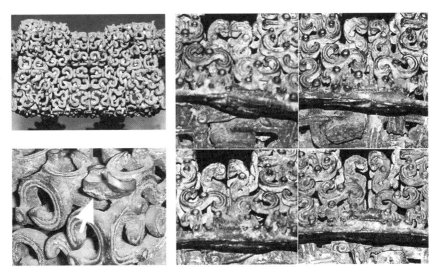

图四　曾侯乙尊盘工艺细节图

（图片来源：New research on lost-wax casting in ancient China）

代不存在失蜡法铸造工艺〉讨论》一文中，否定了周卫荣等学者的观点，并采用失蜡法复制了曾侯乙尊盘的口沿（图五），同时指出我国的失蜡法起源于范铸法[33]。Christopher J. D. 认为，三星堆出土青铜面具使用了失蜡法铸造工艺[38]。华觉明先生经过多次考察进一步指出，迄今为止能确认是我国先秦时期用失蜡法铸造的器物已有多件，这些器物大都出自楚文化地区；铸造年代从春秋中、晚期到战国时期，其形制、纹样、成形方法与制作技艺同出一系，构成了自成体系和传承有序的发展系列[39]。

图五　黄金洲做出的曾侯乙尊盘口沿之四分之一蜡模

这一时期，反对失蜡法的学者们也进行了范铸工艺实验。王金潮使用主体与纹饰模制、透空附饰范制的块范法，成功设计并铸造出了叶县许公宁墓出土的透空蟠虺纹饰件（图六左）[40,41]。他还制作了曾侯乙尊上最繁复的透空纹饰的模、范和芯，并成功进行了浇铸实验（图六右）[42]。周卫荣根据以上实验加之对失蜡法器物的分析认为，失蜡铸造最核心的特征是软模，把"器物不好脱模"当作失蜡铸造的依据之言颇失其当，难以脱模部分可以在范上直接制作。他进一步指出先秦透空青铜器在西周就已初见雏形，从简单到复杂，循序渐进地发展，故曾侯乙诸器应为范铸，是对范铸工艺的继承和创新[42~44]。周卫荣亦结合铸件特征与西安北郊铸铜工匠墓出土牌饰陶模指出，草原文化牌饰使用失蜡法之说亦存在诸多疑点，我国境内的牌饰当是使用范铸工艺铸造，其上有明显的范线等工艺痕迹可以佐证[45]。

图六　王金潮复制与设计诸器

徐德娜（Strahan D.）通过对多件透空附饰的工艺痕迹研究发现，这些透空附饰之间存在着垂直的范缝，透空附饰内部还存留有合范铸造时缝隙中溢出的铜液凝固后的痕迹（图七左）。对于大多数透空附饰器物，徐德娜都趋向于范铸工艺，如现藏于美国大都会博物馆的一件熏炉，其主体与透空纹饰应为范铸。但她认为大都会博物馆所藏青铜敦，虽主体部分为范铸，但器物的捉手部分应是失蜡法制作的（图七右）。她认为中国失蜡法的问题还需更多检测分析，加之对秦汉时期器物的研究来得出最终答案。

这一阶段，在我国先秦时期有无失蜡法工艺的问题上，支持与反对的学者围绕各自观点分别进行了较为成功的复原实验，撰写文章多篇，对铸造工艺研究做出了颇多贡献，但并未就此问题达成一致，研究中出现长期胶着状态。从上述复原实验中可以看出，支持失蜡法存在的学者，在复原时着力于在熔模上雕刻纹饰；而支持范铸工艺的学者，侧重于在范面上制作透空纹饰。两者各有所侧重，也都复制出了相应的器物，但仍未找到中国青铜时代是否使用失蜡法问题的答案。究其原因，反对中国青铜时代

图七　StrahanD 发现透空器物的工艺痕迹
1. 大都会博物馆藏东周时期铜香炉透空附饰工艺痕迹　2. 大都会博物馆藏青铜敦
（图片来源：Strahan D. Debating the Use of Lost-Wax Casting in Ancient China）

存在失蜡法的学者，虽然在陶范上制作镂空纹饰，铸造出了透空器物，但是目前铸铜遗址大量出土的陶范中，并未有透空范或者铸后留有残梗的范出土支撑其结论。支持存在失蜡法的学者，虽然也可以用失蜡法复原相关器物，但并未找到任何先秦文献，如《考工记》等来证明这一时期有使用蜡模铸铜的史料证据，且目前铸铜遗址也并未有熔模铸造相关遗物出土。简言之，支持范铸者镂刻其范，但缺乏实物出土证据；支持失蜡工艺者精雕其模，但尚无史料与考古资料可依，故此问题长期悬而未决。

虽然中原核心区出土几批器物的铸造工艺存在颇多争议，但这一时期关于云南地区滇文化失蜡铸造的研究却取得了进展。李晓岑等学者经过研究发现，云南等地区贮贝器上的立体造型应为失蜡法铸造，且进一步指出这些地区失蜡法出现的年代上限应在战国中晚期，这些器物的铸造工艺与中原地区陶范铸造工艺差别很大，应是从印巴次大陆传入[46]。

关于曾侯乙及其他透空附饰器物的铸造工艺，也有学者持中立观点。张昌平提出过去认为曾侯乙尊盘为失蜡法工艺铸造的论据不足，但一些反对意见也多存在缺陷，"否定说"的核心观点，如尊盘附饰上可见范缝和焊痕的说法，则是错误的。尽管如此，曾侯乙尊盘是否采用失蜡法，还需进一步论证[47]。朱凤瀚总结到，对于春秋晚期至战国时期流行的透空附件之铸造工艺，出现了两种根本不同的意见，而且均是对具体标本作了专业性考察的结果。看来，这一重要课题的研究一方面需要更有说服力的新资料出土，另一方面非常有必要继续通过论证与更为深入的技术手段得到较为明朗的结果[48]。由于这一时期双方学者的争论并未有具体结果，故而本文将这一研究时期称为块范法与失蜡法之争研究胶着期。

5. 2019 年至今

通过对我国古代失蜡铸造工艺以上四个阶段的研究，学界对失蜡法已具备了较多认知，但对于中国青铜时代是否存在失蜡法，尚无定论。因双方争论之器物虽为镂空，但主体实心，失蜡法与块范法所铸实心器物在本质上并无太多差别。如兵器中的矛，块范法与失蜡法所铸之矛在外观上难以区分［图八：殷墟三期墓葬 SM38 出土矛[49]（左）；失蜡法铸造矛（右）］。若长期将失蜡法问题的解决之道系于目前数件包含透空附饰的器物中，并不能终结这一争论。要解决我国境内失蜡法使用问题，还需从其他途径或角度进行研究。

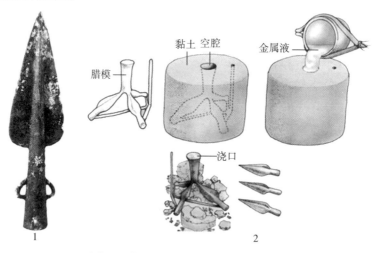

图八　块范法与失蜡法铸造的兵器图

近年来，学界逐渐意识到要解决我国境内失蜡法问题，需要对失蜡法与范铸法进行比较研究。在明晰失蜡铸造流程及工艺特征的基础上，观察铸造过程中遗留的工艺痕迹从而区分出失蜡法铸造器物。2019 年，邵安定与杨欢陆续发表了关于秦始皇陵出土的青铜水禽与青铜马车制作工艺的研究文章[50,52]。青铜水禽与青铜马车主体皆为空腔，体腔中发现的工艺痕迹，为判断器物铸造工艺提供了重要依据。

青铜水禽于 1999 年 6 月出土于秦始皇陵园外城之外的青铜水禽坑，经过多年研究，2019 年邵安定出版了《秦始皇帝陵园出土彩绘青铜水禽制作工艺及相关问题研究》一书。在书中作者通过对青铜水禽中留下的木质与金属质地芯骨、补缀铜片、蜡的流淌痕迹等工艺证据的对比研究，认为秦始皇陵出土青铜水禽系失蜡工艺铸造（图九[50]）。

青铜马车于 1980 年 12 月出土于秦始皇陵封土西侧，经修复后还原其形制。两乘青

图九　青铜水禽中使用的木质与金属质地芯骨

铜马车制作工艺精湛、结构完备，是我国青铜铸造工艺的杰出代表。杨欢将失蜡法与块范法进行工艺流程的对比研究，提出芯骨、补缀铜片、针状芯撑等为失蜡法铸造器物所独有的工艺痕迹。从青铜马车空腔部位发现的芯骨、针状芯撑以及器物表面发现的多处补缀铜片等痕迹表明，青铜马车主体空腔部件皆为失蜡法铸造（图十：上左图[51]箭头为青铜马车车轭上银蝉的补缀工艺痕迹；上右图[52]箭头所示为一号青铜马车车舆底部四轮中使用的芯骨；下图[53]箭头所示为二号青铜马车车辕空腔中的针状芯撑）。

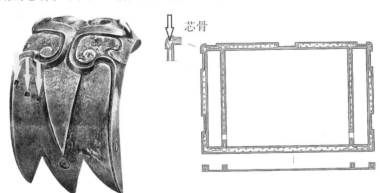

图十　青铜马车中的补缀铜片工艺与芯骨

学者对青铜水禽、青铜马车铸造工艺的研究，皆建立在对失蜡法与块范法工艺流程和器物的细节分析上，且都区分了直接与间接失蜡法。这些研究，不仅解决了特定器物的铸造工艺问题，更为我国失蜡工艺研究提供了新思路，此类方法可供之后疑为失蜡法铸造的空腔器物借鉴。

目前，关于秦始皇陵出土的这两大类空腔器物的铸造工艺，学界对其研究结果并无太多争议。故而本文将2019年对于秦始皇陵出土的青铜水禽与青铜马车两项研究的时期，称为中国失蜡法的工艺细节对比研究期。至于具体的失蜡法与范铸法流程与工艺特征之详细对比，笔者将另文撰写。

三 结论及未来研究方向

通过对中国境内失蜡铸造工艺研究史之整理可见，1928年以来，随着我国境内铸铜遗址出土遗物的增多以及学者研究的进展，我国古代青铜器失蜡铸造工艺近百年的研究史可分为以下五个阶段：

（1）1931年之前：完全失蜡法研究期；

（2）1931（殷墟陶范大量出土）~1959：蜡模加块范的半失蜡法研究期；

（3）1960（侯马陶模出土）~1977：完全的块范法研究期；

（4）1978（曾侯乙尊盘出土）~2018：块范法与失蜡法研究胶着期；

（5）2019至今：空腔器物失蜡铸造工艺细节对比研究期。

五个阶段的研究各有侧重，学者们对我国失蜡法问题的认识，随着新材料的出土与新研究方法的介入而发生变化，这一问题的研究已取得颇多进展。总体来说，我国青铜时代以块范法铸造青铜容器这一结论，在商周王畿地区以及其他方国与诸侯国地区仍然成立。在一些边缘地区，如草原文化区，大量使用的青铜牌饰，多数学者认为其应为间接失蜡法铸造；另据学者研究，战国中晚期后西南地区一些器物如贮贝器附饰等，使用了失蜡法。至于我国境内其他疑似失蜡法工艺铸造器物，如淅川下寺二号墓出土铜禁与曾侯乙尊盘，还有待于更多的新材料和更深入地研究来揭示其铸造工艺。

在青铜水禽与青铜马车研究中所采用的细节对比研究法，基本解决了秦始皇陵出土器物的铸造工艺问题，并对类似器物的研究提供了新思路。要进一步解决我国境内失蜡法问题，应侧重疑似失蜡法铸造空腔器物范芯的检测。在制蜡模时，空腔器物的泥芯与蜡模有直接接触；加热流失蜡模时，范芯进一步接触到了高温熔化的蜡模，故范芯表面可能残留蜡模中的有机成分。对于这类范芯表面成分的检测，有望给我国境内失蜡铸造工艺的使用问题提供新的解决途径。

综上所述，经过国内外学者近百年研究，初步得出中国境内失蜡铸造的使用特点。即商周时期中原核心区域几乎都使用块范法，而至迟在秦时期已开始使用失蜡法。秦始皇陵出土青铜马车与青铜水禽制作工艺精湛，显示失蜡法在当时并非新兴技术，其工艺来源于中国失蜡法的起源等问题还有待进一步研究。在边缘地区，如北方草原与西南地区，从战国晚期开始，偶见受其他文明影响的失蜡铸造器物。最后，我们期待空腔器物范芯表面有机物成分的检测，能给我国境内失蜡法存在与使用问题提供明确答案。

附记：本文在写作过程中得到陕西师范大学曹玮教授、毕经纬教授、西北工业大学杨军昌教授指导，特此致谢！

［1］张光直：《中国青铜时代》，生活·读书·新知三联书店，2014年，第9页。

［2］SEÁN HEMINGWAY. *The Horse and Jockey from Artemision，A Bronze Equestrian Monument of the Hellenistic Period*［M］. California：University of California Press，2004. 5.

［3］Fairbank W. Piece-Mould Craftsmanship and Shang Bronze Design［J］. *Archives of Chinese Art Society of America*，1962 XIV：9-10.

［4］万家宝：《古代中国青铜器的失蜡法和块范法铸造——中西古代金属技术的发展比较之五》，《大陆杂志》1989年第2期。

［5］*Samuel Baah Kissi. Evaluation of Bees Wax and Core Materials for Traditional Lost Wax Casting*［D］. MA Dissertation of Kwame Nkrumah University，2011. 14.

［6］Chase W T. Ancient Chinese Bronze Art，Casting The Precious Sacral［J］. *China House Gallery，China Institute In America*，1991：24.

［7］Beglay R W. Shang Ritual Bronze：Casting Technique and Vessel Design［J］. *Archives of Asian Art*，1990，43：6-20.

［8］Rawson J. China and the steppe：reception and Resistance［J］. *Antiquity*，2017. 375-388.

［9］梅建军：《关于中国冶金起源及早期铜器研究的几个问题》，《吐鲁番学研究》2001年第2期。

［10］冯时：《中国古文字》，中国社会科学出版社，2016年，第423~424页。

［11］Yetts W P. Catalogue of the Chinese and Korean Bronzes［A］. Hopkins L C. *The George Eumorfopoulos Collection（Vol. I）*［C］. London：Ernest Benn，Ltd. Bouverie House，

1929. 36-38.

　　[12] 李济主编，石璋如著：《中国考古报告集之二：小屯（第一本）遗址的发现与发掘·丙编（殷墟墓葬之四：乙区墓址 上下的墓葬）》，中研院史语所，1976年，第19~20页。

　　[13] 刘屿霞：《殷代冶铜术之研究》，李济总编：《安阳发掘报告第四期》，1933年，第681~696页。

　　[14] 石璋如：《殷代的铸铜工艺》，中研院史语所集，1955年，第58~85页。

　　[15] Karlbeck O. Anyang Moulds [J]. *Bulletin - The Museum of Far Eastern Antiquities* (*Ostasiatiska Museet*) *Stockholm*. Sweden：The Museum. 1935（7）：39-60.

　　[16] Maryon H, Plenderleith H J. *Fine Metal-work*, *A History of Technique*（*Vol*，*I*）[M]. Oxford：Oxford University Press, 1954：627-631.

　　[17] 山西省考古研究所：《侯马铸铜遗址》，文物出版社，1993年。

　　[18] 杨欢：《侯马铸铜遗址陶模分型研究》，陕西师范大学硕士论文，2012年。

　　[19] Barnard N. *Bronze Casting and Bronze Alloys in Ancient China*[M]. Tokyo：Nippon Oyo Printing Coy. , Ltd, 1961.

　　[20] 李济、万家保：《中国考古报告集新编——古器物研究专刊（1器物）》，中研院史语所，1964年。

　　[21] Gettens R J. *The Freer Chinese Bronze*，*Vol*，*II Technical Studies*[M]. Washington：Smithsonian Publication, 1969.

　　[22] 张子高：《中国化学史稿（古代之部分）》，科学出版社，1961年。

　　[23] Gettens R J. Joining Methods in the Fabrication of Ancient Chinese Bronze Ceremonial Vessel [A]. *Application of Science in Examination of Works of Art*[C]. Boston：Museum of Fine Arts, 1965. 205-217.

　　[24] Simpson B L. *History of the Metal Casting Industry*[M]. Chicago：American Foundrymens Society Inc IL, 1969：24-26.

　　[25] Bunker E C, Ternbach J. A Variation of the Lost-Wax Process [J]. *Expedition*, 1970（12）：41-43.

　　[26] 湖北省博物馆：《曾侯乙》，文物出版社，2018年，第80、84页。

　　[27] 河南省文物研究所等：《淅川下寺春秋楚墓》，文物出版社，1991年，第126页。

　　[28] 华觉明等：《曾侯乙墓青铜器群的铸焊技术和失蜡法》，《文物》1979年第7期。

［29］华觉明、贾云福：《曾侯乙尊、盘和失蜡法的起源》，《自然科学史研究》1983 年第 4 期。

［30］华觉明、谭德睿：《中国失蜡法的研究、鉴定和著述记略》，《中国文物报》2006-9-15。

［31］谭德睿：《中国古代失蜡铸造起源问题的思考》，《文物保护与考古科学》1994 年第 2 期。

［32］Thomas C W. *Ancient Chinese Bronze Art Casting the Precious Sacral Vessel*［M］. New York City：China House Gallery and China Institute in America，1991. 34.

［33］Zhou W R, *et al*. New research on lost-wax casting in ancient China［A］. Jianjun Mei, Thilo Rehren（eds）. *Metallurgy and Civilisation*, *Eurasia and Beyond*［C］. London：Archetype Publications，2009. 73-78.

［34］周卫荣、董亚巍、万全文、王昌燧：《中国青铜时代不存在失蜡法铸造工艺》，《江汉考古》2006 年第 2 期。

［35］黄金洲：《曾侯乙尊盘采用失蜡法工艺铸造毋庸置疑——与〈中国青铜时代不存在失蜡法铸造工艺〉讨论》，《江汉考古》2008 年第 4 期。

［36］周卫荣、董亚巍等：《失蜡法工艺不是中国青铜时代的选择》，《中国文物报》，2006-01-21。

［37］周卫荣、董亚巍等：《再论失蜡法工艺不是中国青铜时代的选择》，《南方文物》2007 年第 2 期。

［38］Davey C J. The early history of the lost-wax casting［A］，Jianjun Mei, Thilo Rehren（eds）. *Metallurgy and Civilisation*, *Eurasia and Beyond*［C］. London：Archetype Publications，2009. 147-154.

［39］华觉明：《中西方失蜡法之同异——兼评"先秦不存在失蜡法"一说》，《考古》2010 年第 4 期。

［40］王金潮：《泥范法复原许公宁透空蟠虺纹青铜饰件研究》，《南方文物》2008 年第 4 期。

［41］王金潮：《中国青铜时代透空青铜器铸造工艺研究的几个问题》，东亚文化遗产保护学会、内蒙古博物院、中国文物保护技术协会：《东亚文化遗产保护学会第二次学术研讨会论文集》，2011 年，第 7 页。

［42］周卫荣：《失蜡工艺的起源与失蜡铸造的工艺特征——兼谈失蜡工艺问题研究的进展与意义》，《南方文物》2009 年第 4 期。

［43］周卫荣：《中国古代失蜡工艺求真——兼述失蜡工艺特征与青铜器鉴定》，

《江汉考古》2009 年第 3 期。

[44] 周卫荣、黄维：《试论青铜时代透空青铜器的工艺特色——兼谈失蜡铸造问题》，《中国国家博物馆馆刊》2015 年第 1 期。

[45] 周卫荣等：《"失蜡失织法"商榷》，《南方文物》2016 年第 1 期。

[46] 李晓岑、韩汝玢：《古滇国金属技术研究》，科学出版社，2011 年，第 64 页。

[47] 张昌平：《关于曾侯乙尊盘是否采用失蜡法铸造争议的评述》，《江汉考古》2007 年第 4 期。

[48] 朱凤瀚：《中国青铜器综论》，上海古籍出版社，2007 年，第 781 页。

[49] 中国社会科学院考古研究所：《安阳孝民屯（四）殷商遗存·墓葬》，文物出版社，2018 年，彩版三一，1。

[50] 邵安定：《秦始皇帝陵园出土彩绘青铜水禽制作工艺及相关问题研究》，科学出版社，2019 年。

[51] 曹玮：《秦始皇陵出土二号青铜马车》，文物出版社，2015 年，第 106 页。

[52] 杨欢：《秦始皇陵出土青铜马车铸造工艺新探》，《文物》2019 年第 4 期。

[53] 秦始皇兵马俑博物馆、陕西省考古研究所：《秦始皇陵铜车马发掘报告》，文物出版社，1998 年，图片九九。

原载于《中国科技史杂志》，2021 年第 1 期

新论"六齐"之"齐"

杨　欢

　　摘　要：学术界关于《周礼·考工记》中的"六齐"，有多种不同认识，而所有这些认识都无一例外地认为"六齐"中的铜锡比例是两种金属的质量之比。本文在前人研究的基础之上，结合有关史料和考古资料分析认为"六齐"中的铜锡比例应该为它们的体积之比。

　　关键词：铜锡合金　六齐　体积比　机械性能

　　《周礼·考工记·辀人》记载："金有六齐：六分其金而锡居一，谓之钟鼎之齐；五分其金而锡居一，谓之斧斤之齐；四分其金而锡居一，谓之戈戟之齐；三分其金而锡居一，谓之大刃之齐；五分其金而锡居二，谓之削杀矢之齐；金锡半，谓之鉴燧之齐。"这是关于"六齐"最早的文献记载。"齐"音"剂"，"六齐"，即"六剂"（由于繁简字的原因，下面叙述仍用"六齐"）。郑玄注："齐，目合金之品数。"[1] 指分剂，也指量的多少，"六齐"是古代铸造青铜器时六种金属剂量比例不同的配比。

　　六种配比出现的根本原因，是基于铜和锡这两种金属的机械性能，纯铜也叫红铜，熔点高而硬度低，具有良好的韧性和延展性；锡的硬度较高，但是比较脆，把金属锡加入纯铜中做成合金，随着锡的比例的增大，合金的硬度会随之增加，而熔点会降低，便于铸造。所以要根据不同的器物对硬度和韧度的要求要掌握铜锡的比例，提出六齐的人，把青铜器物分成了六大类，并总结出了铸造铜器的铜锡比例。关于《周礼·考工记》的成书年代，清人江永《周礼疑义举要》中指出它是东周时期的著作。郭沫若先生进一步认为，它是春秋年间齐国的官书[2]。而彭林先生从剖析《周礼》所蕴含的思想体系入手，在他的《〈周礼〉主体思想与成书年代研究（增订本）》中则认为，《周礼》成书年代应该在汉初[3]。无论其成书年代在春秋还是在汉初，书中这一段关于青铜合金成分配比的记载，都应该是我国乃至世界上最早的关于合金成分配比规律的记载[4]。

一　关于"六齐"的不同认识

截至目前，学术界关于"六齐"的研究，有两种途径，一是以先秦之前的文献为基础，对"六齐"字面上的含义进行阐述和解释；二是用现代的检测方法对出土的三代青铜器进行成分上的分析，通过与"六齐"中描述的各类器物含铜、锡量的对比来考证其正确性。通过这两种途径，学者们得出了关于"六齐"一些不同的看法，大致可归纳为以下几种观点：

1. 马承源等先生认为"六分其金"中的"金"为纯铜[5]（这个符合古代对铜的称呼，从许多青铜器铭文中，都可以发现王赐金的记录，例如利簋中的"赐右史利金"、令彝中的明公赏赐给夨师金小牛等[6]，铭文中的金都被释读为铜）。在此基础之上，把"六齐"解读为：钟鼎之齐，铜锡比例为六比一；斧斤之齐，铜锡比例为五比一；戈戟之齐，铜锡比例为四比一；大刃之齐，铜锡比例为三比一；削杀矢之齐，铜锡比例为五比二；鉴燧之齐，铜锡的比例为一比一。

2. 路迪民先生在他的文章中把"六分其金"中的"金"解读为合金，即配方后的铜锡合金，把合金等分，而锡所占的比例[7]。按照他的观点，六齐被解读为：钟鼎之齐，铜锡比例为五比一；斧斤之齐，铜锡比例为四比一；戈戟之齐，铜锡比例为三比一；大刃之齐，铜锡比例为二比一；削杀矢之齐，铜锡比例为三比二；鉴燧之齐，铜锡的比例为一比一。

显然，以上两种认识，都是建立在把铜和锡假设为不含杂质的纯铜纯锡的基础上的，根据这两种观点，得到表一：

表一　关于"六齐"不同解释下的铜、锡之比

六齐之名	《考工记》原文	观点1（铜%）	观点1（锡%）	观点2（铜%）	观点2（锡%）
钟鼎之齐	六分其金而锡居一	85.71	14.29	83.33	16.67
斧斤之齐	五分其金而锡居一	83.33	16.67	80.00	20.00
戈戟之齐	四分其金而锡居一	80.00	20.00	75.00	25.00
大刃之齐	三分其金而锡居一	75.00	25.00	66.67	33.33
削杀矢之齐	五分其金而锡居二	71.43	28.57	60.00	40.00
鉴燧之齐	金锡半	50.00	50.00	50.00	50.00

3. 张子高先生则认为鉴燧之齐中的"金锡半"是指"金一锡半[8]",这样铜锡的比例就变为了二比一,除此之外,其他同第一种观点。

4. 梁津先生"六齐"认为金为金银铅锡之总和,锡为铅锡等的混合物[9]。此种观点也有可取之处,毕竟对于"齐"来讲,本身就是一种配方合剂的结果。再者,在青铜器的铸造中,铅的作用不容小觑,它是以游离态存在于铜液中的,可以延长铜液的凝固时间,使得器物更好的成型[10],所以把锡解释为铅锡等的混合物,也是有道理的。但是铜和锡的含量是多少,还须通过对当时原料和青铜器的铜锡含量分析来解释。

上述四种观点,大致涵盖了目前学术界关于"六齐"的研究,虽各有不同,却也有一个共同点:他们认为"六齐"中的铜锡比例都是指其质量比。而事实上,在《考工记》的记载中,作者并没有明确说明其铜锡比例指的是质量比还是体积比。那么到底那种解释符合"六齐"的合金配比呢?本文在前人研究的基础上,通过对相关数据的分析,结合考古材料,就此做一点探索,敬请批评指正。

二 铜锡合金含锡量与机械性能分析

先来分析一下铜锡合金的各项机械性能随其中含锡量变化产生的变化情况。从图一可以看出[11],随着合金中含锡量的增大,合金的伸长率迅速下降,含锡量到达23%时,合金已经变得非常脆了。而强度则是随着含锡量的增加一路增加的,至于合金的抗拉强度,在含锡量为18%时达到峰值。

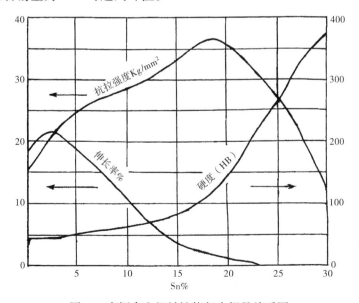

图一 青铜合金机械性能与含锡量关系图

在了解了铜锡合金中的含锡量与其机械性能之间的关系的基础之上，就可以根据实际器物对机械性能的要求，来分析一下其合理的含锡量数值区间了。

1. 钟鼎之齐。钟是乐器，鼎是容器之一。乐器敲击发音，所以要经受得住敲击，对硬度和强度是有要求的，延展性要求不高，以曾侯乙钟为例，含锡量约 13%～16%[12]。而青铜容器，需要负重，特别是大鼎，更是如此，但是器壁又不能太厚，此种器物对合金的强度是有要求的，根据图一，这种类型器物的锡含量一般应该在 15%～18% 之间[13]。

2. 斧斤之齐。斧与斤是两种工具，主要用其刃部进行砍伐，因而对硬度要求较高，还需经得起撞击，所以在抗拉强度上，也应达到使用需求。总而言之，这类青铜工具的机械性能要求坚韧。这种合金的含锡量应在 18% 左右。

3. 戈戟之齐。戈戟类的器物，其刃部必须锋利，不至于卷刃，故而对硬度要求非常高，戈戟类的由于本身较短，不易折断，对延展性的要求不高。这样看来，戈戟的锡含量在 18%～20% 之间。

4. 大刃之齐。这类器物对硬度的要求非常高，与此同时，刀剑之类的大刃器身较长，容易折断。还应保持一定的延伸率。结合东周出土器物观察，刀剑之类的大刃器物含锡量应在 20% 左右。在何堂坤先生关于《胶东铜器的科学分析》一文中，可以看到在东周时期的五件青铜剑中，含锡量最高的为 16.993%[14]。关于大刃之齐，这里还需要提及的是，鉴于需要又考虑硬度又要兼顾延伸率，用同一种锡青铜恐怕无法同时满足二者，中国古代冶铸工匠经过对上述现象的反复认识，创造出了"双色剑"工艺技术——剑刃用含锡 18.5% 的青铜来获得较高的锋利性，剑脊则用含锡 11.5% 的青铜来保证一定的韧性。这种剑多出于中原地区，在江西、长沙、吴越和岭南地区也有发现[15]，因此关于大刃之齐，"六齐"所关注讨论部分应只在其刃部，而非总体的铜锡比例。

5. 削杀矢之齐。削是一般日用小工具或文具，用于切割、刮削，刃部要锋利。矢是射杀人、兽的远程武器，应当要有锐利的刀锋。这两种器物在使用时一般不容易折断，故而对其韧性一般不做考虑，主要以提高硬度为主，含锡量应在 30% 以内。

6. 鉴燧之齐。鉴为铜镜，梳妆时照人所用，而燧为阳燧，是为聚焦太阳光取火之用。铜镜表面必须光滑，就是说硬度要高，同时表面要光亮，易反光成像。由于锡青铜颜色随着含锡量的增大而由红变白，含锡量高于 20% 时即转白色，在含锡量 30%～40% 间呈银白色，硬度也非常的高，可以满足铜镜对硬度的要求，但此时的合金强度极低，是不能制作成为任何实用器物的[16]。再加上古人在制镜时还要经过"粉以玄锡，摩以白旃"的表面处理。在这类合金中加入 6% 左右的铅，将改善其磨削性能，进一步降低熔点以便铸出完整精美的镜背纹饰[17]。所以综合器硬度要求和金属性能考虑，鉴燧之齐的含锡量可以取在 20%～25% 之间[18]。目前出土的多个战国铜镜也证实了这一点，平均含锡量为 21.73%。

表二

六齐之名	钟鼎之齐	斧斤之齐	戈戟之齐	大刃之齐	削杀矢之齐	鉴燧之齐
机械性能合理的 含锡量 %	15~18	18 左右	18~20	20 左右	30 以内	20~25

对比表一与表二中的数据，不难看出，在表一中第一种解释方法中有更多的数据与表二接近，虽然与出土器物的铜锡比值有些出入，但是考虑到有时低温下锡金属化学物理性能所发生的变化，这种解释还是可以大体上反映东周时期青铜器合金配料情况的，即金为纯铜，且与张子高先生的金一锡半解释基本吻合。至于最后一种解释中的锡铅一体的说法，虽然很多器物中都有铅的成分，但是鉴于侯马铸铜遗址中已经出土了铅锭[19]，说明在那一时期的工匠们是能够明确的区别铅锡的，铸造器物时所需的铅应该是另行添加的。故此种说法不予考虑，所以关于"六齐"之说，讨论范围便只限定于铜锡二元青铜合金。

三 "六齐"之说为体积比

文章前半部分分析对比都是以铜锡的质量比为前提的，如果"六齐"之说的提出是按照体积而言的，由于铜的密度大于锡的密度，两者的密度之比为 1.22，这样一来，由表二的质量比变为体积比则得到表三。

表三 "六齐"的体积之比

六齐之名	钟鼎之齐	斧斤之齐	戈戟之齐	大刃之齐	削杀矢之齐	鉴燧之齐
机械性能合理的 含锡量 %（体积）	18.3~22	22 左右	22~24.4	24.4 左右	36.6 以内	24.4~30.5

如此比较不难看出，此组数据又与第二种说法相近了，除了大刃之齐之外，其他数值都很接近，即在体积比的前提下，"六齐"中的金为合金，可以更好地解释"六齐"的配比比例。因为前面提到过的大刃之齐的二元性，这里暂时不做过多讨论。加之，如果在铸铜作坊中按照体积比来添加铜和锡，也易于操作。

其实，在《考工记》中是可以找到按照体积添加铜、锡的相关文字的。《周礼·考工记》中有："栗氏为量，改煎金、锡则不耗，不耗然后权之，权之然后准之，准之然后量之。"前半句比较容易理解，栗氏在铸造量器之前，先反复冶炼铜、锡使之精纯而不再有可损耗的杂质，然后称量其重量。后半句的"权之然后量之，量之然后准之"戴震释文为："以合度之方器盛水，置金其中则金之方积可计而其体之轻重大小可合而齐，此准之之凭也，量范之大小所受以为用金多少之量数也，先权之以知轻重，次准之已知轻重若干为方积几何，又次量之为器大小受金多寡。"[20] 这段文字表明，在铸造的前一步，是要量出铜、锡的体积的，这样做有两点用处，一是按照要铸造器物所要求的体积总量给出铜、锡总量，这个总量是通过对范腔的测量得来的。其次是合齐，即对于所要添加铜、锡量分别控制。在量过体积之后才会按照总量和分量来添加铜、锡铸造器物。

另外，在考古学上也有相关的证据。在目前的几个大的铸铜遗址的发掘中，虽然没有出土规模比较大的体积相同的铜锭和锡锭，但是在侯马铸铜遗址的发掘中，发现了一个专门用于贮藏铅锭的窖穴，放置着排列整齐，大小形制相当的 110 块铅锭[21]，笔者认为据此可以从侧面推测"六齐"中的铜锡之比或为体积比。

四　结语

"六齐"关于铜器分类铸造和铜锡比例应该为其体积之比。当然在东周之前的器物中所出现的铜锡比例（如商周青铜器），与"六齐"数据存在较大差异，这恰恰是技术尚处在发展阶段的表现。在"六齐"出现之后，如秦汉时期的一些器物的合金比例与考工记相似度很高，这是"六齐"对后世青铜铸造影响的反映[22]。以金属的机械性能为最初的出发点，加以对出器物的成分分析，才有可能达到最接近的答案。体积之比的提出，也是笔者基于一些出土物品和"六齐"之说各家观点，提出的一个新看法。在这一前提下，"六齐"中的金为铜和锡的总量，铜和锡是按照体积比来添加的，在铸铜作坊进行实际操作时，体积之比更易操作和控制，具有一定的可行性。相比于铜来说，金属锡的化学性能比较活泼，在铸造的过程中，铜、锡都发生氧化，而锡氧化的比较迅速[23]。在铸造完成之后使用和传世的过程中，当温度低于摄氏 13 度时锡会发生变化，即所谓的灰化。因此对于出土的器物分析时应考虑其在当时的埋藏环境下，锡金属的灰化比例，单纯出土器物的检测报告的铜锡比例而言，应该与当时铸造时的比例不尽相同。而且，锡很容易富集在器物的表面，也造成如果只检测器物表面的锡含量，则其结果会明显高于器物内部的锡含量[24]。关于这样的差异，本文不再赘述。如若找出更加科学的检测方法，再加上合金随时间与温度的变化规律，这几点结合加以推测，或能找出当初铸造时的铜锡比例。

最后，我们应该注意到"六齐"不是在整个青铜时代，人们铸造器物的严格的合金比例规则，它的存在是具有时间性和区域性限制的。如果因为它与很多其他地区不同时代出土青铜器的铜锡比例不同就对"六齐"进行完全的否定，是不可取的。

［1］（汉）郑玄注：《周礼·仪礼·礼记》，岳麓出版社，2006 年。

［2］华觉明、王玉柱、朱迎善：《商周青铜合金配制和"六齐"论释》，《第三届国际中国科学史讨论会论文集》，第 280 页。

［3］彭林：《〈周礼〉主体思想与成书年代研究（增订本）》（当代中国人文大系），中国人民大学出版社，2009 年。

［5］马承源：《中国青铜器》，上海古籍出版社，1988 年，第 506 页。

［4］朱凤瀚：《中国青铜器综论》，上海古籍出版社，2009 年，第 731 页。

［6］高明：《中国古文字学通论》，第 380 页，北京大学出版社，1996，第 372 页。

［7］路迪民：《"六齐"新探》，《文博》1999 年第 2 期。

［8］张子高：《六齐别解》，《清华大学学报》4 卷 2 期，1958 年。

［9］梁津：《周代合金成分考》，《科学》1925 年第 10 期。

［10］董亚魏：《范铸青铜》，北京艺术与科学电子出版社，2006，第 9 页。

［11］此图引自朱凤瀚：《中国青铜器》，上海古籍出版社，2009 年，第 733 页。

［12］华觉明：《世界冶金发展史》，科学技术文献出版社，1985 年，第 512 页。

［13］朱凤瀚：《中国青铜器综论》，上海古籍出版社，2009 年，第 734 页。

［14］何堂坤：《胶州青铜器科学分析》，《文物保护与考古科学》1990 年 12 月，第 2 卷，第 2 期。

［15］徐恒彬、华觉明等：《广东省出土青铜器冶铸技术的研究》，《科技史文集》第 14 期。

［16］何堂坤：《胶州青铜器科学分析》《文物保护与科学考古》1990 年 12 月，第 2 卷，第 2 期。

［17］吴来明：《"六齐"商周青铜器化学成分及其演变的研究》，《文物》1986 年第 11 期。

［18］朱凤瀚：《中国青铜器综论》，上海古籍出版社，2009 年，第 735 页。

［19］山西省考古研究所：《侯马铸铜遗址》，文物出版社，1993，第 57 页。

［20］（清）阮元：《清经解》卷五六三，上海书店，1988 年。

［21］山西省考古研究所：《侯马铸铜遗址》，文物出版社，1993，第 58 页。

［22］容庚：《殷周青铜器通论》，中华书局，2012 年，第 124 页。

［23］马承源：《中国青铜器》，上海古籍出版社，2009 年，第 506 页。

［24］感谢苏荣誉老师告知此类差别。

秦陵出土青铜马车制作比例研究

杨 欢

摘 要：秦始皇帝陵出土的两乘青铜马车是我国古代的重要青铜器。是秦始皇统一车轨、度量衡后制作的马车中保存最为完整的，对于研究秦时器诸多的制度有重要意义。然而自出土以来，学者们都把其制作比例简单地归结为"约为实用器的二分之一"。本文运用体质人类学、动物考古学等研究方法，分析对比与两乘青铜马车其同一时期的人骨、马骨及车辆零部件的比例关系，得出了两乘青铜马车是严格按照当时真人、真马、真车二分之一比例制作的结论。从而使这两乘青铜马车成为研究秦代车舆与度量衡等制度的标准器。

关键词：铜车马 制作 比例 二分之一

1980年12月，考古工作者在秦始皇陵西侧发现了两乘大型的青铜马车，这是我国考古史上的重要发现[1]。这两乘马车，因其形体巨大、铸造精美且工艺复杂，有"青铜之冠"的美称。但在对于青铜马车的描述中，学者们只是简略地把它们归纳为"铜车、铜马和铜俑的大小约相当于真车、真马和真人的二分之一"[2]。这只是一个大致的估量。简单的描述这两乘马车时可以这样说，但在学术研究中就需要更准确的数据来说明问题。

这两辆马车的出土具有重要意义。首先，秦始皇不仅在版图上统一了中国，他还统一了度量衡、文字等。在《史记·秦始皇本纪》二十六年有"一法度衡石丈尺，车同轨，书同文字"的记载。秦始皇统一了车轨之后的马车，在其他地方也有发现，如秦始皇陵的一、二、三号坑都有木质车辆出土。但这些马车因为其材质的原因大多腐朽，很多部位、部件已不可见，对于这一时期车马制度以及度量衡的研究的参考意义非常有限。青铜马车弥补这些不足，修复后的青铜马车与其设计铸造时的尺寸基本上没有差别。如果弄清楚了这两乘马车与当时实际马车的比例关系，我们可以此为基础来研究秦时期的车舆制度以及度量衡制度。

其次，与兵马俑一样，这两乘青铜马车在历史上也没有任何的记载，更遑论其制作比例了。既然没有清晰的文字资料，且青铜车马的制作比例对很多研究都有重要的意义，我们就有必要通过对比研究来确定其真实地制作比例。

本文拟通过同时期相近地区出土的人骨资料、马骨和陶马等资料，采用体质人类学以及动物考古学的比较方法，辅以考古出土的车马器部件，与青铜马车的驭手、马匹及车辆上的一些标准零部件的比值，来分析这两乘青铜马车的制作比例问题。

一 一号马车御官俑的制作比例

两乘青铜马车分为一号车与二号车，一号车的形制为古代常见的立乘车[3]，驭手站立驾车，因此在一号车上我们可以得到关于驭手身高的数据。一号车上的御官俑身高84.5、通冠高91厘米[4]。我们可以将84.5厘米这一身高数值和与其同时期同一地点出土的兵马俑的身高来做比较。

首先，我们来看兵马俑二号坑出土的御手俑T1∶2，这件俑的身高为180.77厘米[5]；同样是二号坑出土的御手俑T9∶2，其身也超过了185厘米。通过上述两项数据可以发现，兵马俑坑出土御手俑的身高普遍高于现代的成年男性，如果兵马俑所描述的身高属实，则秦人的身高远远高于现代人的身高，这显然与人类身高的发展趋势相悖，不排除其中有为了突出军人威武的形象而夸大的部分。

大量的战国秦汉墓地出土的人骨的身高都低于这一数值。在临潼湾李战国至秦墓地中出土的34例男性个体的平均身高为167.9厘米，最高和最矮的差值分别是161.97厘米~177.1厘米[6]。

2003年2月，秦始皇陵考古队在清理一处位于兵马俑博物馆旁山任村的秦代窑址时发现了百余具人骨，并判断这是一处修陵人墓地。这些人骨中有117具为年龄分布在15~55岁之间的成年男性，这个年龄恰好是体质人类学上的成年基本标准[7]。学者们根据这些人骨的股骨最大长，对他们的身高进行了推算，秦始皇陵的117个营建者的平均身高在166.2~171.6厘米[8]。

其他地区秦墓出土的人骨中，华县东阳墓地成年男性身高范围为151.48厘米~177.04厘米，平均身高166.42厘米[9]。咸阳关中监狱战国秦墓成年男性的身高范围为163.88厘米~173.17厘米，平均值为168.04厘米。上述几处墓地中成年男性人骨的身份不尽相同，山任墓地人骨为修建秦陵的劳工；而华县东阳墓地与咸阳关中监狱战国秦墓都为平民或者稍微富裕者之墓地[10]。墓主人的身份不同，但身高却非常接近。由此看来，这几处墓地中成年男性的身高或可反映出当时关中地区秦人的身高值。按照平均值计算，秦时期这一地区的男性的平均身高应为 168 厘米左右。而根据彭卫的文章，秦汉时期黄河流域和以北地区成年男性的中等身高大约为 166 厘米~168 厘米[11]。两种结论十分接近。

一号青铜马车御官俑身高为 84.5 厘米，与上文提到的几处遗址出土的成年男性的身高比值都非常接近二分之一（表一）。考虑到个体差异的存在，我们可以说青铜马车上的御官俑是按照真人的二分之一比例制作的。

表一　一号青铜马车御官俑身高与秦墓出土人骨身高对比

	山任窑厂	咸阳关中监狱战国秦墓	华县东阳秦墓	秦汉黄河以北男性中等身高	一号青铜马车驭手
平均身高（厘米）	166.2~171.6	168.04	166.42	166~168	84.5
与一号青铜马车御官俑身高比值（倍数）	1.97~2.03	1.99	1.97	1.96~1.99	

二　铜马的制作比例

秦陵出土的两乘青铜马车都为四马系驾的单辕双轮车，两车上共有铜马 8 匹。从外观上看，这些铜马都为成年的公马。以二号车为例，4 匹铜马的身高分别为：右服马通耳高 92.6、通肩高 65.6、首至臀长 106 厘米；左服马通耳高 93.2、通尾长 114、通肩高 66.8、首至臀长 109 厘米；右骖马通耳高 91.4、通尾长 114.8、通肩高 66、首至臀长 107 厘米；左骖马通耳高 90.2、通肩高 66.5、首至臀长 104 厘米[12]。4 匹马的平均身高为 91.9 厘米，平均身长（首至臀长）为 106.5 厘米，平均通肩高为 66.2厘米。

在掌握了青铜马的身高、体长等数据之后，我们可以把这些数据与秦始皇陵周围出土的马骨数据进行比较，从而得出铜马的制作比例。2000 年，秦始皇陵西南的K0006 陪葬坑的后室，发现了大量的马骨。经统计，这一陪葬坑共葬马 20 余匹。从犬齿与盆骨这两方面分析，K0006 的马绝大多数为公马，且马的年龄都在十岁以上，属于老马[13]。因为 K0006 出土的马骨，与青铜马车上的铜马出土于同一地区，且都是用来拉车的马匹，加之二者都是成年的公马，故而将这两处出土的马匹身高进行对比。

通过对 K0006 出土的马的肢骨的测量，发现这些肢骨的长度与秦始皇陵一号坑出土的陶马相同部位的长度相似，故而 K0006 坑所出土的马的尺寸也应当与秦始皇兵马俑一号坑出土的陶马相似。出土于兵马俑一号俑坑的骖马和服马，经测量，身体通长约 206 厘米，通头高约 165 厘米，通肩高约 132 厘米，前肢高约 77 厘米，后肢高约 82 厘米[14]。在秦始皇陵园东侧上焦村马厩坑也曾出土过一批马的骨骼，经测量，这些马的高低、长短及头部各处的比例都与秦始皇陵一号俑坑出土的陶马相近[15]。

从上述数据可以看出，无论是马厩坑与 K0006 出土的马骨还是一号兵马俑坑出土的用来拉车的马，其身长大致都为 206 厘米，通肩高为 132 厘米。前文已经提到二号青铜马车的 4 匹铜马的平均身高为 91.9 厘米，平均身长（首至臀长）为 106.5 厘米，平均通肩高为 66.2 厘米。两者相比较，秦陵地区出土的正常尺寸的马的身长大约是青铜马车马匹的 1.93 倍，通肩高约为 1.99 倍。根据比较的结果，我们可以说青铜马车上的铜马是按照真马的二分之一比例制作的。

三 青铜马车零部件的制作比例

铜马车的制作工艺复杂，技术精湛。为了表现马车的细部结构、装配关系及灵活性，整辆马车被分解成上百个大小不同的组件，其中多数组件又由众多的零部件组装而成。在此我们无法一一比较这些零部件的大小与当时实用车马的零部件大小，只能取几种相对标准的部件来加以比较。

一号车轮径 66.7 厘米，双轮之间的轨距为 95 厘米[16]。二号青铜马车轮径 59 厘米，两轮之间的轨距为 101.5 厘米[17]。一、二号车之间存在着一些差距，但是从车的形制来看，一号车属于单舆车，而二号车则分为前后两舆。兵马俑坑中出土的战车基本上都为单舆车，与一号铜车的形制类似。我们可以选择一号车与俑坑中的木质战车的数据进行比较。

一、二、三号兵马俑坑内估计有木质战车 140 余乘。期中一号坑 50 余乘，二号坑内有车 89 乘，三号坑 1 乘。现已清理出 40 余乘。根据一号兵马俑坑 T2 方二过洞、T10 方七过洞、T19 方九过洞和十过洞等处出土战车上的车轮残迹复原，轮径为 134 厘米~136 厘米，在此取平均值 135 厘米。从二号兵马俑坑 T2 试掘方战车上的车轴痕迹来看，该车的轨距为 190 厘米[18]。将这些数据与一号青铜马车的轮径、轨距相比较，比值分比为 2.02 与 2。一般来说，轮径可以决定车的高低，而轨距则可以决定车的宽度。由此可见，在高度和宽度上，铜车马的一号车恰好是兵马俑坑出土实际大小车辆的二分之一。

在确定了青铜马车的轮廓为真实车辆的二分之一后，我们再把车上的一些小部件的尺寸与兵马俑坑出土的车辆上的部件进行比较。一号青铜马车舆底有四轸，其中左右两轸和后轸宽为 3、厚 2.5 厘米[19]，而兵马俑一号陪葬坑出土的战车舆底也有四轸，宽 6、厚 5 厘米。[20] 两者相比，一号马车上的车轸恰好为兵马俑坑出土战车车轸的一半。

最后，我们用青铜马车车舆内发现的一件弓弩来与秦时期的弓弩尺寸进行比较。这件弓弩为铜质，架装在车轼前面，弩由弩臂、弩机和弩弓三大部件组成。弩臂通长 39.5 厘米，弩弓水平长 70.2 厘米[21]。兵马俑一、二号陪葬坑内出土大批弩的遗迹，仅一号坑东端五个方就出土弩遗迹 132 处，也都是由弩臂、弩机和弩弓三大部分组成，弩弓残长最长者为 147 厘米，弩臂最长为 76 厘米[22]。将二者相比较，兵马俑坑出土的弩的长、宽值分为一号青铜马车上青铜弩长、宽值的 2.09 倍与 1.92 倍。

通过对一号青铜马车车体轮廓、车轸、青铜弓弩与一、二号兵马俑坑出土的同类器物的比较，我们可以发现，一号青铜马车无论从车的轮廓，还是车上零部与所配置兵器的尺寸，都非常接近实用器的二分之一。所以青铜马车车体的制作比例也应该为二分之一。

四 结语

青铜马车的主要结构为铜马、铜御官俑与铜车，我们将这几个重要元素分别与同时期、同一年代的人骨、马骨及陶马与兵马俑坑出土战车进行比较，得到如下的结论（表二）。文章中所比较的 9 项数据中，平均值为 1.99，且所有的比值都落在 1.92 ～ 2.09 这个区间内。

表二 青铜马车部件与秦陵兵马俑出土同类器物的比值

	人（身高）（厘米）	马（厘米）		车（厘米）					
		身长	通肩高	轮径	轨距	轸		弩	
						宽	厚	弩臂	弩弓
秦陵（兵马俑）出土	168	206	132	135	190	6	5	76	147
铜车马	84.5	106.5	66.2	66.7	95	3	2.5	39.5	70.2
比值	1.99	1.93	1.99	2.02	2	2	2	1.92	2.09

使用 SAS 统计软件对数据进行了均值 T 检验[23]，被检验变量是秦陵兵马俑出土同遗物的尺寸与铜车马人、马与车尺寸的比例 Ratio，原假设是 H0 = 2。输入的数据如下表所示，尺寸单位为厘米：

	Parts	Qingling	TCM	Ratio
1	人身高	168	84.5	1.9881656805
2	马身高	206	106.5	1.9342723005
3	马通肩高	132	66.2	1.9939577039
4	车轮径	135	66.7	2.023988006
5	车轨距	190	95	2
6	车轸宽	6	3	2
7	车轸厚	5	2.5	2
8	车弩臂	76	39.5	1.9240506329
9	车弩弓	147	70.2	2.094017094

使用 SAS 统计软件得到的 T 检验过程和结果：

TTEST 过程

变量：Ratio（Ratio）

N	均值	标准差	标准误差	最小值	最大值
9	1.9954	0.0494	0.0165	1.9241	2.0940

均值	95%置信限均值		标准差	95%置信限标准差	
1.9954	1.9574	2.0333	0.0494	0.0333	0.0946

自由度	t 值	Pr >	t	
8	-0.28	0.7861

从这里可以看出，T 值为 -0.28，在统计上不显著。没有拒绝原假设 H0，说明比例 Ratio 变量与 2 没有显著差异。由此我们可以确定，青铜马车的形制确为当时实用车辆的二分之一。

通过前面的对比和计算，我们得出了青铜马车确实为当时车辆二分之一的结论。此比值翔实可靠，使得在以后的研究中，需要使用青铜马车上的数据说明问题时，得到的结论更加有说服力。例如二号车的原型问题，二号青铜马车与一号青铜马车出土于同一陪葬坑内，两者无疑是同时铸造的随葬物品。在前面对于铜车比例的研究中，我们对比的对象是来自于兵马俑坑的战车与一号青铜马车，因为这两类车的形制相近，具有可对比性。在得出青铜马车的制作比例后，我们可以由此及彼，来推测出二号青铜马车原型的体量与形制，从而对秦代的安车有更加深刻的认识。

对于青铜马车制作比例这一问题的解决，不仅仅是对于古代车舆制度与形制的认识，更重要的是这一比值的确定使得两乘青铜马车成了观察秦始皇统一度量衡后观察当时社会度量的标准器。把这些数值与古代典籍（如《考工记》）上记载的尺寸进行对比，就可得到秦时期计量单位的绝对数值，这对于我们进一步认识当时的社会，具有深远的意义。

［1］杨正卿：《秦陵二号铜车马的发现》，《考古与文物丛刊第一号，秦陵二号铜车马》1983 年 11 月。

［2］这种说法首先见于 1 中杨正卿先生文章，袁仲一先生于《秦兵马俑的考古发现与研究》第 370 页，也是这样描述的。

［3］秦始皇帝陵博物院：《秦始皇陵出土一号青铜马车》，《文物出版社》，2012 年，第 5 页。

［4］秦始皇帝陵博物院：《秦始皇陵出土一号青铜马车》，《文物出版社》，2012 年，第 186 页。

［5］袁仲一：《秦兵马俑的考古发现与研究》，《文物出版社》，2014 年，第 106 页。

［6］高小伟：《临潼湾李墓地 2009~2010 年出土战国至秦代墓葬人骨研究》，西北大学硕士学位论文，2012 年。

［7］体质人类学的成年标准为 14 或 15 岁。

［8］陕西省考古研究院、秦始皇兵马俑博物馆：《秦始皇帝陵园考古报告（2001~2003）》，文物出版社，2007 年，第 340~357 页。

［9］熊建雪：《秦人平民与劳工阶层体质差异研究——以关中地区出土人骨为例》，《西安文理学院学报（社会科学版）》第 19 卷第 1 期。

［10］熊建雪：《秦人平民与劳工阶层体质差异研究——以关中地区出土人骨为例》，《西安文理学院学报（社会科学版）》第 19 卷第 1 期。

［11］彭卫：《秦汉人身高考察》，《文史哲》2015 年第 6 期。

［12］秦始皇帝陵博物院：《秦始皇陵出土二号青铜马车》，文物出版社，2015 年，第 249~275 页。

［13］陕西省考古研究所、秦始皇兵马俑博物馆：《秦始皇帝陵园考古报告 2000》，文物出版社，2006 年，第 226~233 页。

［14］陕西省考古研究所等：《秦始皇陵兵马俑一号坑发掘报告》，文物出版社，1988 年，第 373 页。

［15］陕西省考古研究所等：《秦始皇陵兵马俑一号坑发掘报告》，文物出版社，

1988 年，第 158 页。

［16］秦始皇帝陵博物院：《秦始皇陵出土一号青铜马车》，《文物出版社》2012年，第 32 页。

［17］秦始皇帝陵博物院：《秦始皇陵出土二号青铜马车》，文物出版社，2015 年，第 68 页。

［18］袁仲一：《秦兵马俑的考古发现与研究》，文物出版社，2014 年，第 77 ~ 81 页。

［19］秦始皇帝陵博物院《秦始皇陵出土一号青铜马车》，《文物出版社》2012 年，第 98 页。

［20］袁仲一：《秦兵马俑的考古发现与研究》，文物出版社，2014 年，第 77 页。

［21］秦始皇帝陵博物院：《秦始皇陵出土一号青铜马车》，文物出版社，2012 年，第 342 页。

［22］袁仲一：《秦兵马俑的考古发现与研究》，文物出版社，2014 年，第 198 页。

［23］T 检验是用于小样本（样本容量小于 30）的两个平均值差异程度的检验方法。它是用 T 分布理论来推断差异发生的概率，从而判定两个平均数的差异是否显著。

周原出土西周阳燧的技术研究

杨军昌

1995 年 4 月，陕西扶风黄堆 60 号西周墓出土一件青铜凹面镜（图一），经专家鉴定其为古代聚日光而取火的阳燧。阳燧最大径约 90.5、最小径约 87.5 毫米。图二是阳燧的背面，图三为阳燧的实际投影示意图，其实测尺寸见表 1 所列。

表一　阳燧实测几何尺寸及重量一览表

位置	尺寸（毫米）	位置	尺寸（毫米）
垂直于纽方向 EF	89.8	轮廓最小经	87.5
垂直于纽方向 EB	47.0	边缘厚度	2.0~2.8
垂直于纽方向 AF	47.0	纽长最大值	19.0
沿纽方向 HG	88.0	纽高最大值	9.0
沿纽方向 HC	53.0	纽宽最大值	4.2
沿纽方向 DG	55.0	穿为近似长方体	7.4×4.0×3.2
轮廓最大径	90.5	除锈后重量	95.47 克

1995 年 10 月下旬开始，我们对该阳燧进行技术研究，用现代分析与测试手段，获得了有关该阳燧的基础数据，为研究西周时期古代科学技术的发展，尤其是古代光学成就，提供了有价值的技术资料。

图一　黄堆 60 号墓出土阳燧

图二 黄堆 60 号出土阳燧背部

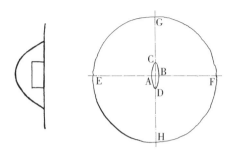

图三 黄堆 60 号西周墓出土阳燧及纽实际投影图

一 阳燧技术研究的方法

阳燧，就是对日聚光取火的青铜凹面镜。关于阳燧，古文献多有记载。从光学角度来讲，凹面就具备了聚光的基本条件，凹面光滑光亮，其表面的反射率才会高，才能容易取火。阳燧的技术研究就是研究它的凹面面型，分析其表面的元素成分，要考察其制作工艺等，阳燧的凹面面型研究以反映其光学特性，阳燧表面元素成分分析以明确其合金情况，进而揭示其表面处理技术。

由于文物的珍贵性，阳燧检测分析方法均选用无损的技术方法：阳燧凹面面型的分析测试，选用三维坐标测量法和光学对样板测量法；阳燧凹面表面元素无损分析选用扫描电镜能谱分析仪。

二 阳燧的前期处理

阳燧出土于黄堆 60 号西周墓，距今约 3000 年左右，其表面大部为土锈覆盖，但凹面尚存一些平整黑亮的部分，我们称之为原始面。阳燧凹面面型的测量与研究，就是在原始面上进行，但我们须先对凹面表面覆盖的土锈进行保护性清理。由于阳燧凹面原始面的重要性，我们在清理土锈时，要求修复师谨慎操作，以使原始面完整。所以，阳燧的保护性清理原则就是最大限度地保留好原始面，避免清理过程中造成原始面的损伤。阳燧表面土锈的清理是在 20 倍额显微镜下进行的，用刮刀谨慎操作，是由陕西省考古研究所有丰富经验的修复师操作完成的。

三 阳燧原始凹面的测试

阳燧凹面面型的测试研究只有在阳燧原始面测量才具有实际意义。所以，三维坐标的测量和光学对样板测量都是在原始面上进行。

（一）三维坐标测量及结果

三维坐标测量是一种采用点测量的方法，测量仪器是英国 LK 公司的 LK80 三维坐标测量仪，测量精度可达 3‰。我们在阳燧原始面上选择了 26 个点进行测量，测量点分布基本呈米字型，测量步骤如下：

（1）固定试样（阳燧）；

（2）建立坐标系；

（3）在原始面上任意选点，测量其三维坐标值；

（4）用计算机计算并输出点的极径值。

三维坐标测量仪测量结果见表二所列。

表二 三维坐标点测量结果

测量点序号	极径值（mm）	测量点序号	极径值（mm）	测量点序号	极径值（mm）	测量点序号	极径值（mm）
1	206.648	8	206.717	15	207.083	(22)	209.109
2	206.693	9	206.780	16	207.205	(23)	208.390
3	206.711	10	206.847	17	207.258	24	207.883
4	206.788	11	206.859	18	206.769	25	207.109
5	206.690	(12)	206.344	19	206.854	26	206.854
6	206.859	13	206.539	20	207.289		
7	206.832	14	206.946	(21)	208.875		
拟合球面半径（mm）	206.919			最大误差绝对值			0.964

（二）光学对样板测量及结果

光学对样板测量是曲面的直接测量。用光学对样板测量法测量阳燧凹面曲率是在西安西北光电仪器厂进行的，是由光学车间有丰富经验技术工人操作完成的（如图 4 所示）。用对样板测量时，首先是用直径为 30 毫米不同曲率的对样板，在阳燧原始面的不同区域上进行局部初步测量。其次，根据初步的测量结果，选择直径为 80 毫米的对样板测量，目的是从整体上考虑阳燧原始面的曲面。最后选定三个曲率半径的对样板（214、206 和 208 毫米）进行重复对比测试。经过反复测量与对比，曲率半径 R = 208 毫米的光学对样板与阳燧原始曲面贴合的最为理想。

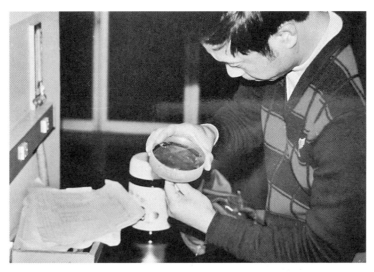

图四　光学车间有丰富经验技术工人用对样板在阳燧表面测量

（三）测量结果的综合分析

三维坐标测量和光学对样板测量方法不同，三维坐标是点测量，而光学对样板是面测量，但测量结果很接近，这首先反映出现在的阳燧凹面原始面是在一个近似的球面上。考虑到阳燧原始面遭到腐蚀，且其腐蚀物未完全清除，光学对样板测量数值可能偏大，所以，我们选取两种方法测量结果的算术平均值作为阳燧凹面原始面的曲率半径，即 R = 207.5 毫米。

（四）阳燧的光学特性

由光学原理知，球面反射镜的焦距为其球面半径之半。这样，曲率半径 R = 207.5 毫米的阳燧焦距 f = 103.75 毫米。图 5 是 R = 207.5 毫米的复原阳燧实际聚光特性的线图，是按照光学反射定律绘制而成，其比例为 1 : 1。经除锈后的黄堆 60 号墓出土阳燧对日聚光实际测量，其聚光点距离阳燧凹面中心约为 102 毫米，与理论计算结果较为接近。图六是除锈后的黄堆 60 号墓出土阳燧在平行光管中的聚光特性照片。

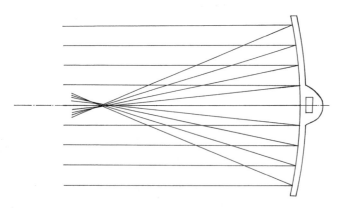

图五　黄堆 60 号墓出土阳燧凹面聚光特性线图（曲率半径 R＝207.5，有效孔径 D＝90 毫米）

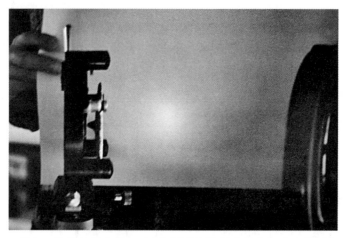

图六　除锈后的黄堆 60 号墓阳燧在平行光管中的聚光特性

四　阳燧凹面的元素分析

阳燧凹面元素无损分析是在西安交通大学材料系电镜室进行的，其分析结果见表三所列。从分析的结果我们可以看到：

（1）阳燧为铜锡合金。阳燧凹面除锈后，我们选择了三个青铜裸露点进行了检测，其三个点的铜锡比分别为 85：15、90：10、82：18，其平均值为 86：14。我们认为，阳燧基体的铜锡比要比平均值大。

（2）光亮的原始面部位锡含量增加，Cu：Sn＝69：31。由此推测，光亮区域有可能做过处理，以提高凹面的放射率，也会提高取火的效率。这样，当用阳燧对着太阳聚光取火时，所需的时间会更短。

（3）绿白粉状区域锡含量比铜高，Cu：Sn＝33：67，意味着这类区域铜被腐蚀，而相对来见锡含量就高。

表三　阳燧凹面不同部位的铜锡比

含量（%） 元素 测量点	Cu	Sn	Cu+Sn	$\dfrac{Cu}{Cu+Sn}$	$\dfrac{Sn}{Cu+Sn}$
裸露青铜（黄色）	64.7	11.3	76.0	85%	15%
	79.3	8.5	87.7	90%	10%
	63.2	13.5	76.7	82%	18%
褐灰色区	41.7	16.5	58.2	72%	28%
	62.9	6.7	69.6	90%	10%
	62.5	12.2	74.6	84%	16%
黑色光亮区	39.2	17.5	56.7	69%	31%
粉状锈区	20.1	40.5%	60.6	33%	67%

原载于《文物》，1997 年第 7 期

西周铜器铭文形成工艺方法的探讨

杨军昌

一 引言

西周铜器的特色之一是铸有长篇铭文，如毛公鼎、散氏盘、盂鼎、大克鼎、史墙盘、多友鼎、Hu 簋、师 Zan 鼎等，其铭文内容涉及当时的政治、经济、军事、法律等社会的各个方面，所以，其历史价值弥足珍贵。也正是由于西周青铜器铭文的历史价值，自清代中期以后，受到学者的关注与重视，从而在文字学和史料方面取得了重要的成就[1][2]。但是，有关青铜器铭文形成的工艺方法却涉及不多。

最早注意到青铜器铭文形成方法的是清代学者阮元，之后古文字学家容庚也注意到了这一问题。近些年来，先后有不少专家学者，如郭宝钧、万家宝、N. Barnard、谭德睿、松丸道雄、陈初生、苏荣誉和张昌平等，从不同的角度对这一工艺方法进行探索研究，并提出了各自的看法。下面，本文首先介绍一些专家学者对这一问题进行的探讨和见解，其中有的观点的确是一种理想化的推测，但他们对铭文考察的方法是可取的，其中还包含着一些重要的相关铭文特征的技术信息，这对于我们全面了解铭文的技术特征，对于铭文形成工艺方法的研究都是有帮助的。

1. 阮元铭文制作四法[3]

阮元（1764~1849）通过对青铜器铭文的观察和研究，推测了四种铭文形成方法：

第一，"刻字于木，范为阴文，以泥抑之成阳文，然后以铜铸之为阴文"。

第二，"调极细泥以笔书之于土范之上，一次书之不高，则挨其燥而再加书之上，以成阳文，以铜铸之，成阴文矣"。

第三，"刻土范为阴文，以铜铸之，成阳文矣"。

第四，"錾为篆铭"。

阮元之第四法为刻铭，非铸造而成。第三法所铸铭文为凸字阳文，这种情况少见。关于阮元第二、第三法，专家看法有不同。

2. 郭宝钧的"泥块刻字印模法"[4]

郭保钧先生认为，"晚商中后期，铸铜术大为发展，甲骨文卜辞的书契亦大有进步，故铜器上的铭文渐次产生"。郭先生根据当时铭文的手法特征及阴文凹槽的特点，推测其做法："先照刻铭的地方制一同凹度的泥片，由善书的书史以朱墨书之，契刀刻之，挨干反印在内范上成阳文，再浇铸成阴文，此例极多；也有以骨锥反划在泥内范上成阴文，铸成就成阳文了（此例极少）"。到了西周时期，长篇铭文出现，其铭文书体也有了变化，郭先生认为，"他们大概是用粗骨锥在泥片上面刻的，由阴文翻为内范（阳文），再铸成阳文"。

3. 松丸道雄的"皮模说"[5]

松丸道雄先生基于他对铜器铸铭的观察与所掌握的特点，首先认为制铭模所用材料是最为重要的问题，所以他讲这种材质一定要柔软，而且需要具备至少下面四个条件：

第一，"因为内范的形状各式各样，材质必须能随着内范的形制而扭转曲折，且又能保持其柔软的弹性"。

第二，"当时使用的刀子（大概是青铜或玉制的刀子），其材质必须能将极细微的地方都精致的雕刻出来"。

第三，"必须相当的大，至少几十吋见方"。

第四，"殷周时期、时代，中国北方很容易得到的东西"。

松丸道雄先生认为能满足以上条件的材质，"大概只有动物的熟皮（指去毛脱脂经过鞣化的皮革）"。接着他就用这种动物皮为材料，进行模拟实验："首先在2厘米厚的牛皮革上刻以文字，但不能完全刻透，最好是文字的底部有一点点透光的小洞，然后再将薄而延展开来的柔软黏土按压于皮革上，这样，阳文就浮现出来了。由于文字的底部有一点小洞成为通气孔，所以就能将进入皮革与黏土之间的空气排出来，而黏土上的阳文也比较容易浮现上来"。这样用动物皮革在器物芯范上形成的阳文，器物铸成后，就形成了阴文铭文，这就是"皮革说"。

4. 陈初生的"泥条制字贴范法"[6]

陈初生先生在对古文字研究时，特别注意到了铭文的笔画结构，据此他推测，在器物内范完成后，"在上面按铭文字数刻划好阴文的格子，再在他处画一块同样规格大小的格子，在那格子上面书写铭文，然后用黏土范泥捏成条状照字形作字，作好以后，再按格逐个粘贴到内范上。这样，内范上的阴文格中就有了阳文的字了，一浇铸，铭文是阴文，格线就成了阳文"。这就是"泥条制字帖范法"。对于没有格线的铭文，陈先生认为，"如果制作者认为在成品上不需要格线，只需在粘贴好泥字之后，用泥浆在内范上涂抹就可以了消去那些原来不深的格线"。

5. 苏荣誉的"活块嵌范"[7]

苏荣誉先生在对古代青铜容器做技术考察研究时，也注意到铭文的制作方法，他认为阴字铭文是用活块嵌入范中形成，具体如下："对于阴文铭文，则用铭模制活块，嵌入铸型中铸出。而那些长篇带线格的铭文，第一，在泥芯上排布以确定行数与每行字数，轻划出阴性沟线，再据以确定铭模的块数；第二，制作铭模，在泥芯上贴敷泥片，稍硬则取下，作为铭模坯，其形状与所设定的芯的表面一致，并有隐约的格线，以便正书，刻字为铭模；第三，不必待铭模变干即以泥片翻印于泥模，制得带铭活块芯片，同时，将未干但能保持形状的泥芯刻出凹面，以纳带铭芯片；第四，带铭活块芯片较铭模略大，将所有芯片组装于模上，相互紧密配合，并贴紧泥芯，刮去芯片结合面的泥料，抹平，再以骨针或类似工具划出线格，以便阅读；第五，干燥后组成铸型以待浇铸"。

6. 谭德睿的"泥片贴字法"[8]

谭德睿先生在对古代陶范铸造技术做系统研究的同时，对铸铭做了仔细的考察，发现了不少器物的铭文有下列现象：

第一，"常见阴文名字、各笔画的底部均处于同一个面上，底部均平滑、无刻痕等高低不平，这些现象表明这些阴铭不是用从铭文范模中翻出铭文范方法形成的"。

第二，"阴文侧壁常见倒斜度，无法以铭文范从铭文范模上翻出解释"。

第三，"阴文侧壁上端常隐约有水平方向披缝，亦无法以铭文范从铭文范模上翻出解释"。

据此铭文特征和陶范特点，谭先生提出了"泥片贴字法"："范上逐字贴泥片或逐行贴泥片（也可能沿笔画堆范料泥浆后抹平），刻成反阳文后铸出阴铭这种工艺。铸在曲面上的长篇铭文多为此法形成"。

对于大克鼎的长篇铭文，前半篇铸出阳线格字，阴文则处于格子之中，用"泥片贴字法"工艺解释为"先在内范上划出阴线格，每格内安排一字，然后依次每格上贴一块预制的等厚泥片，泥片高度与阴文深度相同，大小不超过方格；泥片阴干后，在其上书反文，然后刻去笔画四周的泥片，制成一反阳文。依次在每格中制一反阳文。后半篇未划出阴线格，应是用颜色画出方格，再依次直接在内范上贴每个字的泥片，所以未见阳线格子。这种贴泥片制铭文范的工艺，易产生上述三种现象"。

我们知道商周青铜器铭文绝大多数为阴文，所以泥范上的泥字都应是反字阳文，这一点是肯定的。但泥范上的反字阳文是如何形成的是问题的关键，也由此产生了诸多的推测方法。以上诸说在学术界具代表性，这里不做专门评说。相关的讨论放在下面对西周青铜器铭文的特点及所处器物部位特征的考察过程中。

二　西周铜器铭文形成工艺

正由于揭示铭文成形工艺方法具有重要学术意义，在对西周青铜器进行技术考察时，我们也特别注意到了铭文成形工艺方法这一问题，发现少铭器和小型器铭文所在部位表面遗留的相关工艺信息少且不明确，而长篇铭文的大型器物却留下了明显的工艺痕迹信息，如多友鼎、师 zan 鼎、大克鼎等，为西周时期青铜器铭文的形成工艺方法提供了可靠的依据。

1. 铜器铸铭考察的技术方法及特征

众所周知，商周青铜器铭文绝大多数为铸造方法所为，所考察的西周青铜器铭文特征都是铸造而成的阴刻铭文。

技术考察时我们把器物铭文所在的部位作为一个单元考虑，称为"铸铭面"，用字母 A 表示；在浇注铜器前，铸铭面 A 所对应的芯范位置称为"铭范面"，用 B 表示。A 面就是现在器物中有铭文的部位，文字为阴文，而且一些阴文凹槽呈内大外小的梯形。B 面为范泥制成，为铸铜器芯范的一部分，文字为凸起反阳文。从铸造工艺角度考虑，A 面与 B 面有一种特殊关系：A 面凹下的部位，在 B 面上必然是凸起的，反之亦然，可认为 A 是 B 的"负像"。所以，通过铸铭面 A 的考察，可以获得相应铭范面 B 的工艺信息，并由此进而推断西周青铜器铭文的成形工艺方法。

从有长篇铭文的器物内壁来看，从技术考察的角度，可分为三个区域：铸铭面、器物内壁和两部分结合处的"过渡区"（如图一所示）。

首先，作为单元考虑的 A 面，考察中发现，与器物其他部位有明显的不同，而且这些特征并非重复拓片所致。如师 zan 鼎腹内 19 行 192 字，就铸在鼎腹内壁约 $520cm^2$ 的曲面上，观察发现，A 面从边缘向中央区域有逐渐凹下的现象，如图二所示，说明 B 面比芯范其他部位呈逐渐凸起形状。多友鼎铸铭面 A 明显是一个单独的区域，而且也有稍凹下的现象，见图三所示。

其次，技术考察中发现器物"铸铭面"与腹部内壁交界处"过渡区"的存在。如多友鼎口沿下约 12cm 处，有一与器物口沿基本平行的凹凸不平的长条带，其中有一段凹槽最宽处有 0.3cm，图一清楚显示出其铸铭面上部和右侧"过渡区"的细节。铸铭面与器物腹部之间过渡区的存在，至少提供这样一个信息，"铭范面 B"与铸器的芯范是分别独立完成的，而且"铭范面"是嵌入芯范的。

图一　铜器铸铭面、器物内壁和"过渡区"示意图（多友鼎）

图二　师 zan 鼎腹内壁

图三　多友鼎内壁铭文区

最后，研究表明，商周时期的芯范制作有两种方法，一种是把原来的泥模刮去一层作芯范，另外一种是用外范制芯范[9]，所以整个芯范表面是比较平滑的。如果这样铸青铜器，其青铜器腹内壁必然是一个连续平滑的曲面。但实际的考察发现，多友鼎和师 zan 鼎等铸铭面明显凹下，且与铜器腹内壁其他部位不在一个平滑连续的曲面上，视觉感觉上是一个相对独立的区域。

2. 西周铜器铭文成形工艺

根据所考察铜器"铸铭面"和"铭范面"的特征和所反映的现象，推测西周铜器长篇铭文形成工序如下：

（1）铸器芯范制好后（图四，1右），依据铭文内容和字数安排铭文位置、布局，确定"铭范面"。

（2）在芯范确定的位置上，挖去一块（图四，1左），其深度与后面要嵌入的"铭范面"厚度大致相当，大小尺寸也相当活略大些。

（3）用翻制陶范的泥料制作一块与"铭范面"大小相当的泥板模，经阴干、焙烧后成"土器"，由"善书的书吏"在泥板模上书写文字，然后用刻刀或者骨刀刻出，此时所刻文字为正字阴文（图四，2）。这里需要指出的是，经过高温焙烧的泥板模，其雕刻性能较佳。若未经焙烧，字边易塌落；若温度较高，则不易雕刻。一般温度在850℃，未到范料的烧结温度为宜[8]。

（4）在刻有文字的泥板模表面涂草木灰一类的脱模剂，以特殊配制不易折断的湿泥片按压揿入泥板模[10]，使泥料进入文字笔画的凹槽内，之后再行整体按压修整（图四，3）。略阴干后脱模，翻出的文字为反字阳文（图四，4）。稍干，用刀切割反字阳文板，一字一块，或多字一块（图四，5），然后逐块嵌入芯范（图四，6），这就形成了每字或多字有格子的"铭文范"，字为反字阳文，而格子为凹槽（图四，7）。这样铸出的铜器，在"铸铭面"上铭文是正字阴文套在凸线格子内。

对于长篇铭文，翻出的阴文泥板比较大，湿态下大块泥板很难整块拿起，所以需要切割成小块，分别揭取。切割的另外一个原因是便于字块贴牢和规整，并能满足器物曲面的特殊要求。

嵌切割下来的字块时，需要用稀泥浆做粘料，并用手按压字块，以使字块贴牢，因为字块还未干，这样在字块上可能会留下手指的压痕（凹穴），反映在器物上，即"铸铭面"高低不平；如果手指压在凸起的字上，会使文字笔画的凸棱塌下一点，呈近似倒梯字状，反映在器物铭文笔画的凹槽内，即呈梯形状，如图四，8所示意，这一现象在铜器铭文中常见。

（5）嵌好字块的"铭范面"如图四，7所示，其字块间有纵横交错的拼缝。若字块间不用泥料填补，铸器后"铸铭面"上会形成文字间凸起的方线格，如晚期的簋、大克鼎、小克鼎等。大克鼎簋的格线是一字一格，这样的格线整体上看起来文字比较整齐。还有的器物字块多字一格，其凸线还有错位现象，如散车父壶、中南父壶和齐生鲁方壶等。

对于尚无钢铁刻刀的西周时期，用铜刀甚至骨刀，在焙烧过的泥板上刻字，比在木材上或者皮革上刻字更容易，铸出的铭文字颇具在脆性材料上刻字的意味，也证明并非在木材或皮革上刻字模。此法可称为"泥板字活块嵌入法"。西周时期的长篇铭文的形成大概多是用这一方法所为。

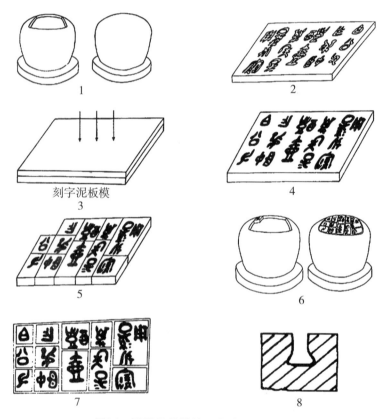

图四　铜器芯范铸铭工艺流程示意图

三　相关问题讨论

1. "铸铭面"及"过渡区"的特征

"泥板字活块嵌入法"有这样一个过程：首先，依文字字数"排版"，以确定"铭范面"部位，并挖去一块；然后制泥板模，焙烧、刻字（正字阴文）。其次，在文字泥板模上，用特殊配制的泥料翻印出文字（反字阳文）。最后，切割成字块，并嵌入在芯范中已经挖好的凹框。这样器物铸成后，铭文即为阴文。

一般情况下，在挖凹框时［图4-（1）左］，很难做到新挖凹框底部的曲面与原来制出的芯范曲面严格平行，尤其是把文字安排在不规则的曲面上更难保证与原来的芯范一致，如铭文在鼎腹部，或者鼎腹与底部交界的部位。所以，嵌字的"铭范面"一般都不会与原来的曲面重合，或高或低，这些痕迹反映在器物上，就是"铸铭面"与器物其他部位不同，或凹或凸。再者，所挖凹框一般会稍大，否则在嵌字块时，空间很可能不够。嵌字时，一般会靠一个角，先嵌第一个字块，然后就可以以一个边为基准嵌其他字块。这样，如果嵌字的凹框挖的不合适，嵌到最后一个字块时的那个角所留空间会大些，这个空间最后要进行补填。古代工匠必须依"铭范面"和参考周围曲面的具体情况补填，补填所形成的新曲面与原来的曲面会有区别，这些都会在器物上有所反映，从而形成一个有特征的"过渡区"，如大克鼎右下角就比较明显。

2. 凸线格穿过个别字中间的问题

一般情况下，对于字体大小比较一致、布局规整的文字都是"一字一块"的切割方式，从而形成比较整齐的凸线格，如　簋就是这样。但有些文字大小不一，排列比较杂乱。所以，切割字块时，不可能切割整齐，否则会从字的中间切过。古人采取的措施之一是"多字一块"的切割方式，反映在器物上就是从整体上看凸线条不在一条线上，格线间有错位，如散车父壶等的铭文。采取的另外一种切割方式是直接穿过有些字中间，然后在嵌完字后，再把笔画补齐，具体反映在器物上，就是凸线条通过个别字的中间，如小克鼎铭文中的几个字。

"泥板字活块嵌入法"是根据器物铭文笔画特点及"铸铭面"和"过渡区"的特征，推测的一种铜器铭文形成工艺方法。但令人高兴的是，洛阳北窑西周铸铜遗址出土有8块刻纹陶范，其中T16④：4和H156：1两块是嵌在芯范中的铭文范块[11]。这两块嵌入芯范中的铭文范，至少能证明"铭范面"和铸器的芯范是分别独立制作的，而且"铭范面"是嵌入芯范的推断是正确的。当然，"泥板字活块嵌入法"形成工艺的正确性还有待于铸铜遗址的发现及相关遗物的发现来证实。

［1］吴镇烽：《陕西西周青铜器的出土与研究·陕西金文汇编》，三秦出版社，1989年。

［2］马承源：《中国青铜器》，上海古籍出版社，1998年。

［3］阮元：《挈经室集·三集》，容庚：《商周彝器通考（上编）》，哈佛燕京学

社，1941 年。

[4] 郭宝钧：《商周铜器群综合研究》，文物出版社，1981 年。

[5] 松丸道雄：《试说殷周金文的制作方法》，《故宫文物月刊》，中华民国八十年，9（5）。

[6] 陈初生：《殷周青铜器铭文制作方法平议》，《纪念容庚先生百年诞辰暨中国古文字学国际学术研讨会论文》，1994 年。

[7] 苏荣誉、华觉明等：《中国上古金属技术》，山东科学技术出版社，1995 年。

[8] 谭德睿：《中国青铜时代陶范铸造技术研究》，《考古学报》。

[9] 谭德睿、陈美怡：《艺术铸造》，上海交通大学出版社，1996 年，第 650 页。

[10] 谭德睿：《灿烂的中国古代失蜡铸造》，上海科学文献出版社，1989 年，第260 页。

[11] 洛阳市文物工作队：《1975～1979 年洛阳北窑西周铸铜遗址的发掘》，《考古》，1983 年第 5 期。

原载于《中华文物学会》（台湾），1999 年年刊，本次出版做了一些删减和补充。特此说明。

X 光照相技术在文物保护及考古研究中的应用

杨军昌　韩汝玢

摘　要　X 光照相技术方法的无损特性，就决定了这一技术方法特别适合用于文物这一类特殊对象的检测与研究。通过这种技术方法获得的直观图像信息，能反映不同材质文物的保存状况，显示被覆盖物掩盖的文字及纹饰图案，揭示古代器物的工艺痕迹与技术特征，有助于考古出土文物线图的准确绘制，并在实验室考古清理中发挥重要的参考作用。这些直观的图像信息是文物保护修复方案编制及考古学深入研究的基础。

关键词　X 光照相技术（X 光探伤技术）　文物保护　实验室考古

一　前言

X 光照相技术，就是把 X 光作为光源的一种照相方法，工业上称为 X 光探伤技术，或 X 光射线透视技术，它是利用具有高穿透能力的电磁辐射 X 光，在不破坏"研究对象"的情况下，对其内部进行探测，以反映"研究对象"内部结构与形貌特征的一种无损检测方法。

X 光是 1895 年 11 月 8 日由德国物理学家伦琴（W. C. Roentgen）在实验室研究真空管中的高压放电现象时偶然发现的。X 光的发现，立即引起科学界的广泛关注与重视，一些科学家致力于其本质与性能的探究，而更多的科学家则努力寻求其实际的应用途径与方法。在伦琴宣布发现 X 光后的第二年，英国科学家霍尔-爱德华兹（Hall-Edwarde）和拉德克利夫（Radcliffe）便把 X 光技术用到了医疗诊断中[1]。随着研究的深入，相应技术的改进，X 光技术的应用范围也在逐渐扩大。但早期的 X 光管是离子管，功率很小，很难控制所产生的 X 光，所以无法应用到金属材料及机械零件的探查探伤方面。直到 1913 年，美国人库利吉（W. D. Coolige）发明了热阴极 X 光管，提高了 X 光的功率，相应地 X 光设备在此基础上也有了很大的进步，使得到了 20 世纪 20 年代，X 光探伤技术已经能够在一般的冶金厂和机械制造厂发挥作用。X 光自从被发现，至今已近 130 年，其技术方法不断地被创新、完善，现在已经被广泛应用在科学研究、医疗卫生、机械电子、航空航天、交通运输等各个领域，在社会生活、社会生产中发挥着重要的作用。

X 光照相技术，应用于文物艺术品的研究，始于 21 世纪二三十年代。文物，作为社会历史文化的一种特殊"材料"，被想到用 X 光照相技术进行分析与研究，是文物本身的特点、要求及 X 光技术的无损特性决定的。早期的研究，主要限于纸质文物艺术品，如绘画、油画、邮票等[2~25]，其目的主要是真伪鉴定，以及艺术家创作构思或艺术家思想变化（通过比较艺术家底稿和成作的差别）的研究等。随着 X 光技术的发展，X 光管功率的提高，X 光照相技术开始用于博物馆不同材质藏品的系统检测与分析[26~29]，如铁器、青铜器、石雕刻、古代化石等，主要是通过文物内部的形貌，所反映的结构特征、修复痕迹等，为器物真伪鉴别和古代技术研究提供依据。在中国把 X 光照相技术应用于文物研究始于 20 世纪 70 年代，如上海博物馆[30]、北京科技大学[31]、中国历史博物馆、甘肃省博物馆等都应用过这一技术方法。西安文物保护修复中心（现陕西省文物保护研究院），从 1995 年开始，把 X 光照相技术系统应用于不同材质文物的保护修复及其研究工作中，如青铜器、陶器、陶俑、瓷器、铁器、金银器、骨质文物和出土植物等，反映文物的保存状况、内部形貌及技术特征等，取得了不少的实践经验[32]。实际上，X 光照相方法还可以应用于考古现场出土文物的系统检测及实验室考古研究中，从而使文物保护及考古学的科学研究更加深入，也更加全面。

二　X 光照相技术原理

实验证明，高速运动着的电子在突然被阻止时，伴随着电子动能的消失或转化，会产生 X 光。如图 1 所示，在阳极［4］和阴极［5］之间加上高压，使阴极上产生的电子高速运动向阳极，阳极板截止高速运动的电子流，从而在阳极上产生 X 光。高速运动的电子流动能比较大，但其大部分都变成了热能，仅很少一部分（约 1%）变成了 X 光。由 X 光管产生的 X 光，经聚焦面打出，其在空间距焦面 D 处的 X 光辐射强度与 X 光管电流、管电压的 n 次方成正比，与距离的平方成反比，用下式表示：

$$I = k \frac{mA \cdot kV^n}{D^2} \qquad ①$$

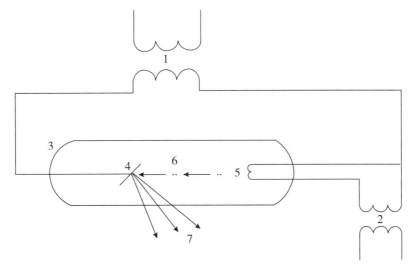

图一　X光产生装置原理示意图：1—高压变压器　2—灯丝变压器　3—X光管
　　　　4—阳极　5—阴极　6—电子　7—X光

式中：I——X光在D处的辐射强度

　　　mA——X光管电流

　　　kV——X光管电压

　　　D——距焦面的距离

　　　n——指数（取决于管电压及滤波特性，一般取2~5）

在D处，X光辐射剂量Dose的大小是与时间t相关的物理量：X光照射时间越长，D处所受的X光辐射累积量就越大，是正比关系：

$$Dose = I \cdot t \qquad ②$$

把公式①代入公式②，可以得到下式：

$$Dose = k \frac{mA \cdot kV^n \cdot t}{D^2} \qquad ③$$

式中Dose就决定了X光片上的曝光量。参数mA、t、D仅对胶片的曝光量有贡献，而管电压kV不仅对胶片的曝光量有影响，并且决定胶片中物体透射像的黑白对比度：硬X光产生的对比度小；软X光产生的对比度大，而且能够表现更多的细节。

X光作为一种电磁波，当它与场内物体作用时，具有电磁波的普遍性质。当X光在辐射范围内传播遇到物体时，一部分被反射，一部分被透射，一部分被吸收。所以，X光经过物体后，其辐射强度会衰减。假如物体为均质，厚度为h，X光经过它后，其强度衰减符合下面的规律：

$$I_t = I_0 \cdot e^{-\mu h} \qquad ④$$

式中：e——自然对数的底（e＝2.718）

μ——物体的衰减系数

对于均质材料的物体来讲，假如用两张胶片分别置于物体前后，用同样的参数曝光，那么物体前一张胶片上的曝光量会大于后一张，X光片上的特征是前一张比后一张要黑。假如在这一均质材料物体内有一正方体的空洞，那么经过这一空洞的X光能量相对其他部位衰减的就要弱些，反映在X光胶片上，这个正方体的部位由于所透过的X光多相对其他位置就稍黑些。现在的研究方法是反过来，就是通过X光片上显示的穿过物体的X光透射像，来推断物体的内部形貌特征，或者物体内部结构特征。实际中的物体情况是比较复杂的，大多物质为非均质材料，那么X光经过物体后，吸收X光的局部差别就会表现出来，呈现在胶片上或明或暗。我们通过记录在X光片上物体透视影像的丰富信息及其特征，来判断文物内部结构特征，或者相关的其他信息，如文物保存状况、前修复痕迹、相关其历史艺术信息、相关器物的制作工艺特征等。显然获取信息的方法及对于信息的正确判断需要实际的工作经验。

通常，X光的波长范围为0.01Å-100Å，两边分别与紫外线及γ射线相重叠，其中，1Å~0.05Å或更短，称为硬X光，其余则称为软X光：一般硬X光能量比较大，穿透力强，多用于金属文物、大型石雕刻等的研究；软X光能量比较小，穿透力弱（因被物质强烈地吸收），但能更多表现内部信息的细部，一般主要用于陶瓷器、漆木器、古字画、薄壁金属文物、玉器及小件石雕刻的分析研究。

下表所列为不同文物材质所需要的输出工作电压[32, 33]：

10kV—30kV	30kV—85kV	100kV—250kV	260kV—1000kV
水彩字画	陶器玉器陶俑	青铜器铁器石雕刻	大型青铜器铁器
油画邮票等	瓷器漆木器等	大型陶俑等	石雕刻等

三　X光设备及实验方法

X光机主要由X光发生器、高压变压器、控制箱及其他附属配件构成。西安文物保护修复中心（现陕西省文物保护研究院）科学实验室配备有两台X光机，均为意大利Gilardoni公司所生产，其中高能X光机（型号ART-GIL 350/6型）的工作电压为100kV—350kV，最大工作电流为6mA；便携式低能X光机（型号ART-GIL Be）的工作电压是10kV—85kV，最大工作电流是6mA。图2右为高能X光机控制箱，包括电压、电流、曝光时间及其仪表；图2左为固定在铅室内的高能X光机，图中显示了X光发生器、定位器、测距尺、文物（青铜器）及X光片的位置分布。图3右为低能X

光机控制箱，同样包括电压、电流、曝光时间及其仪表；而图 3 左为便携式低能 X 光机，图中显示了 X 光发生器、定位器、测距尺、文物（陶器残块）及 X 光片的位置分布。在实际工作中，实验时 X 设备工作电压、电流、曝光时间、X 光发生器与文物之间的距离等参数的选取需要工作经验的积累。

这里要特别强调的是，在实验开始前一定要做好工作记录，主要内容包括 X 光设备的实验参数与文物的基本信息。X 光设备的实验参数主要包括实验的时间、地点、曝光参数（工作电压、电流、曝光时间、X 光发生器与文物之间的距离等）、设备操作者等；文物的基本信息主要包括文物的名称、出土地点、收藏单位、材质、基本尺寸（高度、宽度、厚度等），以及实验者、文物保护修复简况、实验的目的等。

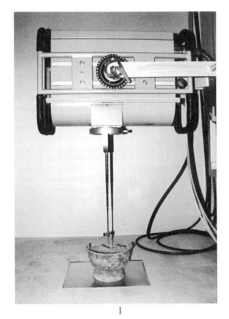

1   2

图二　高能 X 光机设备及其控制箱

1   2

图三　便携式低能 X 光机设备及其控制箱

四　文物保护及考古研究的应用

由公式④得知，X 光经过物体（文物）后的衰减，决定于物体（文物）的衰减系数 μ 和物体（文物）厚度 h：非均匀材料对 X 光的吸收不同，会在 X 光片上以不同的黑白对比形式表现出来；均质材料厚度不同，对 X 光的吸收也不同，同样在 X 光片上会表现出来。我们是通过 X 光片上记录的 X 光穿过文物的 X 光图像，来判断相关文物的一些对应信息，如文物的破损情况、前修复痕迹，相关文物的历史艺术信息（文字、装饰图案等）及工艺痕迹等。下面主要是通过具体的文物实例来说明 X 光照相技术的实际应用。

1. 反映文物的保存状况

不同材质的文物，由于非均质特性，各个部位对 X 光能量的吸收明显不同，这在 X 光片上可以清楚地显示出来。用 X 光照相方法反映文物保存状况，一般是在文物修复前进行，其目的是通过这种无损检测方法，对文物的保存状况做出科学的评估，为制定文物保护修复方案提供科学依据。X 光照相技术方法可以反映被土锈覆盖的青铜器基体的腐蚀状况、裂隙分布；能够显示铁器、青铜器表层的锈蚀形貌，甚至深度；能够确定陶俑彩绘层下的裂隙裂纹分布，发现其脆弱部位；能够明了器物前修复的痕、揭取壁画破损错位情况；可以探明可移动石刻作品风化深度、内部裂隙分布等等。

实例之一是陕西省城固县文化馆所藏的商代铜罍（图四上左）。该器出土时为三块残块，残块未作任何处理，仅用环氧树脂直接粘接断裂部位，拼接复原。所以，器表保持了出土时的状况——土锈泥垢覆盖并包裹着整个器体。在完成了青铜罍修复前文字、照相及表面病变记录后，修复人员设法打开了仅做过简单粘接的部位。这样，我们就能够对三件铜罍残块逐一进行比较理想的 X 光照相检查与分析。图四上右是被土锈覆盖的三块青铜罍残块 X 光片之一，清晰的 X 光片中可以清楚地看到器物残块本体的裂缝裂纹、腐蚀程度及其分布；图四下左是残块之二，图四下右是残块之二底部（图四下左）相应的 X 光片，从中可清晰看到相对图上右铜罍残块的保存状况要好些，但该残块中的垫片保存状况相对要差。从铜罍残块 X 光片提供的直观图像信息，修复师就可判断青铜器的病害类型，并评估其保存状况，进而制定科学可行的保护修复方案[31、34]。

实例之二是陕西省长安县博物馆藏的汉代玉档铁剑。铁剑同样被泥土和铁锈所覆盖（图五上），图五下为根据铁剑 X 光片绘制的剑体局部锈蚀形貌图，可见其表面锈蚀比较严重。在仔细观察该铁剑 X 光片上锈蚀部位时，对其铁剑锈蚀层也进行了实际的

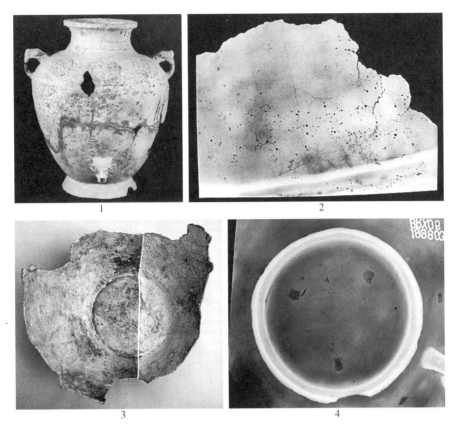

图四　被土锈泥垢所覆盖的青铜罍（上左）及其残块之一的X光片（上右）：
裂隙及其腐蚀状况分布；图下右是残块残块之二（图下左）底部的X光片，
可清晰看到腐蚀严重垫片的分布及其他部位的保存状况

测量，发现最大锈蚀厚度约为5毫米[35]。

在墓室揭取壁画的保护修复工作中，先用X光照相方法检查其保存情况就显得更加重要。一般壁画的揭取过程大致是这样的：先对画面进行研究后分块画线，再进行画面的清理整修保护，上胶贴布烘干，然后用平铲进行铲切剥离，最后在壁画两侧垫上海绵用木板夹固，运回实验室修复。由于古代壁画多用草拌泥或石膏材料制作，比较脆弱，容易折断，成小块的部分在搬运过程中容易脱离原位，给壁画的复原工作带来许多困难和麻烦。如果在壁画的修复前，先对壁画拍摄X光片，壁画的破损错位情况就一目了然。修复师就可以借助于X光片，对小块壁画部分准确复位，以恢复历史艺术品的本来面目。

2. 揭示与文物有关的历史艺术信息

对于文物，除器形外，器物表面的文字和纹饰是考古学、历史学研究的重点内容。X光照相技术方法可以揭示其覆盖物或包裹物之下文物表面的相关信息，如铭文和纹

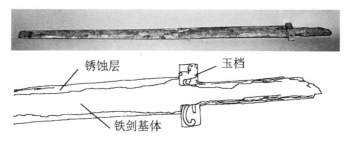

图五　被土锈覆盖的汉代玉档铁剑（上）及其
根据 X 光片绘制的玉档铁剑局部锈蚀形貌分布图（下）

饰图案等。图六所示是一件西周时期的铜簋，表面被土锈覆盖，土锈掩盖了铜器表面的信息，但 X 光探查则显示，这件器物保存状况不错，且显示出簋底部有十多个文字。铭文对于青铜器的断代、历史学研究提供了依据。当然，像这件器物，一般的保护修复手段的介入，不会对其造成什么损伤，但如果一件青铜器物腐蚀严重的话，不慎的修复操作就会造成文物的损伤，甚至破坏，或者使这些相关的历史或者艺术信息永远消失，在这种情况下，X 光探查就显得比较重要。

　　图七（上）所示的是一件 7 世纪的错银铁器，从照片中可以看到器体遭到了严重的腐蚀（似乎基体已完全矿化），且脆弱，该器物的 X 光片（下）却显示出了其表面精美的纹饰[32]。如果不作 X 光照相探查，采用直接清理器物表面土锈的方法，可能就会损坏精美的装饰花纹，甚至完全毁坏文物表面，其文物基体也会遭到破坏。用 X 光照相技术方法，不仅提取了本想获取的历史艺术信息，也为研究提供了科学依据。图八为公元前 8 世纪的一青铜碗（大英博物馆藏），X 光技术探查清楚地显示出被锈蚀物填充的器物表面的装饰花纹[32]。这些例证充分说明了 X 光照相技术方法用于文物研究的重要性。

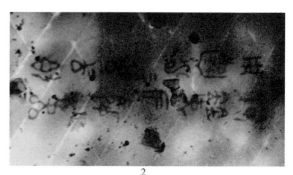

1　　　　　　　　　　　　　　　　　　2

图六　被土锈完全覆盖的青铜簋及底部 X 光片局部

1

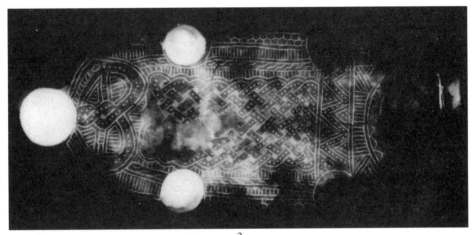

2

图七　基本完全矿化的错银铁器（上）及其 X 光片（下）

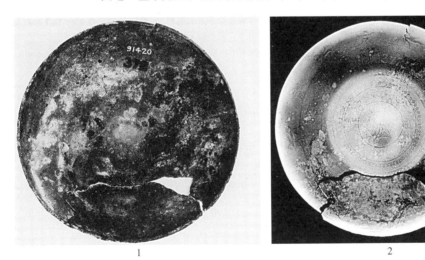

1   2

图八　表面被锈蚀物覆盖的青铜碗（左）及其 X 光片（右）

　　X 光照相方法用于古代化石的分析研究，更显示了其优越性，如图九就是大约 220
百万年以前的生物化石，图右为该化石的 X 光像：清楚显示出一种鱼类化石的骨骼结
构，为古生物研究提供了清楚的直观信息[32]。不仅如此，用软 X 光探查、分析古字画

时，会显示出肉眼不可见的古代字画上的印章，为古字画的真伪鉴别提供了科学依据。如1977年，上海博物馆对"文革"期间征集的硬黄本王羲之《上虞帖》进行鉴定，由于年代久远及多次重裱，使其印章模糊不清，给鉴定工作带来困难，但经X光探查后，显示出了清晰的印章迹象[29]。古字画印章所用印泥中含朱砂（硫化汞），印章表面尽管变模糊，但部分朱砂却渗入纸张的纤维组织内，X光照相技术正好把这部分信息揭示了出来。另外，X光片所提供的直观图像信息会引起文物修复师的高度注意，在修复特殊部位时会倍加小心，谨慎操作，尤其是在处理保存状况很差的部位时，操作不会造成脆弱部位的进一步损伤。

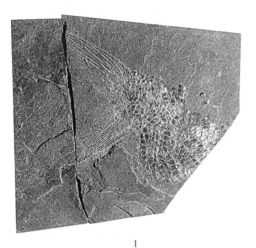 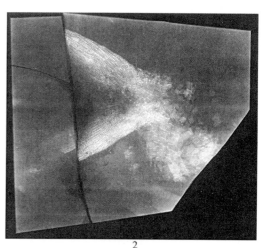

图九　古代化石（左）和X光片（右）

3. 提供文物制作工艺技术信息

X光照相方法用于青铜器制作工艺信息的提取例子较多，如可以反映器物所使用垫片的形状和分布（图四下左）[25、35]，附件与器体连接方式[25、32、34] 等。图十为西周时期的一铜盉（陕西省扶风县博物馆藏）。器物的X光片显示出其良好的保存状况，令我们感兴趣的是这件盉盖上部蟠龙制作情况和器鋬与器体的连接关系。图十一是根据器盖的X光，发现蟠龙内有泥芯范的存在，而且可见三个泥支钉及其分布；图十二是器物鋬部与体连接处的X光片，显示出鋬与器的分铸关系（如图中箭头所示的鋬与体连接处的凸榫），而且清楚显示出鋬内芯范的形貌、与芯范成一体的不规则梯形泥支钉形状及其分布[34]。说明器盖、鋬先分别铸出，然后把鋬嵌入盉体外范中，实现与器体的连接，最后通过铸蛙形铰链，把盖和体相连接。

早期陶器的制坯方法有捏塑法、泥条盘筑法、泥圈叠筑法和泥片敷筑法。到仰韶文化前期的许多陶器开始使用慢轮修整，之后出现了快轮制坯的方法。目前国内对古

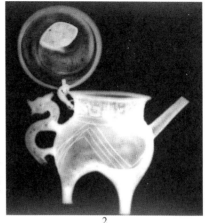

图十　西周时期的铜盉及其 X 光片

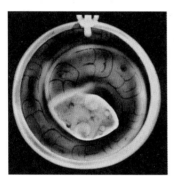

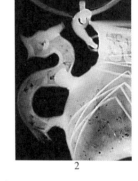

图十一　铜盉盖部的 X 光片　　　　图十二　器物鋬部与体连接处的 X 光片

代制陶工艺研究主要是用肉眼直接观察的方法，陶俑的制作技术研究也如此。用肉眼直接观察能够解决一些技术问题，但是如果结合 X 光照相的方法，会使这一古代工艺技术的研究更全面更科学。用 X 光照相分析方法，能够显示泥条的痕迹、孔隙形貌，以及砂粒形状等。

　　同样，用 X 光照相分析方法能够反映陶俑的内部形貌特征。图十三为汉代彩色陶俑及其正、侧面的 X 光片，正、侧面 X 光片清晰的图像信息，显示出陶俑头部和身体均中空，侧面 X 光片还显示出中间的一条沿垂直方向的裂缝，这些信息由于表面彩绘而不可能直接观察到，而且在 X 光片上可清晰看到工匠的手指的按压痕。由彩俑 X 光片所提供的图像信息判断，陶俑应为前后两部分分别模制，之后粘接在一起，修整后入窑烧制，再打底施彩。当然，科学的态度应该是，表面直接观察与 X 光照相无损探查方法相结合的综合研究方法。

图十三　汉代陶俑及其 X 光片

4. 在考古绘图中的应用

对出土文物的绘图是考古工作中的一项最基本的工作，也是考古学深入研究的基础。目前的考古绘图，可测量部分在图中可以准确绘出，一些无法测量的部位或内部，只能估测，影响考古报告中器物绘图的质量，尤其是在器物的剖面图中。用 X 光照相方法，有选择性的使用不同质量的胶片，可节省费用，并可提供相当准确的器物内部结构特征。如图十所示西周时期铜盉，在一般考古绘图中不会把盉内芯范的形貌和泥支钉形状及其分布情况表示出来，也不可能绘制出，因为人眼直接观察不到器物内部情况。再如图十三这样的陶俑，由于彩绘的掩盖，眼睛不能观察到彩绘下面的情况，更不可能知道其内部结构，所以剖视图无法绘出。即使考古报告中有剖视图，也是估测，或者参考以往出土的同时代同类型破损陶俑的结构大致表示出，难免不准确。由此可以看到，X 光照相技术方法在考古绘图中应用的重要性及这项工作推广应用的必要性。

图十四是一面 1/4 残铜镜，由于表面绿锈较厚，且有土垢沉积，其表面纹饰无法清楚辨识。通过 X 光照相技术探查，不仅清楚显示出了镜边缘及内外区细小的裂隙裂纹，且铜镜内外区纹饰图案也很清晰（图十五）。对 X 光片上所反映的纹饰图案分析研究后，确定这是一面北方地区少见的"三段区段式神兽镜"，属珍贵的东汉晚期至三国时期的铜镜标本[36]。

图十四　修复前的1/4残镜，其半径5.6厘米。
可见表面覆盖的绿锈和沉积的土垢，
该铜镜保存状况极差

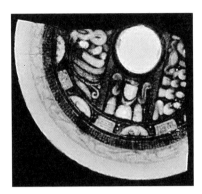

图十五　残镜的X光片：清晰显示出镜
缘及内外区细小的裂隙裂纹、内外区的
纹饰图案和铭文区的1个文字

5. 在实验室考古清理中的应用

在考古工地，有时会遇到自然的或者人为的原因，使考古工作无法在现场正常进行，在这种情况下，考古学家们开始尝试一种在考古学原则指导下解决实际问题的工作方法：即分单元切割的方法，把一部分单元经过切割包装后运回实验室，进行室内考古。这种方法被称为实验室考古[37]，或称为微型考古（Micro-excavation）。在实验室开始清理从考古工地取回的每个单元前，先用X光照相方法对每个单元定性检测其内部材质、器物形状、残块数量及其分布等，会使清理工作做到有的放矢。陕西省考古研究所和陕西省文物保护研究院，在这一方面做过一些尝试性实验研究，取得了一些经验。

1994年陕西省考古研究所与德国合作期间，联合对位于咸阳国际机场附近的北周孝陵进行抢救性发掘，由于"墓内盗洞较多，且多次进水，造成多处坍塌，淤泥充斥整个墓内"，在现场科学考古发掘无法进行。针对当时的实际情况，把相关区域划分成七十多个单元，进行分割包装，提取运回实验室内清理发掘。用石膏封固的七十余块单元都进行了X光检测分析。根据所拍X光片提供的信息，不仅绘制了墓道、墓室、壁龛各区域的器物分布图，而且对文物材质、器型等有了准确地判断。相应有效保护措施地实施，使出土文物得到了最大限度地保护。实践表明，X光检测结果对于孝陵出土文物室内考古发掘起到了指导性作用[38]。

同样，西安文物保护修复中心与意大利合作在宝鸡戴家湾遗址考古发掘时，在遗址探方TO604、Vs171切割一体积约为46cm×44cm×18cm的单元"土块"。实验室考古前的X光显示出，土块内密布破碎陶片，还包含一破碎不严重相对比较完整的小头骨。

考古人员和修复师一起分析研究 X 光所提供信息，制定相应的保护修复计划。按照保护修复计划，修复师仔细清理，并修复出两件陶鬲：一个是盛装婴儿的较完整的陶鬲，另一个是缺损较多的陶鬲[39]。

从上面所讨论的实例，可以看到 X 光照相技术用于文物保护和考古研究的广阔前景，尤其是用于考古出土文物的系统研究，可能会解决一些相关古代艺术、历史，以及工艺技术等的重要问题。当然，任何科学的研究分析手段都有局限性，X 光照相方法也不例。例如在对陕西宝鸡益门出土金柄铁剑进行检测时，由于表面形貌比较复杂，几张 X 光片尽管清楚显示了其金柄中空、补块形貌及所有表面柱状附饰为中空管形等信息，但各种信息的叠加却未清楚显示铁剑与金柄的实际连接关系。类似这样的技术问题，用 X 光断层扫描技术（CT）就有可能解决。

五 总结

文物保护修复，不仅仅是把破碎的文物复原，把受自然力侵蚀的文物寿命延长，而且是对其历史价值、科学价值、艺术价值的一个重新"发掘"、认识和评价的过程。故此，文物保护修复之前，制定科学的保护修复方案就显得非常重要。但是，科学的保护修复方案的制定，首先应基于修复之前对文物保存状况的科学认识。利用现代分析仪器是实现这一目标最为基本的方法，尤其是无损检测的技术方法。

X 光照相技术最大的特点之一是它的无损性，这一特点决定了它很宜于各类材质文物的探查与分析；另一特点是提供信息的直观性，比较实用。但是，首先必须强调，如果对分析文物要进行热释光测试分析时，X 光照相应在热释光的测试分析完成后，或者至少热释光分析样品采集完成后再进行。其二，做好试验前文物材质、相关器物几何尺寸、曝光参数和试验后 X 光片的结果等的文字记录，这是深入研究的基础。其三，在判读 X 光片时，使用一些辅助工具，如放大镜等，有益于提取用肉眼直接看不清楚的更小细节。其四，X 光片上的影像是文物表面和内部信息的叠加，对比文物本体识别所对应的信息，并与表面观察相结合，才能正确判断。其五，设备操作人员的经验很重要，包括了解各类材质文物的特点及加工工艺等，这样，拍摄 X 光片时，针对性就比较强；对于一些特殊部位，设计制作特殊形状的 X 光片，有助于使文物内部形貌影像清晰，避免重叠及虚影。其六，由于文物本身的特殊性，便携式 X 光分析仪器的应用就显得重要而实际，携带仪器到考古工地或者博物馆进行现场实时分析，会受到考古文物工作者的欢迎。其七，文物的研究涉及多种学科，所以，仪器操作人员与不同领域的科学家、考古学家、历史学家的密切合作必不可少。其八，利用数码相机获取 X 光片图像信息，能够全面反映 X 光片上所记录的信息，避免相关信息的损失。其九，根据研究对象和所提取的信息特点，选择不同型号的 X 光片，可以节省费用。其十，X 光辐射会引起多种疾病，仪器操作人员不仅要注意个人的辐射防护，而且务必保证他人免于遭受辐射的伤害。

---

［1］中国大百科全书出版社：《中国大百科全书·矿冶》，中国大百科全书出版社，1984 年。

［2］Burroughs A. Art and X-ray ［J］. Atlantic Monthly，1926，137，520.

［3］Burroughs A. X-ray Work in the Fogg Museum of Art ［J］. Stone & Webster Journal，1927，41（4）.

［4］Burroughs A. Notes on the Principles and Process of X-ray Examination of Paintings ［J］. Smithsonian，1926 and 1927.

［5］Burroughs A. The Flagellation by Spinello Aretino Revealed by X-ray ［J］ Metropolitan，1928：274.

［6］Laurie A. P. Examination of Pictures by UV and X-ray ［J］. Mus. Journ. ，1929，ⅩⅩⅧ：246.

［7］Burroughs A. Bronzino X-rayed ［j］. British Journal of Radiology，1931.

［8］Burroughs A. Some Aesthetic Values Recorded by the X-ray ［J］. Art-studies，1931，（61）.

［9］Rawlings F. I. G. Physical Factors in X-rays Photography ［J］. Technical Studies in the Field of the Fine Arts，1938，ⅤⅡ，73.

［10］Sherwood H. F. Stereoscopic Soft X-ray Examination of Parchment Antiphonaries ［J］. Technical Studies in the Field of the Fine Arts，1938，ⅤⅠ，277.

［11］Rawlings F. I. G. X-rays in the Study of pictures ［J］. British Journal of Radiology，1939，ⅩⅡ，239.

［12］Young W. J. X-ray Apparatus and Technique in Fine Arts ［J］. Museum News，1942，ⅩⅩ，3，9.

［13］Elliot W. J. The Use of the Roentgen Ray in the Scientific Examination of Paintings ［J］. American Journal of Roentgenology and Radium Therapy，1943，L，6，779.

［14］Lenoir A. La Radiographie au Service de l'Art ［J］. Pro Arte，1944，Ⅲ，30，405.

［15］ Cheavin W. H. S. Photographing Stamps by X‑ray ［M］. London Philatelist, 1945: 54, 130.

［16］ Nakayama Hidetaro. Experiments on X‑ray Penetration on Japanese Pigments ［J］. Bijutsu, 1953: 168, 127.

［17］ Pollack H. C., Bridgman C. F. X‑rays in Philately ［J］. Radiology, 1954, 62 (2): 259.

［18］ Rawlings F. I. G. Soft X‑rays in the Examination of Paintings, Studies in Conservation, 1954, (1): 131.

［19］ Pollack H. C., Bridgman C. F., Splettstosser H. R. X‑ray Investigation of Postage Stamps ［J］. Medical Radiology and Photography, 1955, ⅩⅩⅩⅠ, 74.

［20］ Moss A. A. The Application of X‑rays, Gamma rays, and Ultra‑violet and Infrared Rays to the Study of Antiques ［J］. Studies in Conservation, 1955, (2): 47.

［21］ Macht S. H., Etchison B. Roentgen Examination of Paintings ［J］. American Journal of Roentgenology, 1960, 84, 958.

［22］ Bridgman C. F., Keck S. The Radiography of Paintings ［J］. Medical Radiography and Photography, 1961, ⅩⅩⅩⅤⅡ, 3, 62.

［23］ Bridgman C. F. The Amazing Patent on the Radiography of Paintings ［J］. Studies in Conservation, 1964, 9, 135.

［24］ Bridgman C. F. Radiography of Paper ［J］. Studies in Conservation, 1965, 10, 8.

［25］ Burroughs A. Comparison of a Painting and a Drawing by X‑ray ［J］. Bull. Of the Fogg Art Museum, 1967, Ⅱ, 28, 11.

［26］ R. J. Gettens. The Freer Chinese Bronzes (Vol. Ⅱ), Technical Studies ［M］. Smithsonian Institute, Washington D. C., 1969.

［27］ Bridgman C. F. Radiography of Museum Objects, 'Expedition' ［J］. University of Pennsylvania, University Museum, 1973, 15, 3, 2.

［28］ Bridgman C. F. X‑ray Films ［J］. Bull. Of the American Institute for the Conservation of Historical and Artistic Works, 1974, 15, 2, 78.

［29］ Bridgman C. F. The Future of Radiography ［J］. Bull. Of the American Institute for the Conservation of Historical and Artistic Works, 1974, 14, 2, 78.

［30］祝鸿范、周庚余:《用软X射线无损检测研究文物》,上海博物馆:《文物保护科学论文集》,上海科学文献出版社,1994年。

［31］韩汝玢：《电子显微技术在冶金考古中的应用》，北京科技大学：《柯俊教授八十寿辰纪念论文集》，北京科技大学出版社，1997 年。

［32］杨军昌、张虎勤：《X 光照相技术和 X 光衍射分析方法在研究文物古代制作技术及反映文物保存状况中的应用》，西安文物保护修复中心内部资料，1997 年。

［33］Arturo Gilardoni. X-rays in Art（second edition）［M］. Grafica & Arte Bergamo，1994.

［34］杨军昌：《X 光无损探伤分析方法在文物保护修复及古代工艺技术研究中的应用》，《历史文物》2000 年第 6 期。

［35］张世贤：《从毛公鼎的真伪鉴别展望中国古器物学的研究》，《文物保护与考古科学》1994 年第 2 期、1995 年第 1 期。

［36］杨军昌、呼林贵、马琳燕、方萍：《一残铜镜的研究与保护修复》，《东南文化》2000 年第 12 期。

［37］杜金鹏：《实验室考古导论》，《考古》2013 年第 8 期。

［38］杨忙忙、郭岚：《X 光透视技术在文物保护技术中的应用》，《文博》1999 年第 6 期。

［39］杨文宗：《戴家湾陶鬲修复前的诊断分析与制作工艺》，《文博》1999 年第 1 期。

原载于《文物保护与考古科学》，2001 年第 1 期。本次出版时，根据本书稿的实际需要做了适当的删减与补充。特此说明。

Garment Hooks of The Eastern Zhou

Yang Junchang

In ancient China, garment hooks (*daigou*) were used by the nobility to fasten belts or waistbands, much as belt buckles are used today. They had other applications as well: as hooks for weapons, such as swords and knives, and objects for daily use, such as bronze mirrors and seals. They were also used as purely decorative items (Wang Renxiang, 1982), and were produced in materials including jade, bronze, gold, silver and iron, with increasingly complex forms and surface designs. This article will present a brief summary of the history and development of the garment hook, with a focus on highlights from the Eastern Zhou dynasty (770–221 BCE) in the collection of the Arthur M. Sackler Gallery.

Garment hooks date back to as early as the Neolithic age, and were in use right up until the Wei, Jin, Southern and Northern Dynasties (*c.* 220–589 CE). The earliest such finds were about ten jade pieces excavated at Neolithic Liangzhu culture (*c.* 3300–*c.* 2000 BCE) sites in the Yangzi river delta (Wang Renxiang, 2010 and Li Zhifang, 2011). Archaeological finds of garment hooks in different materials have been made at Shang dynasty (*c.* 1600–1046 BCE) sites at Qianzhuang, Pinglu, Shanxi province (Li Baiqin, 1994) and Daluchencun, Xuchang, Henan province (Henan sheng wenwu yanjiusuo, 1988), and in the Western Zhou dynasty (*c.* 1046–771 BCE) tombs M6 and M7 at Cunliji, Penglai county, Shandong province (Shandong sheng yantai diqu wen guan zu, 1980). Gold and iron began to be utilized in the Eastern Zhou dynasty (770–221 BCE), during the late Spring and Autumn period (770–476 BCE), and the distribution and quantity increases, with pieces in jade and bronze and later, gold and iron distributed across present-day Henan, Shaanxi, Hunan and Shandong provinces and Beijing. In general, such objects are of simplified form, with the head but without the hook, while more complex forms arose during the mid-Spring and Autumn period.

The first known silver garment hooks date to the Warring States period (475−221 BCE). This was an era of tremendous development in the quantity, variety and technical quality of garment hooks, with a rich variety of materials used, including bronze, gold, silver, jade, other stones and wood. (Wang Renxiang, 1985). At the same time, however, the types remain basically the same, comprising three main elements: head, body and end (Fig. 1; ibid.). Through archaeological excavations, we know that during the Warring States period, garment hooks were used throughout present-day Henan, Shaanxi, Gansu, Shanxi, Shandong, Hebei, Beijing, Hubei, Guangdong and Sichuan provinces − a wider distribution than that seen in the Spring and Autumn period. Silver garment hooks inlaid with gold appear in the early Warring States period. One such object was unearthed from tomb M51 at Qufu, Shandong province (Shandong sheng wenwu kaogu yanjiusuo, 1982). Another garment hook found in tomb M58 at Qufu has a surface decoration of jade inlays typical of the middle and late Warring States period (ibid.).

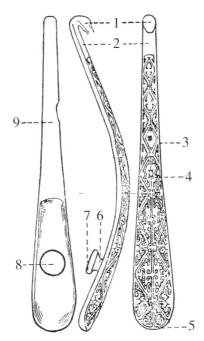

(Fig. 1) Diagram of a garment hook showing the various components: 1. Head; 2. Neck; 3. Body;
4. Face; 5. End; 6. Button post; 7. Button; 8. Button face; 9. Back (After Wang Renxiang, 1985)
(Image courtesy of *Kaogu xuebao*)

Of the Sackler Gallery's collection of 59 early Chinese garment hooks, 33 date from the Eastern Zhou dynasty: 29 are bronze, three jade, and one iron, generally measuring between 5 and 10 centimetres. Almost all known types of garment hook are represented in the collections, according to the classification established by Wang Renxiang in his 1985 study. These include the waterbird type, 'long plate' (Ch. *chang pai*) type, *pipa* type (*pipa*: a plucked string instrument with a fretted fingerboard), 'whole animal' type, 'curved stick' type, 'animal face' type, and *si* type (*si*: a spade-shaped farm tool used in ancient China). The majority are of the waterbird and *pipa* types. One of the cast bronze garment hooks is gilt, and another twelve are inlaid with materials including gold, silver, malachite and turquoise.

The three examples from the Sackler collection illustrated here demonstrate the variety of forms and techniques already in use during the Eastern Zhou period. All are inlaid, and may be classified, respectively, as the *pipa* (Fig. 2), 'long plate' (Fig. 3) and 'whole animal' type (Fig. 4) (Wang Renxiang, 1985).

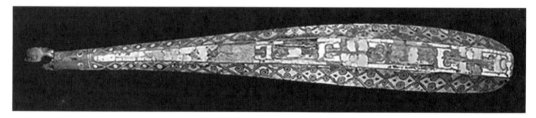

(Fig. 2) Garment hook Eastern Zhou dynasty, Warring States period, late 4th-early 3rd century BCE Bronze inlaid with gold, silver, malachite and turquoise Length 17.8 cm, width 2.3 cm, depth 3.7 cm Gift of Arthur M. Sackler (S1987.413)

The cast-bronze *pipa*-type garment hook in Figure 2 has a small animal head. The middle of the face is inlaid alternately with malachite, turquoise, gold and silver; the two bevelled, partly curved sides of the face are inlaid with gold. Archaeological evidence indicates that such *pipa*-type garment hooks were more prevalent in the Warring States in present-day Henan, Shanxi and Hubei provinces. For example, two bronze pieces inlaid with gold and silver and with two bevelled surfaces, similar to that in Figure 2, were excavated at Luoyang in 2004 (Luoyang shi wenwu gongzuodui, 2006). Another two, similar in shape, and inlaid with malachite as well as gold and silver, were also found at Luoyang (Luoyang shi wenwu gongzuodui, 2004). More of the same type, inlaid with malachite, gold and silver, were found in southern Shanxi province, as well as in the Jingzhou area of Hubei province: for example, at Fenshuiling, Changzhi county (Shanxi sheng kaogu yanjiusuo et al., 2010) and at Qucun, Quwu county (Shanxi sheng kaogu yanjiusuo, 2003).

The iron garment hook shown in Figure 3 is typical of the 'long plate' type, with a small animal head and a more rectangular body, inlaid with gold and silver in triangular and spiral shapes. This type has been found in abundance in mid-Warring States tombs of the Chu and the Qin state, as well as in late Warring States tombs in the Sanjin area (Shanxi province). It is unusual to find intact iron garment hooks in comparatively good condition. Because of the highly reactive chemical properties of iron, by the time they are excavated, the vast majority exhibit serious corrosion; many have also suffered further damage during excavation - partly because of the less-than-ideal on-site conservation techniques used in the past. For example, four iron garment hooks found in 1959-61 in Warring States tombs at Fenshuiling, Changzhi, Shanxi province were damaged during excavation (Shanxi sheng wenwu guanli weiyuanhui, 1964). However, one iron example unearthed at the end of 2011 has been kept in reasonably good condition thanks to the timely application of improved conservation measures both on site and in the laboratory.

(Fig. 3) Garment hook Eastern Zhou dynasty, Warring States period, 4th-3rd century BCE Iron inlaid with gold and silver Length 19. 4 cm, width 3 cm, depth 1. 8 cm Gift of Arthur M. Sackler (S1987. 418)

Bronze garment hooks of the 'long plate' type, but with very different surface decoration from that shown in Figure 3, have been found in locations including present-day Henan, Shanxi and Hebei provinces. A 'long plate' -type hook found in tomb M43 at Fenshuiling, Changzhi, Shanxi province, for instance, is rectangular in shape with a rhomboidal-cloud design (ibid.).

The cast bronze garment hook in Figure 4 is of the 'whole animal' type, comprising a low-relief sculpture of a rhinoceros, inlaid with gold wire in a vivid representation of the animal's musculature. This type emerges in the early Warring States period, growing in popularity and variety in the latter part of the period, and is more prevalent in the tombs at the Central Plains (comprising the middle and lower reaches of the Yellow River) and the Guanzhong area (the central Shaanxi plain). However, a rhinoceros-type garment hook almost identical in shape to the one in Figure 4 was found in June 1954, at Baolunyuan, Zhaohua county, Sichuan province (Feng Hanji et al., 1958; Sichuan bowuyuan, 1960). A total of four late Warring States garment hooks were excavated here, two of them being rhinoceros-type bronze inlaid with gold and silver, dating to the late Warring States.

(Fig. 4) Garment hook Eastern Zhou dynasty, Warring States period, 4th-3rd century BCE Bronze inlaid with gold Length 24. 8 cm, width 9. 4 cm, depth 5. 6 cm Gift of Arthur M. Sackler (S1987. 437

While fastening belts or waistbands was a basic function of garment hooks in ancient China, the objects were also symbols of status or social position, a role they still play today in some ceremonial contexts.

Yang Junchang is Director of the Department of Conservation and Research at the Shaanxi Provincial Institute of Archaeology. He is also the Sanqin Scholar at the Shaanxi Provincial Research Institute of Conservation, leading a research group.

The objects illustrated in Figures 2, 3 and 4 are in the collection of the Arthur M. Sackler Gallery.

[1] Feng Hanji et al., 'Sichuan gudai de chuanguan zang', in *Kaogu xuebao* 1985: 2, pp. 77-95.

[2] Han Binghua and Li Yong, 'Changzhi Fenshuiling Dongzhou mudi', Beijing, 2010.

[3] Henan sheng wenwu yanjiusuo, 'Xuchang xian Daluchencun faxian shangdai mu', in *Huaxia kaogu* 1988: 1, pp. 23-26.

[4] Li Baiqin, 'Shanxi Pinglu Qianzhuang Shangdai yizhi qingli jianbao', in *Wenwu jikan* 1994: 4, pp. 3-9.

［5］ Li Zhifang, 'Cong chutu Dongzhou daikou kan qi qiyuan yu chuanbo', in*Kaogu yu wenwu* 2011：4, pp. 54-58.

［6］ Liu Jianan, 'Luoyang Xigong qu M7602 de qingli', in*Wenwu* 2004：7, pp. 12-14.

［7］ Luoyang shi wenwu gongzuodui, 'Luoyang Zhongzhou zhong lu Dongzhou mu fajue jianbao', in*Wenwu* 2006：3, pp. 22-24

［8］ Shandong sheng kaogu yanjiusuo et al, 'Qufu Luguo gucheng', Jinan, 1982.

［9］ Shandong sheng yantai diqu wenguanzu, 'Shandong Penglaixian Xizhou mu fajue jianbao', in*Wenwu ziliao congkan* 1980：3, pp. 50-55.

［10］ Shanxi sheng kaogu yanjiusuo, '1994 nian Shanxi Quwu xian Qucun Liangzhu muzang fajue jianbao', in*Wenwu* 2003：5, pp. 22-25.

［11］ Shanxi sheng wenwu guanli weiyuanhui, 'Shanxi Changzhi Fenshuiling zhanguo mu di er ci fajue', in*Kaogu* 1964：3, pp. 132-34.

［12］ Sichuan bowuyuan, 'Sichuan Chuanguan zang fajue jianbao', Beijing, 1960.

［13］ Wang Renxiang, 'Gudai daigou yongtu kaoshi', in*Wenwu* 1982：10, pp. 75-81.

［14］ Wang Renxiang, 'Daigou gailun', in *Kaogu xuebao* 1985：3, pp. 267-312.

［15］ 'Yu gou chu chu Liangzhu', in*Zhongguo wenwu bao*, 5 March 2010：p. 6.

原载于《ORIENTATIONS》，2012 年 10 月 43 卷 7 期

Technical Studies of Proto−Zhou and Early Western Zhou Bronze Vessels Excavated in Guanzhong, Shaanxi Province, China

Yang Junchang and Han Rubin

abstract   During the late second and early first millennium b. c. e. , the ancient Western Zhou people developed, expanded, and flourished in the Guanzhong region, a plains area on the north of Qingling Mountains and south of Yellow Plateau within Shaanxi province in China. A large number of bronze objects dating to the Western Zhou dynasty and the so−called Proto−Zhou period just prior to the establishment of the dynasty have been unearthed in Guanzhong, including some very important bronze vessels with historical value and significant inscriptions. Although the inscribed bronzes have had great implications for the study of Zhou culture, no bronze objects have previously been investigated systematically using metallographic examination and technical studies. This paper presents the results of the study of 120 bronze vessels from seven representative sites of the Zhou people in the Guanzhong region of Shaanxi, with special attention to their casting technology. Among these objects, five samples of Proto−Zhou and fifteen samples of Western Zhou have been examined using optical microscopy and scanning electron microscopy−energy−dispersive x−ray spectrometry analysis. A certain degree of understanding has been reached regarding the casting techniques and the alloy composition of Zhou bronze vessels from the Guanzhong, Shaanxi, area that date from the thirteenth century to tenth century b. c. e.

Introduction

AfterWuwang (King Wu) of Zhou destroyed the Shang empire (ca. 1600 – ca. 1050 b. c. e.), he established the Zhou dynasty (ca. 1050–221 b. c. e.) (Bai 1994). The Proto–Zhou period refers to Zhou culture before Wuwang (King Wu) conquered the Shang; it was the predawn stage of Western Zhou civilization (Xu 1979; Zou 1980). Proto–Zhou culture is not the same as Western Zhou culture, although they are two stages of the same civilization during its continuing evolution. As with the Xia and Shang clans, Zhou was an ancient clan, with a long history, that inhabited the western part of Guanzhong, Shaanxi province. The ancient document known as the *Shi Ji Zhou Ben Ji* (Zhou Records) states that the founding ancestor of the Zhou people was Hou Ji, who lived during the same period as the Yao, Shun and Xiayu cultures (late third to mid–second millennium b. c. e.); Hou Ji's son, Bu Ku, lived during the period near the end of the Xia dynasty (ca. twenty–first–sixteenth century b. c. e.). When the Zhou people came to be led by Gong Liu, in roughly the mid–second century b. c. e., they relocated to the area of Bin and Xunyi counties in present–day Shaanxi province due to the disturbances from Rong and Di tribes. During the time of Gugong Danfu (the grandfather of the first king of the Western Zhou dynasty) in the late thirteenth to early twelfth century b. c. e., there were more disturbances caused by the nomads from the northwest, and the Zhou people moved again, this time to Zhouyuan, where they developed and flourished, steadily becoming stronger until they started to expand their influence eastward. Wenwang (King Wen) moved his capital to Feng, and later the capital was again moved to Hao after Wuwang (King Wu) destroyed the Shang empire in the eleventh century b. c. e. Because of this historical background, many Zhou cultural remains can be found today within Shaanxi province, especially around the central and western areas of Guanzhong.

Since the late 1950s, archaeologists have conducted large–scale archaeological surveys and excavations in the Guanzhong region of Shaanxi. These have afforded detailed understandings about the spread of Zhou culture and produced a more complete picture of Zhou civilization. The surveys have located more than 1, 200 Western Zhou sites in Shaanxi, and 77% of these sites are in Guanzhong area, as shown in figure 1 (Guo jia wen wu ju 1998). The Zhou sites are densely spread along the Wei River and its tributaries, and they increase in number from east to west. The large volume of pottery, bronze vessels, and other remains unearthed from these Zhou sites have provided solid evidence for establishing the timelines of the Western Zhou pottery culture, advanced the development of research in Zhou history and Zhou culture, and become the foundation for the search for the origins of Zhou civilization.

Guanzhong, Shaanxi, was the western region of Shang territory and the center of Western Zhou politically, economically, and culturally. The bronze vessels unearthed from Shang and Zhou hoards and burials in this area are not only large in number but also of superb quality, many with inscriptions; the bronzes are highly regarded and have long been the subject of research. Based on previous archaeological research reports, seven Zhou sites in Guanzhong were selected for this study: Changwu's Nianzipo, Xunyi's Cuijiahe (Cao and Jing 1984), Wugong's Zhengjiapo (Baoji Shi kao gu gong zuo dui 1984), Fengxiang's Nanzhihui West Village tomb of Zhou (Han and Wu 1982), Fufeng's Beilü tomb of Zhou (Fufeng xian bo wu guan 1984; Luo 1995), Zhouyuan (Shaanxi Zhouyuan kao gu dui 1978), and Fenghao (Zhang 2000) (see figure 2 for the locations of the sites and table 1 for a chronological comparison with the Shang periods). This report describes the research, analysis, and comparison of the Proto-Zhou and early Western Zhou bronzes from these sites. It emphasizes the manufacturing techniques, alloy compositions, and metallographic structures of those bronze vessels, attempts to describe the development of the Zhou people's bronze-casting technologies, and discusses related issues.

Table 1. Related chronologies of the Proto-Zhou, early Western Zhou, and Shang periods

Dynasty	Ruler	Year (b.c.e.)		Proto-Zhou Period	
Early Shang		Late Erlitou, Lower Level of Erligang (20th–14th centuries b.c.e.)			first stage tomb burial of Hejiacun first stage remain site of Wangjiazui
Late Shang	Pangen	1300–1251	first stage of Yinxü		
	Xiaoxin				
	Xiaoyi				
	Wudin	1250–1192			
	Zukang	1191–1148	second stage of Yinxü		early Proto-Zhou cultures at Nianzipo and Zhengjiapo
	Zujia				
	Bingxin		third stage of Yinxü	roughly the period of Gugongdanfu	
	Kangdin				first stage of Beilü Zhou tombs first stage of Nanzhihui Xicun tombs
	Wuyi	1147–1113		roughly the period of Wangji	
	Wendin	1112–1102			
	Diyi	1101–1076	fourth stageofYinxü	roughly the period of Wenwang	first stage of Zhangjiapo tombs
	Dixin	1075–1046			

Dynasty	Ruler	Year (b. c. e.)		Proto–Zhou Period		
Early Western Zhou	Wuwang	1046–1043				
	Chenwang	1042–1021				
	Kangwang	1020–996				
	Zhaowang	995–997				

Sources: Wang andXü 2000; Bai 1994; Zhang and Liang 1989.

Bronze Vessels Unearthed from Representative
Proto–Zhou and Early Western Zhou Sites

The statistical results of investigations on the unearthed bronze vessels fromthe seven representative sites of Proto– Zhou and early Western Zhou have shown the following.

1. With the exception of the site ofZhouyuan, the bronze vessels from the sites dated to the Proto–Zhou period are few in number and variety. Most are *ding* and *gui* food vessels.

2. The site ofZhouyuan stands out due to its larger number and variety of Proto–Zhou bronze vessels, weapons, tools, chariot accessories, and other objects. There are seventeen bronze vessels entailing fourteen different types, including square *ding*, round *ding*, *gui*, *yan*, *jue*, *zhi*, *gu*, *you*, *jia*, *lei*, *zun*, ox–shaped *zun*, *shao*, *bu*, and more. The bronzes found in central Zhouyuan are more than half the total number of bronze vessels that date to the Proto–Zhou period and were unearthed from the seven representative sites.

3. The number and variety of early Western Zhou bronze vessels unearthed in Zhouyuan were greater than those of the Proto–Zhou period, but not significantly greater. The number of types of vessels increased from fourteen to twenty and to include *li*, square *lei*, square *yi*, *hu*, *pen*, and *yu*. The number of vessels found was about seventy, which is more than 42% of the total number of Western Zhou vessels unearthed from the seven representative sites. The bronzes found in the Fenghao region also show a sudden increase in number and variety with the advent of the Western Zhou period. There are only two kinds of bronze vessels, *ding* and *gui*, dating to the Proto–Zhou period, as opposed to twelve kinds of bronze vessels from the early part of the Western Zhou period. The new types of vessels include *gui*, *li*, *yan*, *Jue*, *gu*, *zhi*, *you*, *shao*, and others, for a total of ninety ritual vessels, which is more than half of the total unearthed vessels. The number of vessels found clearly indicates the critical importance of

Fenghao's location and the special political, economic, and cultural position of Zhouyuan.

4. TheNianzipo and Zhengjiapo sites show some peculiarities. Three bronze containers and a bronze *zhui* (awl) were unearthed from a hoard in an early habitat at Nianzipo. There are no other kinds of bronze vessels of late Proto-Zhou or of early Western Zhou discovered at these sites. Six bronze vessels were discovered at the Zhengjiapo site. Of the *zu* (arrowheads) found at the site, only one was excavated by the archaeologists (unearthed from the layer dated to the midperiod of the site); the rest were finds for which there were no formal records of their origins. No bronze vessels dating to the early Western Zhou period were found here. Yet near and around Zhengjiapo, in Beilü quite a few bronze vessels of the Proto-Zhou and early Western Zhou periods were unearthed.

Sample Metallographic Investigations and Alloy Element Analyses

The site from which a sample is removed from a bronze object can have a very important influence ondeterminations made about an objects manufacture, so, if possible, it is best to take multiple samples from objects. For example, in the case of a *ding* vessel, sample pieces are best taken from the rim, the body, and the foot; for a *ge* (spear), it is best to take one sample from the upper blade, one from the lower blade, and one piece each from either the handle or the back. For tools such as *ben* (adz), fu (ax), *or zao* (chisel), it is best to take samples from the cutting edge and the body of the object. With such an approach, a more complete technical analysis can be performed. The greater the value of a bronze vessel, and the more perfect its artistic design, the more it can represent the highest achievement in casting and the more valuable its scientific analysis would be. But the possibilities of taking samples from such a piece are restricted. Nonintrusive analysis may be possible, but it can answer only very limited questions. With the scientific analysis and examination technologies currently available, however, taking small samples is a relatively doable and practical approach that can resolve at least some of the issues entailed in technical research.

For this study, a total of twenty bronze sampleswas taken. One bronze was from a collection, one was from an ash pit, and the others were from thirteen tombs. Among them, five bronzes date to the Proto-Zhou period and fifteen date to the early Western Zhou period. The bronze samples were mounted and polished before study using metallographic investigation and scanning electron microscopy with energy-dispersive x-ray (SEM-EDX) analysis. Detailed information on and chemical composition of these samples are given in table 2.

Table 2. Samples of Proto-Zhou and early Western Zhou bronzes studied by SEM-EDX.

Index	Laboratory Labels	Object Label	Object Type	Period	Condition	Excavation Site	Sample Location	%Cu	%Sn	%Pb	%Fe	%S	Alloy Type
1	YN5	M19: 7	bell	PZ	complete	Wangjiazui	rim	70.8	19.3	7.7	<0.5	–	Cu-Sn-Pb
2	YH3	75: 23 (M1)	bu	PZ	complete	Hejiacun	base	79.2	15.5	4.1	<0.5	<0.5	Cu-Sn-Pb
3	2001	80WSM1: 1	ding	PZ	extensive corrosion	Zhengjiapo	fragment	96.9	0.03	2.7	–	0.3	Cu-Pb
4	YF1	83Fengmao M1: 1	ding	PZ	complete	Zhangjiapo	ding foot	68.0	16.1	13.1	1.6	<0.5	Cu-Sn-Pb
5	YF2	83Fengmao M1: 2	gui	PZ	complete		rim	58.8	4.6	32.4	1.6	1.7	Cu-Sn-Pb
6	Y25	81FBBDM145: 3	bell	EWZ	complete	Beilü	handle	71.6	11.7	16.3	<0.5	<0.5	Cu-Sn-Pb
7	Y08	80FZH3: 1	ding	EWZ	foot damaged	Zhuang-baicun	foot heel	80.1	19.4	<0.5	<0.5	<0.5	Cu-Sn
8	Y12	79FQ-C: 51	zun	EWZ	rim damaged	Yuntang-cun	crack area	81.4	17.4	<0.5	0.9	<0.5	Cu-Sn
9	YF13	67SCCM87: 2	ding	EWZ	extensive corrosion	Zhangjiapo	ding foot bottom	75.6	15.6	5.1	1.7	0.7	Cu-Sn-Pb
10	YF14	67SCCM87: 1	ding	EWZ	extensive corrosion		foot bottom	63.7	17.6	16.6	0.9	<0.5	Cu-Sn-Pb
11	YF24	86SCCM234: 1	ding	EWZ	complete		crack on base	64.0	7.7	26.8	<0.5	<0.5	Cu-Sn-Pb
12	YF26	86SCCM257: 1	ding	EWZ	complete		foot bottom	70.4	14.9	13.9	<0.5	<0.7	Cu-Sn-Pb
13	YF27	85SCCM167: 1	ding	EWZ	complete		foot bottom	78.8	0.9	16.6	<0.5	–	Cu-Pb
14	YF28	86SCCM285: 1	ding	EWZ	complete		crack on base	80.8	12.6	5.4	<0.5	<0.5	Cu-Sn-Pb
15	YF29	84SCCM136: 1	li	EWZ	complete		foot bottom	81.1	12.7	5.8	<0.5	<0.5	Cu-Sn-Pb
16	YF30	86SCCM294: 1	li	EWZ	complete		foot bottom	67.0	10.7	21.1	<0.5	0.6	Cu-Sn-Pb
17	YF25	85SCCM166: 1	jue	EWZ	complete		inner side on foot	70.0	<0.5	27.2	<0.5	1.6	Cu-Pb
18	YF11	67SCCM87: 7	jue	EWZ	complete		inner side on foot	61.3	15.5	21.8	<0.5	1.6	Cu-Sn-Pb
19	YF12	67SCCM87: 6	gu	EWZ	complete		inner side of round foot	69.6	18.7	10.1	<0.5	0.6	Cu-Sn-Pb
20	YF15	67SCCM87: 4	you	EWZ	complete		rim	82.2	16.2	<0.5	<0.5	<0.5	Cu-Sn

PZ = Proto-Zhou; EWZ = early Western Zhou.

The results of the metallographic investigations have demonstrated that the bronze vessels from Proto-Zhou and early Western Zhou have characteristicdendritic structures that confirm the bronzes were cast. The metallographic structures of some representative samples can be seen in figures 3–5. Polished samples were observed before and after etching using a Zeiss Neophot 21 metallographic microscope. The etching solution used was alcoholic ferric chloride solution. Elemental analysis of the samples was obtained using a Cambridge S–250MK3 scanning electron microscope with an Oxford Link AN 10000 energy–dispersive spectrometer. The analyses were performed using an accelerating voltage of 20 kV and a scan time of 50 seconds with astandardless analysis method. Given that the samples can be inhomogeneous, as large an area as possible was scanned. Three different positions in noncorroded areas were selected for analysis, and an average value was taken. The results are also given in table 2.

Figure 1. Metallographic structure of Zhengjiapo Proto–Zhou bronze ding YF1.

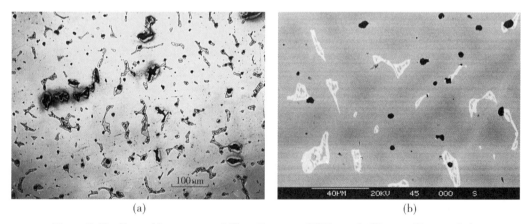

(a)   (b)

Figure 2. Metallographic structure of Zhangjiapo you YF15, early Western Zhou period,
a. Etched sample. b. Backscattered electron （BSE） image of sample.

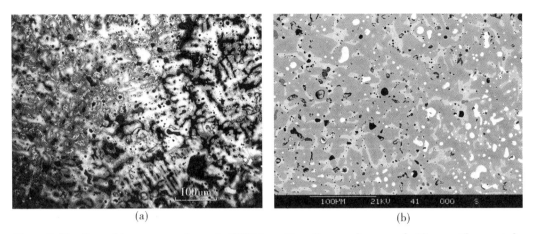

(a)   (b)

Figure 3. Metallographic structure of sample YF12 from Zhangjiapo gu base, early Western Zhou period.
a. Etched sample. b. Backscattered electron (BSE) image of sample.

Investigations of Casting Technology

Twenty–nine bronze vessels of the Proto–Zhou period and more than 170 bronzes of the early Western Zhou period were unearthed from the seven representative Zhou sites listed previously. Investigations of the bronze casting technology were based mainly on the features left on the objects surface from the casting process, such as the join lines of the mold pieces, sprues, runners, or other details that reflect the pouring of the molten metal and the character, complexity, and degree of detail of the decorative patterns.

The bronzes of the Proto–Zhou period unearthed from the Guanzhong area, with the exception of the Zhou tomb at Fufeng Beilü, are *ding* vessels, or some combination of *ding* and *gui* vessels, and thus the casting characteristics of Proto–Zhou bronzes are mainly represented by the *ding* and *gui* vessels.

The site of Nianzipo in Changwu, on an upper stream of the Jing River, has been universally considered a Proto–Zhou culture site. Three bronze vessels, two *dings* and a *bu*, constitute the earliest bronzes from the site. Analysis of samples taken from these three bronzes show that the two *dings* were made of pure copper and the *bu* was made of copper–tin alloy. Metallographic investigation (see fig. 1) has shown that the vessels were cast (Hu Qianying, unpublished excavation report). Such large *dings* made with pure copper are very rare. Also, the two *dings* were cast using piece molds, with three mold pieces for the outer walls, one inner mold, and one bottom mold. For both vessels, the mold parts were joined together in a coarse and loose manner and the after-casting treatment was crude; the mold lines were not removed by polishing, and there are many air bubbles in the metal as a result of the casting. By comparison, the inscriptions on the surface of the *bu* piece discovered at the same time are very sharp. The after-casting treatment was finer, and the quality of the casting was also generally better.

At the site ofNianzipo, the early stage was slightly older than the Gugong Tanfu period, about the time ofYinxü second stage culture, which dates to roughly the twelfth centuryb. c. e. (Zhongguo she hui ke xue yuan kao gu yan jiu suo Jing Wu gong zuo dui 1989; Wang and Xü 2000). It was during the Erlitou period (2000−1600 b. c. e.) that the bronze-casting technology in Zhongyuan began to evolve, and through the experiments and explorations during the early Shang dynasty period, casting techniques gradually became more complex. When it reached the Yinxü period (1300−1046 b. c. e.), bronze-casting technology was already very advanced (Chen 1986; Tan and Chen 1996; Tan 1999; Hua 1999; Li 1986). Yet the three bronze vessels unearthed from Nianzipo, while dating to the same period, exhibit features that suggest their casting techniques were primitive and imitative.

BesidesNianzipo, there are several other Zhou sites in Guanzhong, such as Nanzhihuixicun in Fengxiang, where two *ding* vessels (80M112: 1, 79M62: 1) and one *gui* vessel with a boss pattern (79M62: 2) were unearthed from a Proto-Zhou tomb. The decoration of the *ding* (M112: 1) is three- dimensional, as shown in figure 6. The main decoration is a *tao tieh* mask in relief, with details in recessed lines, and there are recessed background lines also. The technological investigation of this vessel has shown that it was cast using the so-called complicated clay piece-mold method. Among all Proto-Zhou sites, the bronze *ding* (M112: 1) from Fengxiangxicun is a relatively better cast piece. In general, the structures of all the vessels are not complicated, and the technical requirements of casting were not high. One *ding* and one *gui* unearthed from the Proto-Zhou tomb in Fengxi are similar to the bronze vessels unearthed from the other sites and have simple, unlively patterns. The whole body of the boss-patterned *gui* (FM1: 2) is decorated with relatively simple, vaguely defined patterns that, with the exception of the bosses, lie in a single plane (fig. 5).

Technical investigations have also shown that Proto-Zhou bronze vessels from areas other than Zhouyuan are generally smaller objects, and although they date to later periods, their shapes lack variation, the structures are simple, and the decoration is mostly in one plane. For vessels of simple structure and surface decoration, there would be no need for special techniques to model the design, construct the molds, and make the casting, thus indicating that the bronze-casting techniques of the early Proto-Zhou period were still exploratory in nature.

(a)
(b)

Figure 4. Proto-Zhou bronze (M112: 1) unearthed from a tomb at Nanzhihuixicun in Fengxian, Shaanxi, in 1980. Shaanxi Archaeological Institute. a. Vessel. b. Detail of mold line.

(a)
(c)
(b)

Figure 5. Proto-Zhou bronze gui (FM1: 2) unearthed from Zhangjiapo tomb site in Changan, Shaanxi, in 1983. Institute of Archaeology, Chinese Academy of Social Sciences.
a. Vessel. b. Detail of mold line. c. Detail of decoration.

A very different situation is indicated by the bronzevessels unearthed at Zhouyuan. A *ding* and a *gui* unearthed in 1973 from the Proto-Zhou tomb (M1) in Hejiacun have very clear decorative patterns, and the *ding* was made by a one-step casting process using the complicated clay piece-mold method (Shaanxi Sheng bo wu guan Shaanxi Sheng wen wu guan li wei yuan hui 1976). Yet it is not the *ding* and *gui* that demonstrate the stages of development of bronze casting at Zhouyuan, but, rather, it is the vessels of other types. A good example is the *you* with bail handle unearthed at Hejiacun in 1973; its body and handle are covered with very detailed *lei-wen* patterns, its main relief is a *tao tieh* mask, and the *kui wen* pattern with additional carved lines was executed three-dimensionally. It is a typical example of vessels made by the combination of various techniques, such as separated molds, combined clay piece molds, matchedmodel and mold pattern lines, and casting-on. Theyouwith *kui wen* pattern unearthed from the same tomb is not completely decorated with patterns, but its relief stands out with *lei-wen* patterns, and it clearly demonstrates the same complex combination of techniques.

The three-dimensional decorative patterns on the relief of early Western Zhou bronzes are made with combinations of model and mold patterns. Such bronze artifacts with detailed decorative three-dimensional patterns were mostly found at Zhouyuan and Fenghao. Good examples from Zhouyuan are the ding with a tao tieh mask and lei-wen unearthed in 1966 in Hejiacun, Qishan (Chang 1972) (fig. 6) and the famous Dayu ding and Tianwang gui (Wang et al. 1999) (fig. 7). From Fenghao are the tao tieh mask ding (M87: 1) unearthed in 1967 inZhangjiapo, a squaregui with a tao tieh mask unearthed in 1985 in Zhangjiapo, and the ding with a tao tieh mask and lei-wen patterns unearthed in 1973 in Xinwangcun (fig. 8). To create reliefs with clear three-dimensional decoration patterns, the craftsmen not only needed to be very skillful but the proportion of mixing several mold materials had to meet certain refined requirements (Tan 1999).

The objects that represent the highest technical standard among all bronze vessels of early Western Zhou period unearthed from the site of Zhouyuan are several bronze vessels—zhe gong, zhe zun, zhe fangyi, Shang zun, Shangyou and others—unearthed in 1976 from hoard 1 at Zhuangbai, Fufeng county, Shaanxi province (Shaanxi Zhouyuan kao gu dui 1978). This group of bronze vessels has three-dimensional pattern decorations, elegant designs, complicated structures, intricate openwork on the flanges, and the positioning of piece-mold join lines at the centers of the flanges. Such applications could be beneficial for polishing and

Figure 6. Early Western Zhou bronze ding unearthed in Hejiacun, Qishan, Shaanxi, in 1966. Shaanxi History Museum.

Figure 7. Early Western Zhou bronze vessel unearthed from Zhouyuan, Shaanxi. National Museum of China. FromZhongguo qing tong qi quan ji bian ji wei yuan hui 1996.

Figure 8. Bronze ding unearthed from a hoard in Fengxi Xinwangcun, Changan, Shaanxi, in 1973. Xian Municipal Institute of Archaeology and Conservation. From Zhongguo qing tong qi quan ji bian ji wei yuan hui 1996.

after-casting treatment; furthermore, they could cover up the unsightly mold join lines that have a negative visual effect. These vessels represent a superb and perfect combination of artistic design and casting technology. One example is the Shang *zun* (76FZH 1: 11) (fig. 9); the vessel has a height of 30.4 cm, a rim diameter of 23.6 cm, and an inside depth of 22.9 cm, and it weighs 5.8 kg. Four open-work flanges on the outer wall divide the body evenly into four sections. The upper part of the rim has eight sets of banana leaf patterns; under them are eight *kui* dragons and four sets of *tao tieh* patterns on each side of the belly and the ring base. The after-casting treatment was very carefully done. The patterns are neat and balanced, and the surfaces are extremely smooth. The separate mold pieces were joined at the center positions of the flanges; inside the flanges there are some mold marks and imperfect joints that remain because polishing and smoothing the surface in those areas are difficult. Based on the structure of the vessel and the characteristics of the pattern, the patterns on the center of the two-part flanges would have been made separately in three horizontal pieces before they were joined together. The decorated panels between the flanges were made separately and joined into one large vertical panel with mold clay applied to the back. In addition, the joint seams were filled and covered with line decoration. The flanges are openwork; each flange has three sections that were made from detachable mold pieces and made along with the three sections of each decorated panel. The Shang *zun* then was cast with a finished mold consisting of four large outer mold panels, one bottom mold piece, and one core mold.

The casting of the Shang*zun* is superior. The craftsmen's skills in model designing, mold making, mold refining, mold joining, and metal pouring had to be very advanced to produce an object of such excellent quality. This piece was made with a one-step casting process known as the complicated clay piece-mold method, and it fully demonstrates the integrated techniques applied on separate model pieces and the molds.

Conclusions

The Zhou people had started to explore bronze-casting techniques before the early part of the twelfth century b. c. e. (second stage of Yinxü), but their skills were relatively primitive. The decorative patterns on the vessels were simple, the mold joints were coarse, the craftsmen's work was poor, and the vessels were mainly imitations of Shang bronzes. Just before the mid-eleventh century b. c. e., there were more bronze objects made in the areas controlled

Figure 9. Early Western Zhou Shang zun (76FZH1: 11) unearthed from hoard 1 in Zhuangbai.
Note the openwork on the flanges; the mold lines still can be seen in protected areas.
Baoji Municipal Museum of Zhouyuan. From Zhongguo qing tong qi quan ji bian ji wei yuan hui 1996.

by Zhou people, but these were of less variety; most were weapons. The vessels that were made consisted of mainly copper–tin–lead alloys.

During the early stage of the period afterWuwang ended the Shang dynasty and established the Western Zhou dynasty in the mid–eleventh century b. c. e. , the number of bronze objects produced suddenly increased; the number of vessel varieties increased; the casting technologies became finer and more advanced; the decoration became more complex; the structures became more complicated; and the aftercasting finishing became finer, especially around the areas of Zhouyuan and Fenghao. The bronze – casting technology demonstrated by the early Western Zhou bronze objects unearthed at Zhouyuan and Fenghao are that of the bronze–casting technology of the Yin Shang stage; the method of composing molds with separated pieces, the use of complicated clay piece–mold techniques, the pattern–designing methods, and the casting–on skills had developed and evolved from their beginnings into creations of even more lively and flexible dimensions. For example, in the early stage of Western Zhou, craftsmen cleverly made detachable flanges with openwork and joined the originally separate mold pieces at the center lines of the flanges with very innovative designs. Because of such an approach, it became easier for the works to be polished and the unsightly mold joint lines could be masked. Most of the bronze vessels were cast from copper-tin-lead alloys; only a very few were made using copper-tin or copper-lead alloys.

For nearly ten centuries the Shang people had searched for and explored more advanced bronze-casting techniques. After being relocated into the areas controlled by the Zhou people, there were new developments and innovations. The reasons the Zhou people mastered bronze-casting techniques in a relatively short time was because they borrowed and imported the already quite advanced technical knowledge of the Shang people; Zhou culture advanced and evolved by absorbing new cultures and new ideas. The bronze-casting techniques of the Zhou dynasty testify to this capacity.

Acknowledgments

While doing this investigation, we received enthusiastic support and assistance from theInstitute of Archaeology of the Chinese Academy of Social Science (CASS); Shaanxi Administration of Cultural Heritage; Baoji Municipal Zhouyuan Museum; Shaanxi History Museum; Shaanxi Archaeological Institute; Baoji Municipal Bureau of Cultural Heritage; Xi'an Center for the Conservation and Restoration of Cultural Relics; Fufeng County Museum; Qishan County Museum; Baoji Municipal Bronze Museum; and Baoji Municipal Archaeology Group. We give special thanks to Professors Zhang Changshou, Han Wei, Luo Xizhang, Sheng Qinyan, Xü Lianggao, and Sun Bingjun for their help and cooperation and for kindly providing us with samples. We are also grateful to the Third Forbes Symposium Committee for providing the opportunity to present this paper. Isabel I-Kuo Dagata has translated this paper from Chinese into English, and we also extend our thanks to her.

[1] Bai, S. 1994. *Zhongguo tongshi* [Chinese general history]. Vol. 3, no. 1. Shanghai: Shanghai ren min Press.

[2] Baoji Shikao gu gong zuo dui (Baoji Municipal Archaeological Group). 1984. Shaanxi Wugong Zhengjiapo xian zhou yi zhi fa jue jian bao [Excavation report on the proto-Zhou site of

Zhengjiapo, Wugong county, Shaanxi]. *Wen wu* 7: 1-15.

[3] Cao, F., and F. Jing. 1984. Shaanxi Xunyi Cuijiahe yi zhi diao cha ji [Investigation on Cuijiahe site, Xunyi county, Shaanxi]. *Kao gu Yu Wen wu* 4: 3-8.

[4] Chang, S. 1972. Qi Shan Hejia Cun chu tu de xi Zhou tong qi [Western Zhou bronzes unearthed in Hejiacun, Qishan]. *Wen wu* 6: 25-29.

[5] Chen, Z. 1986. Yin xu tao fanjiji xiang guan de wen ti [Clay molds *in yin xu* and related issues]. *Kao gu* 3: 269-77.

[6] Fufeng xian bo wu guan (Fufeng County Museum). 1984. Fufeng Beilü Zhou ren mu difajuejian bao [Excavation report on Zhou people's tombs, Beilü, Fufeng county]. *Wen* 7: 3-41.

[7] Guo jia wen wu ju (State Administration of Cultural Heritage). 1998. *Zhongguo wen wu di tu ji* [Atlas of Chinese cultural heritage]. No. 1, *Shaanxi fen ce* [Shaanxi fascicle]. Xi'an: Xi an di tu Press.

[8] Han, W., andZ. Wu. 1982. Fengxiang Nanzhihuixicun Zhou mu de fajue [Excavation of Zhou people's tombs of Nanzhihuixicun, Fengxiang county]. *Kao gu Yu Wen wu* 4: 15-39.

[9] Hua, J. 1999. *Zhongguo gu dai jin shu ji shu: Tong he tie zao jiu de wen ming* [Metal technology in ancient China: Civilization created by copper and iron], Zhengzhou: Da xiang Press.

[10] Li, X. 1986. Lun Changán Huahuan Cun liang mu qing tong qi [Discussion on bronzes from two tombs in Huahuan Cun]. *Wen wu* 1: 32-35.

[11] Luo, X. 1995. *Beilü zhou ren mu di* [Zhou people's tombs ofBeilü]. Xi'an: Xi bei da xue Press.

[12] ShaanxiSheng bo wu guan Shaanxi Sheng wen wu guan li wei yuan hui (Shaanxi Provincial Museum and Shaanxi Administration Committee of Cultural Heritage). 1976. Xi Zhou Fengjing fujin bu fen mu zang fajuejian bao [Excavation report on Xi Zhou partial tombs around Fengjing]. *Wen wu* 1: 1-31.

[13] ShaanxiZhouyuan kao gu dui (Shaanxi Zhouyuan Archaeological Team). 1978. Shaanxi Fufeng Zhuangbai yi hao xi Zhou qing tong qi jiao cang fajue jian bao [Excavation report on no. 1: Bronze hoard of Zhuangbai, Fufeng county, Shaanxi]. *Wen wu* 3: 1-18.

[14] Tan, D. 1999. Zhongguo qing tong shi dai tao fan zhou zao ji shu yan jiu [Study of clay-mold casting technique in China's Bronze Age]. *Kao gu xue bao* [*Acta Archaeologica Sinica*] 2: 211-50.

[15] Tan, D., and M. Chen. 1996. *Yishuzhuzao* [Art casting]. Shanghai: Shanghai jiao tong da xue Press.

[16] Wang, S., G. Chen, and C. Zhang, 1999. *Xi Zhou qi tong qi fen qi duan dai yan jiu* [Chronological study of Western Zhou bronzes]. Beijing: Cultual Relics Press.

[17] Wang, W., and L. Xü. 2000. Xian Zhou wen hua de kao gu xue tan suo [Archaeological searches for proto-Zhou culture]. *Kao gu xue bao* [*Acta Archaeologica Sinica*] 3: 285-310.

[18] Xu, X. 1979. Zao Zhou wen hua de te dian ji ji yuan yuan de tan suo [Discussion of the characteristic of Proto-Zhou objects and their source]. *Wen wu* 10: 50-59.

[19] Zhang, C. 2000. Fengxi de xian Zhou wen hua yi cun [Proto-Zhou cultural ruins in Fengxi]. *Kao guyu wen wu* 2: 22-27.

[20] Zhang, C., and Liang X. 1989. Guan yu xian Zhou qing tong wen hua de lei xing yu Zhou wen hua de yuan yuan [Types ofbronzes of Proto-Zhou culture and origins of Zhou culture]. *Kao gu xue bao* [*Acta Archaeologica Sinica*] 1: 1-23.

[21] Zhongguo qing tong qi quan ji bian ji wei yuan hui (Editing Committee of Complete Works of Chinese Bronze Vessels). 1996. *Zhongguo mei shu fen lei quan ji. Zhongguo qing tong qi quan ji. Xi Zhou* [Complete works of Chinese fine arts classifications: Works of Chinese bronze vessels (5), Western Zhou (1)]. Beijing: Cultual Relics Press.

[22] Zhongguo she hui ke xue yuan kao gu yan jiu suo Jing Wu gong zuo dui (Chinese Academy of Social Science. Jing Wei Team). 1989. Shaanxi Changwu Nianzipo Xian Zhou wen hua yi zhi fa jue ji lue [Note on the excavation of the proto-Zhou site of Nianzipo, Changwu county, Shaanxi]. [English trans.] *Kaogu xue ji kan* 6: 123-42.

[23] Zou, H. 1980. *Xia Shang Zhou kao gu lun wen ji* [Archaeological thesis on the subject of Xia, Shang and Zhou]. Bejing: Cultual Relics Press.

原载于 SCIENTIFIC RESEARCH ON THE SCULPTURAL ARTS OF ASIA (PROCEEDINGS OF THE THIRD FORBES SYMPOSIUM AT THE FREER GALLERY OF ART, 2007 Freer Gallery of Art, Smithsonian Institution, Washington, D. C.)

后 记

书稿到第三校了，拿到这本书稿，想起一路走来的科研历程，感慨万千。从初学者到今天可以出版这本论文集，我遇到了太多的善意与帮助，不禁写下这篇后记，以示感激与感慨之情。

我出生于 1983 年，2006 年本科毕业于西安石油大学计算机专业，后经过事业单位考试来到了秦始皇帝陵博物院（原名秦始皇兵马俑博物馆），从事考古数据的整理工作。在考古学与青铜器的研究方向入门较晚，到 2012 年考上研究生，才又重新回到学校开始攻读考古学及博物馆学硕士，直到 2019 年 6 月从陕西师范大学博士毕业。在读书期间，对中国古代青铜器的铸造工艺产生了浓厚的兴趣，从此开启科研之路。

硕士阶段，导师曹玮教授根据我的本科专业背景与研究喜好，认为我应该从事与青铜器工艺相关的研究课题。在曹老师的引导下，我开始了对侯马陶范的研究，对陶范的认知是一个从宏观到微观的过程。从侯马铸铜遗址的分期，到陶模、陶范的器类，分型分扇、纹饰的制作等的学习，从另一个层面丰富了我对古代青铜器的认知。在这一过程中，导师提供了诸多的帮助，同时苏荣誉教授、荆志淳教授、李永迪教授、岳占伟教授等，都为我提供给了关于铸造工艺方面的指导。苏荣誉教授更是帮助我将开题报告梳理多次，最终定下来对侯马陶模的分型研究。

在对侯马陶模进行研究的过程中，我第一次认真地审视青铜器的铸造过程——从制模、制范到合范浇注等，逐渐意识到这个过程是动态的。而我们平时看到的青铜器无论多么精美，都只是静态的器物，但研究器物的工艺必须回到工艺流程这个动态的过程中去。2013 年很荣幸参加了北京大学在宝鸡双庵遗址的发掘工作，5 个月的考古发掘，让我系统掌握了田野考古的知识，了解了考古资料的获取过程，也就能更好地读懂考古报告。这次实习奠定了我田野考古的基础，也是对我在科技考古方面的启蒙。

2013 年春天，我参加了英属哥伦比亚大学与中国社会科学院考古研究所在安阳举办的铸造工艺实习。在为期两个月的实习中，我有幸结识了荆志淳教授、何毓灵教授、岳占伟教授、刘煜教授等对我之后的科研工作影响深远的良师。在安阳工作站的两个多月，根据对安阳陶范的研究，老师们带着我们一一实践了从取土到洗泥、配料、烧制、浇注等的过程，使得我们对古代的铸造流程有了更为具体的认识。在实践之余，荆志淳教授还经常向我们讲述国内外关于中国古代陶范的最新研究，也分享了海量的研究资料给我。在之后多年的研究中，我都受惠于这一段时间的思考与实践。

在研究生阶段结束后，承蒙苏荣誉教授邀约，我参与了佛利尔艺术馆藏中国青铜器第二卷的翻译工作。在近半年的翻译工作中，我深入学习了佛利尔美术馆于1969年出版的，最早研究中国古代青铜器铸造工艺的两卷巨著。在翻译的过程中，其中的方法与结论为我打开了一扇大门。我从未想过青铜器可以这样的视角呈现于研究者的眼中。那些关于铸造工艺的研究、古代黄土的研究，以及青铜垫片连接工艺、成分、锈蚀等等研究使我目不暇接，又使我深受震撼。翻译完这本书的其中两章之后，我于2016年开始了自己的博士研究生的学习，在之后几年，得益于前期的翻译工作，我接连撰写并发表了《佛利尔美术馆藏中国古代青铜器含铅量分析研究》《商周青铜器铸后制铭工艺考证》等几篇文章，后续的垫片研究也受到了该书非常大的影响。在这个过程中，对于现象的观察与其背后成因的思考，很大程度上提高了我的逻辑思维能力，也提高了我对英文材料的熟悉程度和英文写作、阅读能力。这两本书带给青年学者的影响，在今天看来依然是无穷的。

进入博士的学习阶段之后，大量的阅读为我提供了丰富的研究素材，业内前辈的研究一次次给予我新的思路：谭德睿先生关于古代铸造工艺、陶范工艺的思考在很大程度上拓展了我对铸造工艺的认知；也感慨于朱凤瀚先生的勤勉、张昌平教授的高产与苏荣誉教授对研究的热情；在廉海萍教授、刘煜教授的研究中，我又收获了很多铸造工艺的细节。考古工作的持续展开，青铜器的不断出土，为研究者提供了更多可供观察的研究对象；研究资料的出版，又使得我可以持续地接触到新的资料、新的方法，如此种种，都让我深感作为研究者处于这个时代是何等的幸运。

无数次，我们都畅想着古代的工匠是如何将手中的原料，那一块块的泥范、金属原料，变腐朽为神奇地铸造成一件件的青铜器。在这个思考的过程中，我们在脑海里反复闪过的是铜、是锡、是铅、是那些纵向或者横向分型的陶范。在这个过程中一点点地构想：器物底部的纵横网格有什么功能，工匠为什么要加铅，铅到底有什么用途，为什么要放垫片，垫片应该放在哪里是最合适的，那些没有垫片的青铜器到底是谁铸造出来的，他们是否有更好的质量？

一些新的思考与发现，常常使我兴奋到难以入睡，被好奇心驱使着一次次奋笔疾书。在博士一年级时去泾阳博物馆的拍摄中，注意到了高家堡出土的四瓣目纹盘，被这种纹饰深深地吸引了。这是我第一次对青铜器的纹饰产生了兴趣，在导师的帮助下，我用了大约半年的时间研究四瓣目纹，翻遍了几乎所有的考古报告、青铜器图录去找寻这种纹饰的使用规则，最终写出了三万余字的文章《商周青铜器四瓣目纹研究》。非常幸运，这篇文章最终发表于2019年的《考古学报》中。这是一次完全由好奇心驱使的研究，却也是无心插柳又收获颇丰的研究，现在回头看那些收集资料、整理资料、梳理思路的日子，新的 idea 一直在涌现，在与导师、同学的讨论过程中，在凝练观点、提高自己的过程中，那些心流涌动的时刻，是一个研究者珍贵的体验。

博士一年级结束，在导师曹玮教授与好友 Tim Niblock 教授的帮助下，我申请到了去剑桥大学李约瑟研究所的学习机会。在那里，我遇到了对我影响非常大的几位导师。首先是梅建军教授，他以非常严谨全面的研究视角，高屋建瓴地指导了我的研究，让我建立了关于古代工艺研究方法与框架，在这样的框架下开始了自己关于古代青铜器、车马器与马车的细节研究，对自己研究所处的定位也愈加地清楚。同时，杰佛瑞·劳埃德教授、陈坤龙教授等皆给了我非常大的帮助。在进行中外马车对比研究的过程中，杰佛瑞·劳埃德给我提供了非常好的视角，让我专注于古代马车工艺的对比。每周五在李约瑟研究所举办的讲座与读书会也给了我非常多的启发：如何提出问题，如何从不同的角度看问题，怎样解决问题……多年后我才意识到，"问题意识"的培养是我在剑桥的重要收获之一。

在这个过程中收获的帮助使得我迅速成长，那半年尚未结束，我便写完了自己人生中的第一份国家社科基金申请书。也非常幸运在第一次申请时，就拿到了社科基金项目。有了国家社科基金的支持，我便同时开展了中外马车的对比研究以及中外青铜铸造工艺的对比研究。在这个过程中，通过两大类的铸造工艺、不同文明的比较与滴定，我更加清晰地认识到古代铸造工艺的细节。垫片与针状芯、熔补工艺与补缀铜片，一点一滴地对比，使得中国古代铸造工艺的真实图景一帧帧、一点点地呈现于我的脑海中。

随着对青铜马车制作工艺的研究，我完成了自己的博士论文；在中外铸造工艺的对比研究中，我找到了充分的证据揭示出秦始皇陵出土的青铜马车的主体是由失蜡法铸造的。这一答案让我既兴奋又惶恐，不知道学界会如何面对我的研究成果（《秦始皇帝陵出土青铜马车铸造工艺新探》《文物》，2019年4期）。诚惶诚恐中，我又进行了中国古代失蜡法研究历史的分期与研究、青铜马车连接工艺的研究、标准化生产水平的研究。这一系列的研究，又将我国古代金属技术的种类与生产水平进行了量化分析。非常感谢李约瑟研究所在2021年的年终通讯录中，向学界介绍了我关于青铜马车的系列研究。同时，失蜡法研究史的文章也多次得到前辈学者的肯定，这于我而言，无疑是巨大的鼓励。

随着研究的深入，随着对这些问题的思考以及解释，我得到了一些答案，但我收获了更多的问题。为了寻求更好的答案，我最终走向了材料科学。2019 年，我博士毕业后入职了西北工业大学，学校强大的材料学科，实力雄厚的凝固技术国家重点实验室，使得我可以在微观层面去寻找关于古代铸铜工艺的答案。当我们面对一件青铜器时，总是会想象它如何被铸造出来。是谁使用什么原料、采用哪种工艺、为谁铸造了这件器物？这是我们最终的问题。在寻找答案的过程中，问题驱使着我去学习，去翻阅。好奇心让我一次次地拿起不同国家、不同时代学者的研究，去书海寻找答案。去铸铜遗址触摸文物，一件件、一批批反复地观察它们，去寻找答案，去满足自己的好奇心。

作为一名研究者，我觉得自己十分幸运。一路走来，收获了太多的帮助与善意。家人们给予了我很多的鼓励与陪伴，母亲无条件地支持了我的求学之路，爱人与孩子一直坚定地支持我，弟弟与我更是远隔重洋彼此陪伴，都拿到了自己的博士学位。母校的老师们，我的导师曹玮教授、好友 Tim Niblock 教授，还有一直对我关心爱护的陈丽新教授、时常与我探讨学术并给我鼓励的梅建军教授、饱含善意的廉海萍老师，以及那些在工作中永远支持我的同事们，都是我不断前行的动力。永远记得杰佛瑞·劳埃德教授在剑桥时跟我说过的话：

> 杨欢："我觉得自己什么都不会……"
> 杰佛瑞："所以你才会在这里。This is why you are here."
> 杨欢："感谢您给予了我这么多帮助！"
> 杰佛瑞："这正是我在这里的原因！This is why I am here！"

古人说三十而立，四十而不惑。2011 年，我确立了自己的研究方向，十余年过去了，四十岁的我并没有不惑，事实上我有了更多的问题。但现在这个阶段又是最好的阶段，我知道了自己是困惑的，对自我困惑的认知又何尝不是另一种不惑呢，本书的名字《知惑吉金》也由此而来。这些困惑从对青铜器的基础研究而来，也从科技的进步而来，科技的进步使我们有了更多的方式来观察中国古代青铜器。X 光、CT 检测使我们一点点地获取了关于青铜器的细节，而这些细节又给我们提供了更多问题，如果我们的困惑从科技的进步而来，那么问题的提出也算是一种进步吧。

本书的整理与撰写是对自己多年来研究的一次重新认知，也是一个青年学人求学、求真过程的整理。现将自己的前期成果整理出版，对十多年研究过程进行阶段性总结。如果能使后来人得到一些启示、少走些弯路，作者将不胜荣幸。在本书的编写过程中，有幸得到杨军昌教授的支持，并同意以共同作者的身份，将他使用现代技术检测青铜器并发现问题的过程的文章共同出版，使得本书最终得以这样的形式与读者见面。发现问题是科研之路的关键之处，寻求解决之道则更需要智慧，愿我们都抱持谦逊、保有好奇心、拿出行动力，去发现问题、解决问题，一起将古代青铜器的工艺研究细化、深化。

杨　欢

2023 年 8 月于西北工业大学南苑